Les entreprises ont-elles une âme ?

ALAIN ETCHEGOYEN

Les entreprises ont-elles une âme ?

ÉDITIONS FRANÇOIS BOURIN
27, rue Saint-André-des-Arts
75006 Paris

A Pierre Guillaumat
et
Michel Serres

Remerciements

Je souhaite remercier dans un même mouvement :

— mes collaborateurs de SHS-Consultants, notamment Catherine Bassani, Luc Chelly, Philippe Leclercq et Hugues Robert, dont les discussions et corrections représentent une part importante du travail accompli ;
— les hommes d'entreprise avec lesquels des réflexions fructueuses ont pu être menées et qui m'ont fait amender certains de mes textes, comme Pierre Guillaumat, Elie Crespi et Bernard Delapalme ;
— et enfin, peut-être surtout, mes maîtres en philosophie, Lucien Dethoor, Jacques Milhau, Louis Althusser et Michel Serres qui m'ont appris ce qu'est un concept.

Ces remerciements sont très sincères et profonds, même s'ils sont dérisoires au regard des dettes ainsi accumulées.

Prologue

Je recevais chez moi un cadre japonais ; il achevait sa tournée en France. Nous nous connaissions peu, mais un ami commun m'avait demandé ce service : parmi ses missions, M. Yamasaki devait ramener au Japon quelques vins originaux qui puissent être l'objet d'un commentaire culturel singulier et accompagner le service lors de repas gastronomiques. J'avais donc décidé de déguster avec lui un Condrieu 1984 car, même si l'année brillait assez peu, le vin commençait à se déployer et je voulais avoir l'assurance d'offrir une saveur inconnue. Nous devisions avec un certain ascétisme autour de quelques morceaux de pain ; j'évoquais le parfum de poire mûre, la finesse du viognier, comparais le Delas que nous goûtions et la côte brune et blonde de Guigal et, pour finir, lui remettais un texte plus littéraire pour étayer son argumentation.

Un peu grisés par la subtilité de cette côte si ardue, nous parlâmes, lui de la France et moi du Japon. Que nous soyons deux pays de culture expliquait selon lui l'attirance pour Vuitton et le goût qu'il avait d'un séjour pourtant commercial dans notre pays. En parcourant la théorie d'écrivains français qu'il connaissait, il trébucha sur Montesquieu dont il aimait la langue et la pensée, tout en regrettant sa vision de l'Orient.

Je le sentais prêt à la confidence car il revint plusieurs fois sur La Brède après de brèves incursions du côté de Balzac et Stendhal. Il aimait écrire en français et correspondait chaque jour avec ses patrons nippons. Il finit par m'avouer que son directoire l'avait approuvé lorsqu'il avait suggéré d'écrire sur le mode des Lettres persanes. *Intrigué, je lui demandai ce qu'il écrirait ce jour ; il me fit comprendre que j'étais un peu indiscret ; néanmoins, par courtoisie, il me proposa la lecture de sa lettre concernant la veille, lettre qu'il allait poster en sortant de chez moi. Je lui proposai d'achever le Condrieu pendant ma lecture ; il accepta et me tendit les feuilles qu'il venait d'extraire de sa serviette.*

Il respectait exactement la rhétorique des Lettres persanes *et, même si son français parlé était encore quelquefois un peu approximatif, l'exercice ne manquait pas d'enseignements pour un occidental comme moi. Je souris à plusieurs reprises sans que pour autant il songeât à m'interrompre ou à me questionner sur mes perceptions. Quand j'eus achevé la lecture, il se leva, me remercia pour le Condrieu et me proposa aimablement de garder ce texte dont il avait un double. Ainsi nous serions quittes : il disposait de mon commentaire sur le vin, je conservais une journée de son regard sur la France.*

LETTRE XXXVII

Yamasaki au même, à Tokyo

J'étais l'autre jour dans une maison où il y avait un cercle de gens de toute espèce : notre ami Naka m'y avait emmené. Nous n'avons point chez nous de ces nuits pleines de lumières où les chefs de nos entreprises s'exhibent avec tant d'impudeur. Je trouve les caprices de la mode, chez les Français, étonnants. Tu m'avais dit que ces chefs se cachaient, eh bien ! maintenant ils se montrent.

Je les ai vus tous habillés d'un baudrier très large sur lequel ils portaient leur nom et celui de leur entreprise. Certains avaient accepté de se déguiser en femme car il s'agissait d'élire Miss Manager 1989. Quand j'entrai dans la salle ils défilaient une première fois, puis allaient s'asseoir pendant que des panneaux publicitaires envahissaient l'écran d'une télévision qui filmait l'événement.

A l'entrée de la grande salle, il y avait des tables sur lesquelles on pouvait trouver une centaine de livres. Sais-tu qu'on y parle beaucoup de nous ? Et dans des termes qui te surprendraient ! Pourtant les auteurs étaient souvent anglo-saxons et quelquefois français : les titres parlaient de clefs, de recettes, de distribution de prix d'excellence, de management à la japonaise. Tous étaient péremptoires, si je me fie à ceux que je feuilletais : « Les Japonais ont compris que... les Japonais savent que... dans l'entreprise japonaise, jamais on ne ferait... les Japonais ont inventé le zéro défaut... si l'on suit l'exemple des cercles de qualité à la japonaise... » D'autres ressemblaient à des récits épiques comme les Français ont su en écrire sur les combats des chevaliers : « Pierre Darmou est un homme heureux. A 52 ans, il possède une femme charmante, trois magnifiques enfants, et il est devenu l'empereur de la couche-culotte. Après deux OPA et une suppression des sureffectifs, il a pu effectuer l'augmentation de capital qui a confirmé la confiance que le marché mettait en lui. »

Tu vois, ces récits m'étonnent toujours car j'ai l'impression que le chef d'entreprise français est un homme seul qui réussit ses performances en prenant modèle sur nous, comme si les hommes et les femmes qui produisent pour lui n'existaient pas.

Tiens, en écrivant le mot « réussir », je pense que je ne comprendrai décidément jamais rien à la grammaire française : moi qui croyais qu'en français on « réussissait » quelque chose de bien précis, comme une course, une sauce ou une affaire, j'ai entendu chaque candidat de la soirée enployer ce verbe sans complément. Je ne sais pas ce qu'ils ont réussi, mais ils réussissent « tout court ».

A vrai dire, je ne suis pas si convaincu que les Français respectent toujours leur langue. Ceux qui « réussissent », par exemple, ne l'enseignent jamais et la parlent plutôt mal. Tu serais très surpris de voir que dans une famille française, contrairement aux meilleures familles de Tokyo, on vénère d'abord les techniciens ou les hommes d'affaires. Je n'ai vu aucun père comme notre ami Futukuda qui a tant fêté son fils qui allait enseigner la littérature et publier ses poèmes.

En fait, si les Français aiment bien les modes, ils adorent aussi les modèles. Durant cette soirée, on m'a interrogé plusieurs fois sur le management à la japonaise. J'ai voulu être poli, mais tu sais bien que Seibu et Mitsubishi sont assez différents pour qu'on se garde de les identifier à notre manière de gérer nos entreprises. D'ailleurs durant cette soirée, l'animateur un peu niais qui transmettait le micro n'arrêtait pas de s'adresser à tel ou tel candidat à l'élection de Miss Manager en l'appelant le modèle de la technicité, le modèle de la gestion sociale, le modèle du projet d'entreprise...

Après que j'eus parcouru tous ces livres de recettes, j'écoutais les chefs d'entreprise qui s'adressaient au public mais aussi aux téléspectateurs. Tu sais qu'il y avait du beau monde, tous les grands de l'agro-alimentaire, du luxe, de la distribution. Je n'ai toujours pas compris pourquoi ils s'étaient ainsi déguisés, l'un avec des plumes, l'autre avec des chaussures de clown, un autre encore avec des branches de persil dans les oreilles.

Les Français apprennent bien ce qu'ils lisent. Ils citent sans arrêt des noms qui ne font guère français, se pâment devant Harvard, insistent sur leur « emmbiaie* », disent nous craindre et pourtant nous entendent si peu. Ils ne comprennent pas que nous passons notre temps à les écouter. Ecouter l'autre sur son marché, cela passe pour de l'espionnage. Cela m'étonne toujours de penser que leurs écrivains savent si bien observer.

J'aimais les ouïr — tu ne connais peut-être pas ce mot, car il s'emploie peu, même en France — se proposer en modèle sans vergogne, lorsque j'aperçus, au dernier rang, un petit homme qui, lui, n'avait pas cette valise uniforme que l'on appelle ici un « attaché-case » — voilà un mot que je n'ai pas encore compris. Je l'abordai avec courtoisie quoique sa moue désapprouvât très visiblement le carnaval ambiant. Je lui dis aussi ma surprise et il me tendit sa carte de visite : c'était Bibendum ! Tu sais, celui qui fait tant souffrir nos amis de Bridgestone. Il s'en alla lorsque le roi du pot d'échappement accepta de mimer au micro la qualité de son produit. Bibendum était consterné.

En hochant la tête avec un désespoir certain, il m'entraîna à l'écart pour me raconter cette histoire : Il se promenait dans la campagne avec sa femme et ses enfants lorsqu'il aperçut trois ouvriers affairés autour d'un tas de briques. L'occupation lui sembla insolite car l'endroit était désert et aucune route ne semblait pouvoir mener à cet amoncellement. Le premier ouvrier était hagard et avait des mouvements très mécaniques ; le second semblait sans états d'âme mais regardait sans cesse sa montre ; le troisième chantonnait en scrutant le ciel. Chaque corps effectuait pourtant les mêmes opérations. Son plus grand enfant, intrigué par le spectacle, posa la même question à chaque ouvrier : « Qu'est-ce que tu fais, monsieur ? » Le premier lui répondit : « Je pose une brique » ; le second répartit : « Je gagne ma vie » ; le troisième dit avec ferveur : « Je construis une cathédrale. » L'enfant s'étonnait qu'il n'y eût pas de route pour accéder à la cathédrale ; le père le rassura : s'il y a une cathédrale ici, les empreintes des pneus auront vite fait de montrer et de creuser la route nouvelle. Toute publicité serait inutile. Biben-

* M.B.A. : Master of Business Administration.

dum prit congé, ravi d'avoir été absent de cette scène médiatique.

Je ne pus m'empêcher de lui reconnaître quelque sagesse. Mais moi, je restai, car je pensais déjà à tout ce que je pourrais t'écrire en rentrant dans mon hôtel. Et puis, je voulais voir qui serait Miss Manager. Ce fut M. No'art, un jeune homme de 39 ans, bien mis, qui avait, parait-il, acheté puis vendu pour acheter encore et vendre ensuite. Je pensais qu'il était dans les savons ou l'électronique. On m'expliqua qu'il achetait et vendait des entreprises. Là, j'eus un mot maladroit, en faisant cette suggestion que je pensais teintée d'humour : peut-être faudrait-il que les Français inventassent un nouveau droit de l'homme : le droit à ne pas être acheté ou vendu. Mon propos parut déplacé en cette nuit festive. On me fit taire avec une coupe de champagne.

M. No'art n'avait jamais dirigé que ses capitaux, mais il allait renvoyer une image du luxe qui plairait aux Français. Il parla un peu des Japonais mais surtout de lui-même. J'appris qu'il avait contruit son empire industriel en liquidant rapidement les familles qui avaient fondé les entreprises qu'il rachetait. C'est certainement un homme heureux, mais je sais que tu n'apprécierais pas non plus cette irrévérence envers les anciens. Il faut honorer celui qui a beaucoup écouté, beaucoup vu, beaucoup entendu. Nous ne refaisons pas le monde tous les jours. Il n'est pas bon qu'on donne ainsi en modèle une telle attitude.

En écoutant tous les orateurs concourir pour être élus Miss Manager, en lisant ces livres de recettes, je songeais à nos réflexions communes ; je regrettais que nous ne fussions pas mieux connus des Français. Nous n'aimons pas, il est vrai, qu'ils viennent écouter nos conversations lorsque nous nous rencontrons dans cet honnête restaurant de Kyoto. Mais ne crois-tu pas qu'ils seraient surpris s'ils connaissaient notre principe ? Crois-tu qu'ils pourraient comprendre qu'il n'y a pas de modèle japonais ? Qu'il n'y a pas chez nous un modèle Sony pour Toyota, ni un modèle Seibu pour Honda ? Crois-tu qu'ils entendraient notre dédain pour les recettes ? Accepteraient-ils cette idée simple que nous partageons tous et qui ne me semble pas spécialement « nippone » : peu importent le capital, le management, les outils, les machines, les instruments, les cercles, les groupes, pourvu que l'entreprise ait une âme. Je crois que si je leur disais cela, ils se regarderaient, me dévisageraient et me demanderaient : Comment peut-on être japonais ?

De Paris, le 28 du mois de décembre 1989

Introduction

De la résistance spontanée à la théorie

Pour avoir créé et pour diriger moi-même deux PME, je mesure à quel point l'entreprise porte peu à la réflexion théorique. Le temps de l'entreprise est le temps de l'urgence. L'urgence de l'action obnubile tout l'esprit du dirigeant. Le temps de l'analyse est compté et souvent compté pour peu de choses. Avoir le temps de l'analyse porte presque à l'inquiétude : quelque chose ne marche pas pour que du temps soit laissé au temps.

Face à la décision, il faut des conseils rapides, ciblés. Les délais des études les cantonnent dans un terme qui peut toujours être reporté. C'est vrai de la création qui voit se multiplier les procédures, les quêtes diverses — de rendez-vous, de déjeuners, de contrats... —, les prévisionnels, les impayés, les fournitures. Mais c'est aussi vrai des grandes entreprises qui voient s'accroître les arbitrages et les décisions tranchantes.

Le mouvement de l'entreprise est résistance à la théorie. Pourtant, par moments, au détour de la lecture d'un article, à l'occasion d'un colloque, au cours d'un contact dépaysant, dans le brouhaha d'une négociation confuse, l'entrepreneur a l'intuition d'une carence. Cette intuition fait long feu car d'autres exigences adviennent qui obèrent toute fulgurance.

Cette résistance cherche souvent à se légitimer dans des discours pragmatiques et empiristes. On transforme le fait en droit, la difficulté de prendre le temps en refus délibéré de recourir à la théorie, la pression des urgences en haine de la raison. De là découle quelquefois le culte de l'irrationnel qui dit richement une simple carence.

Cette résistance de l'entreprise et de ses dirigeants, il faut la prendre en compte ; rien ne sert d'ironiser de façon méprisante. Si la résistance est manifestation spontanée d'une démarche pragmatique donnée, cette manifestation doit être intégrée à la théorie de l'entreprise elle-même. D'une certaine façon, on pourra dire que l'âme d'une entreprise s'évalue et se connaît, notamment, à partir de cette dose de résistance spontanée. Certaines entreprises revendiquent une certaine intellectualité, d'autres au contraire vous renvoient toujours au terrain comme à une sorte de « hard » fondamental de l'entreprise elle-même.

Cette résistance globale n'est pas exactement assignable au sens commun. Le sens commun ne cherche pas de légitimité car il n'a aucun souci de légitimité. Il s'affirme dans son dogmatisme immédiat, le plus souvent sans écoute pour les objections diverses. Il n'est pas confronté au discours de l'autre. Au contraire, la résistance de l'entreprise s'étaye sur la pratique même de l'entreprise. La création de richesses et d'emplois justifie le chef d'entreprise et le conforte dans la distance prise avec la théorie : il n'y a pas de temps à perdre ; on réussit bien sans cela ; c'est un luxe que peuvent se permettre quelques oisifs esseulés au sommet d'un grand groupe.

C'est donc la logique même de l'entreprise qui authentifie cette distance. Non que les chefs d'entreprise soient ignorants, obtus ou irréfléchis. Il serait bien présomptueux d'accuser et de qualifier. Pourtant il est sans doute préférable que la résistance reste muette, trouvant sa légitimité dans un mutisme qui prouve la prégnance de l'action elle-même. Le pire est le discours de l'irrationalité qui transforme une faiblesse en mérite. Que la résistance soit opposition au discours en général, ceci est bien naturel.

C'est pourquoi j'essaierai d'intégrer cette résistance tout au long de nos analyses. Cependant je n'ai pas souhaité adopter l'écriture d'un livre de recettes. En effet, il ne s'agit pas, pour moi, de conclure à l'inutilité de la théorie et de quitter ainsi le clavier. Je pars de la conviction que la theorie et la connaissance sont *toujours* utiles.

Encore faut-il le démontrer. Or la démonstration demeure dans le discours et tombe par là-même sous d'identiques critiques. La meilleure démonstration reste le travail qui se fait quotidiennement pour des entreprises, un travail qui se déduit directement de l'élaboration théorique qui est mise en œuvre ici même. Pour une bonne part, les quelques textes que je propose ici sont directement issus d'une pratique. Pour être plus précis, il faut ajouter que ma pratique est triple, par principe, comme j'y reviendrai plus loin : *direction d'entreprises, conseil et études pour les grandes entreprises et travail philosophique*. Je l'écris sans forfanterie pour dire ce qui me fait écrire.

La réflexion doit être encore longue et le dialogue ininterrompu pour qu'émerge une authentique pensée de l'entreprise. De l'entreprise comme *action d'entreprendre* — c'est ainsi que, déjà, Descartes définissait sa *Méditation Première* — et de l'entreprise comme *entité sociale ou lieu de production.*

Pour ce faire, il est impossible de se retirer en son poêle « et tout recommencer dès les fondements » C'est pourquoi j'essaie d'aborder l'entreprise par trois biais :

D'abord, en continuant un *travail philosophique* d'enseignement et de réflexion qui me maintienne dans le concept et dans le séjour de la pensée, au contact de ceux qui ont fait et qui font l'histoire de la philosophie. Cet aspect me semble primordial car il ne suffit pas d'avoir été philosophe, il faut le demeurer. Or, on peut l'avoir été et ne l'être plus. La formation philosophique ne suffit pas à garantir la réflexion : quelques-uns l'ont abandonnée pour l'entreprise, mais les urgences de l'action ont provoqué l'oubli ;

Ensuite, en travaillant *le conseil et les études sur des entreprises en action et auprès d'elles*. Le conseil permet d'apprendre autant que de conseiller. Et c'est une bien belle chose que d'approfondir ses connaissances tout en gagnant sa vie. J'éprouve d'ailleurs le fait que la connaissance s'accroît avec chaque prestation. Ce nouveau savoir permet une nouvelle prestation qui, à son tour, engendre une connaissance nouvelle. Toute demande de conseil révèle les contradictions et les rapports de force internes à l'entreprise cliente. Le conseil « à » ou « pour » est toujours un conseil « contre ». Selon le principe de Carnot, l'entreprise paye l'information pour *produire* de l'ordre et *donner* des ordres. En tant que systèmes fermés, les entreprises cherchent à contourner l'entropie et le conseil est un petit démon de Maxwell ;

Enfin, j'ai voulu entreprendre moi-même pour *vivre la création,* le démarrage, la gestion, les embauches, la stratégie, la communication, l'incertain, le risque, tout ce qui structure ou destructure l'action de l'entrepreneur. J'ai naturellement commis bien des erreurs tout en conseillant par ailleurs, comme ces psychiatres un peu fous qui parviennent cependant à guérir.

Peut-être d'autres auront-ils plus de facilité. Je pense que l'inscription d'une réflexion dans ces trois expériences est nécessaire. On me comprendra si j'évite le langage des « gagneurs », « vainqueurs » et autres figures qui réduisent la réalité à des slogans. La revalorisation de l'entreprise ne peut se cantonner dans des professions de foi ou des panégyriques un peu sommaires : elle passe, me semble-t-il, par sa présence nouvelle dans le champ de la réflexion. Il est vrai que je crois profondément en la vertu de la réflexion qui prend le temps de l'analyse... Ce témoignage provisoire tente de tirer les leçons de ma triple expérience, avec la distance nécessaire qu'impose parfois le temps de la réflexion.

On me pardonnera donc de mélanger les genres : c'est mon métier. L'endroit de cette méthode, c'est, je le crois, une disponibilité certaine pour tous les discours et toutes les pratiques. L'envers, ce peut être la déception de ceux, philosophes, qui n'y retrouvent plus leurs concepts ou de ceux, chefs d'entreprise, qui y découvrent trop de concepts.

Mes hypothèses de travail sont les suivantes :

1. Toute entreprise mérite d'être pensée et connue. Pour elle-même, pour la connaissance et pour la pensée ;

2. Pensée et connaissance sont toujours des atouts, jamais des handicaps ;

3. La philosophie fournit des pratiques d'analyses conceptuelles et une réflexion sur le monde et ses opérations qui sont disponibles pour la pensée et l'action de l'entreprise ;

4. Les sciences de l'homme et de la société (SHS) fournissent des moyens d'investigation encore trop inexploités dans l'entreprise ;

5. Le « chef » d'entreprise est étymologiquement la « tête » de l'entreprise. La connaissance de l'entreprise est donc naturellement son élément, même si la logique et l'urgence de l'action tendent à obérer cet élément ;

6. La plupart de nos entreprises françaises vivent dans l'illu-

sion de se connaître et mettent en place des procédures volontaristes qui sont viciées par cette illusion même.

Ne vivons-nous pas en fait une curieuse expérience de la culture ? le paradoxe est en effet qu'un pays de culture comme la France peine à définir sa culture sans négations implicites. Nous sommes un pays de culture et, à ce titre, nous faisons de la culture une sphère séparée, distincte, distinguée. Le mot culture résonne en dehors de la production, sauf quand quelque mécénat l'y relie capricieusement.

Nous devrions garder de notre concept de la culture tout ce qu'il contient comme exigence de connaissances et de savoirs. Car la culture, c'est d'abord quelque chose à connaître qui nous fait grandir et pousser. Loin de cela nous avons l'habitude de renier notre vie de production, de prestation, de commerce, comme l'Autre de cette culture sublimée. Pourtant la culture est bien cette notion dont le centre est partout et la circonférence nulle part.

Il n'est pas besoin de tracer ce cercle de craie qui discrimine le culturel à connaître du productif à manipuler et gérer. La culture est tout entière gestion, de notre vie, de notre imaginaire, de notre âme même. Faut-il attendre que les usines deviennent musées, vides objets d'une archéologie industrielle ?

On dirait que la présence de l'homme, dans sa sueur synoviale, écarte, d'un dégoût, la connaissance en marche. On voudrait motiver sans connaître, intéresser sans s'intéresser, faire participer sans prendre part. Et si la connaissance de l'entreprise était connaissance de soi-même, démarche socratique, auto-analyse, narcissisme nécessaire ? Face aux dangers, à la compétition internationale, la truie de Platon n'est guère courageuse qui affronte l'inconnu sans connaître elle-même ses forces.

C'est pourquoi ma réflexion est avant tout une incitation à la connaissance et au concept. La puissance intime que donne le pouvoir de décision dans l'entreprise peut quelquefois en dissuader. Je pense que cette puissance s'accroît de toute connaissance nouvelle : le doute ne « s'installe » pas si cette connaissance contrarie quelque ignorance antérieure, il devient au contraire roboratif et muscle les décisions à venir.

Il faut sans cesse mesurer à quel point le pouvoir éloigne des choses. Les chefs d'entreprises ne sont pas moins menacés que les politiques. L'essentiel de mon travail sera donc de montrer tout ce qu'il y a à connaître dans l'entreprise, comment le connaître et qu'en déduire pour l'action elle-même.

J'ajouterai enfin que j'écris d'abord pour ces entreprises françaises que je connais mieux par leurs traditions de management, traditions culturelles, traditions de travail, traditions de rapports sociaux, et que j'ai appris à découvrir grâce à la confiance de quelques dirigeants.

PREMIÈRE PARTIE

SINGULARITÉ DES ENTREPRISES

Neuf exemples

Discourir sur l'âme de l'entreprise peut sembler étrange. A la rigueur on comprendrait que cette expression figure dans un discours de banquet, comme on parle de l'âme slave lorsqu'on ne sait plus définir l'essentiel d'une musique envoûtante. Afin de montrer plus concrètement ce que signifie cette expression et avant toute approche théorique, je pense qu'il faut montrer, dans les faits, ce qui fait la singularité des entreprises.

Il m'est apparu tout au long de ces recherches et de ces interventions que l'entrée dans l'entreprise, sans être indifférente, ne saurait être unique. En effet, dès que s'amorce un processus de connaissance, il existe beaucoup de lieux dans l'entreprise qui permettent de tirer le fil qui amène à l'essentiel. C'est pourquoi j'ai choisi ici quelques exemples qui devraient permettre d'accéder aux entreprises par des portes différentes : le recrutement des cadres, la micro-informatique, l'identification, l'OPA, l'image interne, l'image externe, la stratégie Groupe. Il s'agit là de résultats obtenus par des approches issues de la philosophie et des sciences humaines.

Parmi les entreprises étudiées, j'ai sélectionné : Michelin, la Société des eaux minérales d'Évian, Louis Vuitton, la Société nationale Elf-Aquitaine et BSN, Sodexho, Géo Martel, LVMH, Elf-France. J'y ai ajouté une analyse rapide des organismes publics et des ministères.

1. MICHELIN

âme de la Maison et paradigmes du recrutement

Que peut faire un philosophe chez Michelin ? C'est en partie à cette question que je souhaite répondre dans le cadre de la problématique qui constitue l'essentiel de ce livre, à savoir « l'âme de l'entreprise ». J'aurais tendance à dire que l'exemple de Michelin permet d'approfondir la notion de rationalité qui est au cœur de la philosophie et d'insister en particulier sur le rôle des analyses logiques et déductives qu'il convient de mener pour comprendre le fonctionnement d'une entreprise. Souvent, les logiques conceptuelles sont plus importantes que les simples logiques de fonctionnement technique. Elles singularisent davantage l'entreprise et montrent que, même si elles ne sont pas explicitement conscientes, ce sont elles qui font que la Maison fonctionne. Chez Michelin, il est utile d'être philosophe et ethnographe car les « bibs » constituent une tribu singulière parcourue par une âme forte et habitée par l'esprit d'une Maison qui ne saurait se réduire ni à son patron ni à son produit. Encore faut-il préciser que, à des degrés divers, la triple focalisation sur le produit (gammes de pneus), sur la famille et sur les modes de comportement contribue de manière cohérente à faire vivre cette âme de l'entreprise.

Le champ de l'éthique

En découvrant les problèmes d'éthique, la plupart des entreprises en restent à une conception très limitative des catégories du bien et du mal. Les dirigeants s'interrogent plus sur « la morale des affaires » que sur l'enracinement de l'éthique dans et par l'âme de l'entreprise. A l'occasion de séminaires tenus sur ce thème, j'ai pu mesurer la superficialité d'une mode qui risque de passer comme d'autres.

Or, si l'on comprend bien l'âme de l'entreprise (anima) comme ce qui pénètre tout le corps social et anime toutes les actions dans leurs dimensions diverses, l'éthique doit habiter l'entreprise, c'est-à-dire être une habitude. Il reste un peu dérisoire de situer l'interrogation éthique dans les seuls actes démonstratifs et affichables : les actions pour l'Afrique du Sud, les handicapés, le mécénat restent en surface. Si le chef d'entreprise souhaite intégrer une dimension éthique, il doit d'abord marquer son souci du détail et en faire un paramètre décisif de toutes les procédures que l'entreprise met en œuvre. Naturellement, cette démarche renvoie aux valeurs mêmes de l'entreprise.

Il est remarquable de constater que maintes entreprises qui affichent un projet social avancé, progressiste, en font plus un discours qu'une réalité durable. Pour marquer ce point, je voudrais insister sur la question du recrutement qui, avec le problème de la communication, me semble un élément particulièrement significatif. En effet, trop souvent, tout en tenant un discours très ferme et résolu sur l'importance des ressources humaines, les chefs d'entreprise laissent de côté ce qui leur semble marginal ou secondaire. Or le recrutement met face à face des hommes, et l'éthique concerne d'abord le traitement des hommes sans que l'humanité puisse se restreindre aux salariés de l'entreprise.

Nous verrons que l'acte du recrutement met en jeu des dimensions éthiques fondamentales tant s'y joue le sort des individus et la persévération de l'âme de l'entreprise dans son être même. On notera que le recrutement des cadres subit un sort particulier, que parfois même le n°1 s'en occupe jusqu'à un niveau moins deux ou moins trois.

Certes il contient également une dimension éthique, mais il me semble plus intéressant d'analyser le recrutement qui échappe le plus souvent à cette vigilance spécifique, c'est-à-dire le recrutement des non-cadres.

Les hommes du recrutement

Souvent j'ai entendu certain chef d'entreprise déclarer en privé que l'entreprise n'était pas ce qu'ils auraient voulu qu'elle fût. Le constat est louable, encore faut-il en tirer toutes les conséquences et ne pas pratiquer le double discours externe et interne.

Il est bon de prendre pour exemple une entreprise dont l'image sociale n'est pas bonne, afin de mesurer le départ qu'il convient de faire entre les discours soucieux des modes ambiantes et les pratiques à l'œuvre qui, sans discours, révèlent des valeurs beaucoup plus fondamentales que celles qui s'affichent souvent de façon péremptoire dans les projets d'entreprise flatteurs.

En effet, Michelin véhicule depuis des lustres une image de paternalisme et d'archaïsme social que ses dirigeants sont assez peu soucieux de transformer, tant ils sont convaincus que la pratique quotidienne est plus prégnante que toutes les réputations éphémères. Remarquons en passant que l'exécution sommaire du « paternalisme » par l'ensemble de la classe dirigeante aurait mérité une réflexion plus approfondie : il ne faut pas jeter le bébé avec l'eau sale, c'est-à-dire qu'il faut être certain de remplacer le paternalisme par autre chose. S'il s'agit de supprimer toutes les relations personnelles et individuelles que les dirigeants entretiennent avec les salariés, on sombre bientôt dans un anonymat toujours regretté.

Il est bien peu d'entreprises qui associent ainsi une famille et une marque et qui, en même temps, évitent de personnaliser le dirigeant. S'il est naturel que tel dirigeant médiatique s'oriente vers l'audiovisuel, il l'est tout autant que François Michelin continue à travailler dans la discrétion. D'un côté l'individu se glorifie à travers l'entreprise, de l'autre il s'efface devant la Maison.

Il est difficile de mesurer ce qui est construit consciemment et ce qui est le fruit de pratiques chargées d'histoire dans une entreprise comme Michelin. Il reste que le système Michelin, dans tous ses détails, est cohérent avec cet effacement volontaire du dirigeant. Sans doute ne s'agit-il pas tant d'une monomanie du secret que d'une discrétion volontaire. L'alternative est simple : vaut-il mieux discourir sur l'importance de la ressource humaine de l'entreprise en pérorant sans cesse sur ce thème, ou se taire pour implicitement la reconnaître ?

Pourquoi l'exemple de Michelin

Il me semble intéressant d'analyser le recrutement chez Michelin. Non pas la sélection des cadres, mais plutôt le recrutement des agents et collaborateurs qui dépend d'un service spécifique. La question peut sembler marginale ; elle ne l'est pas. Chez Michelin, le recrutement est tout près du cœur. Il dit quelque chose sur l'âme même de l'entreprise. Loin d'être pris à la légère ou délégué à l'extérieur, il est pensé comme essentiel dans la vie de l'entreprise. On peut même affirmer qu'il est généralement « pensé » tout court, ce qui est déjà remarquable.

L'âme de l'entreprise n'est pas invoquée gratuitement : dès le recrutement des techniciens ou des commerciaux, Michelin met en jeu à la fois ses valeurs éthiques les plus profondes et ses attitudes face au marché, les unes ne pouvant, dans ce cas, être indépendantes des autres.

Lorsque j'ai analysé le fonctionnement de ce recrutement, j'ai été frappé par le sérieux et la cohérence des procédures. Celles-ci s'articulent autour de trois entités qui ont statut de principes : l'Homme, le Client, la Maison. L'âme de Michelin réside dans la cohérence entre ces trois principes. Ailleurs, ils peuvent être distingués, voire opposés. Après tout, pour recruter, on pourrait aller au plus court afin de concentrer ses efforts uniquement sur le marché. Surtout quand on a la discrétion des Clermontois et qu'on se pique d'une indifférence hautaine vis-à-vis de l'extérieur. Chez Michelin, on affiche son produit, sa qualité. On produit en silence, sans effets de manche et sans discours prescriptifs. Le silence est d'or, seul le résultat compte. Les chiens aboient, les pneus passent.

Le phénomène est intéressant : voilà une entreprise qui dure, qui a été pionnière dans bien des domaines (marché américain, recherche, suggestions du personnel, technologie) et qui se tait. A la limite, on se réjouit presque d'une image sociale mauvaise, car les autres jouent un peu le rôle des « barbares » chez les Grecs : ils cimentent encore plus l'unité de la Maison. Celle-ci est toujours en situation de défi : elle sait qu'on ne lui pardonnera rien, qu'on la montrera toujours du doigt comme modèle du paternalisme et de l'archaïsme social.

Rien n'y fait : François Michelin ne sera jamais Bernard Tapie ou Francis Bouygues, et sa modestie n'est pas feinte. La médiatisation est considérée comme un piège des temps modernes et l'on est persuadé que le chef d'entreprise ne peut être un bateleur. Le « Patron », comme on dit à Clermont, ne se met pas en vedette, et n'est pas directement mis en cause, même au beau milieu de durs conflits sociaux (printemps 1988). Les actes priment la parole, au point que certains acteurs peuvent être étonnés qu'on leur présente la logique même qui construit leurs procédures et leurs comportements.

Autrement dit, si l'on se réfère aux objets de focalisation tels qu'ils sont analysés par Bernard Ramanantsoa, on peut affirmer que l'identité de Michelin se construit non pas sur le chef, mais bien plutôt sur le produit et sur le mode de comportement.

Le recrutement des agents et collaborateurs

Entrons maintenant dans le vif de l'objet. Depuis la reprise des embauches, Michelin sait qu'il faut embaucher quelques centaines d'agents et collaborateurs par an, sans perdre son âme. La population cible est constituée de bac + 2 (BTS, DUT, etc...) C'est un marché du travail dur à accrocher car l'augmentation de la scolarité rend plus difficiles les recrutements et surtout la sélection. Il n'est plus possible d'espérer recruter des potentiels importants qui auraient connu l'échec scolaire du fait de conditions socioculturelles difficiles. Des diplômés arrivent en bout de course. Les entreprises ne trouvent pas assez de commerciaux et de techniciens, du moins les entreprises qui pensent leur recrutement dans la durée et dans l'institution. Pour les recruteurs, il faut donc avoir les moyens de résister à la pression des services afin d'assurer une qualité totale des recrutements.

Afin de synthétiser les méthodes mises en œuvre et les contenus exigés, il est possible de structurer l'ensemble des procédures selon un tableau qui suit une logique déductive. Le tableau ci-après présente des paradigmes qui pénètrent les consciences et les structures. Nous nommerons chacun de ces

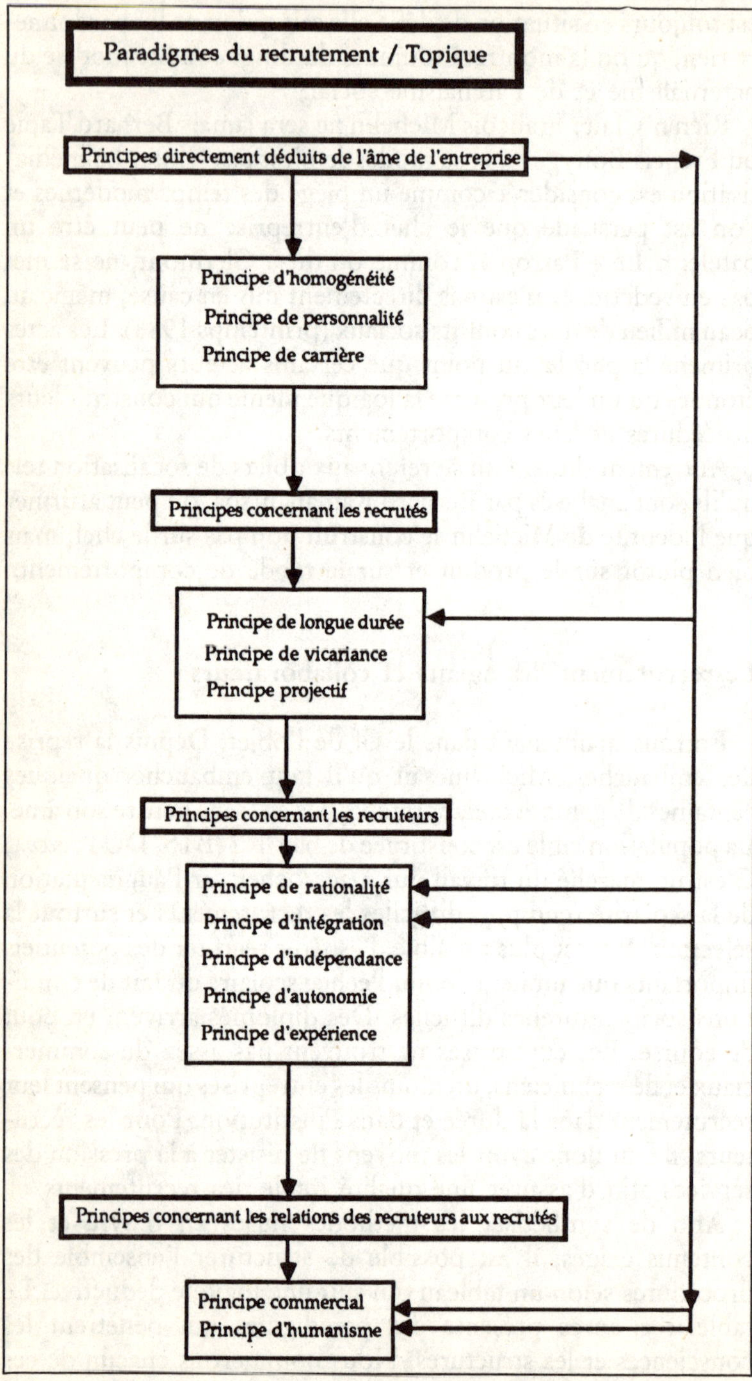
Paradigmes du recrutement / Topique
Principes directement déduits de l'âme de l'entreprise
Principe d'homogénéité
Principe de personnalité
Principe de carrière
Principes concernant les recrutés
Principe de longue durée
Principe de vicariance
Principe projectif
Principes concernant les recruteurs
Principe de rationalité
Principe d'intégration
Principe d'indépendance
Principe d'autonomie
Principe d'expérience
Principes concernant les relations des recruteurs aux recrutés
Principe commercial
Principe d'humanisme

paradigmes ou principes, car ils constituent le cadre de pensée qui oriente la stratégie de recrutement.

Le tableau *Paradigmes du recrutement / Topique* en présente l'ordonnancement déductif et les relations d'association.

Principe d'homogénéité: principe de recrutement selon des valeurs et critères internes à l'entreprise (quoique ces valeurs et critères puissent être en partie impensés et demandent à être davantage explicités aux acteurs recruteurs eux-mêmes). C'est dire que dans le recrutement ce ne sont pas les critères techniques qui sont considérés comme les plus importants: ce sont des critères éthiques au double sens des valeurs et du comportement.

Principe d'intégration: principe de recrutement en interne, sans aucune intervention de cabinet de recrutement. C'est un service du recrutement *ad hoc* qui suit toutes les procédures. Certes, des personnels qui suivent la gestion des filières peuvent intervenir dans le processus, mais l'essentiel est pris en charge par un service qui trie le courrier des candidatures spontanées et effectue systématiquement les premiers entretiens.

Principe de longue durée: principe de recrutement sur contrat à durée indéterminée (CDI). Michelin semble échapper en grande partie à la mode actuelle de la précarisation de l'emploi. On ne peut manquer d'être étonné du fait que la plupart du temps, dans maintes entreprises, on n'a pas une conscience claire du coût effectif que représente un recrutement dans la vie de l'entreprise, autrement dit, de ce qu'on met sur la table au moment du recrutement. Le réflexe de la précarisation est aussi dommageable pour le salarié qui ne peut prévoir l'avenir que pour l'entreprise qui se soucie peu de son âme.

Principe d'expérience: principe de recrutement par un corps de recruteurs non stabilisés à leur poste, mais ayant au contraire une longue expérience de fonctions techniques ou commerciales (qu'il s'agisse des filières ou du service de recrutement lui-même). C'est un principe fondamental: chaque candidat a le sentiment d'avoir un professionnel en face de lui, qui connaît le métier et qui est l'image même de son avenir possible dans la Maison.

Principe de carrière: principe de recrutement des commerciaux (CO) et des techniciens (TE) à qui il s'agit de proposer une carrière au sein de l'entreprise. Lié au principe des CDI, ce principe donne des perspectives et oriente très nettement la qualité de contenu exigée dans tout recrutement. Chaque embauche est faite comme si le nouveau recruté n'allait pas progresser à l'ancienneté. On n'a guère la fascination de la multiplicité des expériences ni de la mobilité externe. La carrière, c'est le suivi d'un homme dont il faut satisfaire les aspirations et les concilier avec les besoins de l'entreprise. De ce fait, la gestion de carrière occupe une place essentielle dans la politique de ressources humaines.

Principe d'humanisme : principe de recrutement très « doux » visant à considérer le candidat à la fois comme un homme qui mérite le respect et (Principe commercial 1.5 bis) comme un client qui doit garder une bonne image de Michelin. C'est sans doute le principe le plus « éthique » du recrutement. Toutes les procédures sont pensées comme si le candidat n'était pas un homme sur un marché mais un homme tout court. L'accueil est très aimable et les explications sont franches. A la limite, un candidat refusé tire profit de l'expérience qu'il a vécue. D'abord parce qu'on « lui parle en face », sans se réfugier dans le « on vous écrira » qui expédie la relation nouée avec le candidat. Il n'y a pas de lettre prétexte-type : on assiste à l'explicitation du refus. Entre hommes, on s'explique. C'est dire qu'il faudrait bien recadrer cette fameuse notion de « secret » dont on fait d'ordinaire une caractéristique de la Maison. Au-delà de la nécessaire confidentialité en matière de recherche, le secret n'est pas une paranoïa ni une monomanie. Disons plutôt que la Maison abhorre tout exhibitionnisme. Mais dans le cas présent, on ne dissimule rien au candidat quant à l'opération dans laquelle il intervient : tout lui est dit, bien plus qu'ailleurs, et ce qui lui est dit lui sera désormais utile à lui, en tant qu'homme.

Principe de personnalité : principe de recrutement d'une personnalité plus que d'une compétence technique à proprement parler. C'est dire que le choix est ici de ne pas recruter en fonction d'un poste mais en fonction d'un parcours possible. Les valeurs, les comportements ont une importance plus grande dans le processus de recrutement que l'adaptation immédiate à un poste donné.

Principe projectif : principe de recrutement d'hommes susceptibles d'être très évolutifs et de progresser dans l'entreprise.

Principe de vicariance : principe d'un recrutement global sans affectation de poste précis dans l'évaluation du candidat.

Principe d'indépendance: principe de préservation des recruteurs à l'égard des pressions effectuées par la demande des services et ateliers. Ce principe est souvent dur à tenir: il est pourtant vraiment essentiel. En effet, le recrutement sur poste est contradictoire avec le principe de carrière, le principe de personnalité et le principe projectif. L'urgence ne peut être le mobile du recrutement.

Principe d'autonomie: principe de non-évaluation individuelle *a posteriori* du succès ou des échecs des recruteurs d'une séquence à l'autre — ce qui signifie que le nombre des candidats ramenés à l'entretien suivant, ou au stage, et effectivement habilités, n'est pas quantifié pour évaluation du recruteur lui-même. Autrement dit, chacun peut se tromper. Le droit à l'erreur est une précaution indispensable, sinon chaque recruteur en première ligne courrait le risque d'être infirmé dans ses choix et aurait tendance à une sévérité accrue qui léserait l'entreprise devenue incapable de recruter dans des proportions suffisantes à son développement.

Principe de rationalité: principe de recrutement selon des procédures rationnelles sans expérimentations fantaisistes d'outils éventuellement à la mode reposant sur des sciences occultes. Chez Michelin, la numérologie, l'astrologie ou autres morphopsychologie n'ont pas droit de cité. Il faut être sérieux et juste. Ni la vie de l'entreprise ni la vie d'un candidat à l'embauche ne peuvent dépendre des modes passagères sans fondement rationnel.

Ces différents principes constituent des « paradigmes » (des « normes »). Autrement dit, ils correspondent à des objectifs de l'entreprise quant à sa gestion des ressources humaines, gestion qui commence avec le recrutement. Autrement dit encore, ils obéissent à une logique interne rigoureuse qui, sans être toujours pensée dans sa totalité par les acteurs eux-mêmes du recrutement, doit être tenue. Ceci ne signifie pas que ces principes soient toujours parfaitement respectés ou appliqués mais que toute la logique à respecter va dans ce sens.

Ame de l'entreprise et recrutement

En conséquence, l'on doit concevoir avec plus de clarté l'importance des procédures de recrutement. Dès lors que l'âme d'une entreprise ne saurait se réduire à un dirigeant, par des processus de focalisation plus ou moins travaillés c'est toute l'entreprise qui est concernée par l'animation.

Pour simplifier l'on pourrait dire que s'opposent deux logiques en matière de recrutement. En effet, dans les entreprises ou groupes, si l'on sait, du fait de leur taille ou de leur croissance, qu'il faudra recruter une certaine quantité de personnes, un choix doit être généralement fait entre un recrutement sur poste et un recrutement conçu en fonction de l'âme.

Le choix est décisif car la croissance représente toujours une menace pour l'entreprise qui tient à garder son âme, cet esprit qui la fait fonctionner et vivre. La croissance peut être l'occasion de perturbations très importantes ; accaparant tous les esprits, elle peut amener à négliger les facteurs qui sont à son fondement ; le recrutement sur poste est un recrutement qui est conçu à court terme, et le privilège donné à la technicité ne prévoit pas ce que sera le travailleur quelques années plus tard.

Tout l'intérêt d'un système comme le système Michelin, c'est de préserver l'âme de l'entreprise, de l'entretenir sans cesse en veillant, dans la personnalité des acteurs du recrutement, comme dans les procédures, les contenus et les critères, à ce que la Maison demeure ce qu'elle est.

On pourra dire que cette logique est une logique conservatrice ; d'une certaine manière, elle doit l'être dès le moment où il s'agit de maîtriser, dans la croissance, les fonctionnements qui sont au cœur même de l'entreprise et de la société qu'elle constitue. Chez Michelin, on parle peu de « social », on préfère parler des « hommes » et c'est bien d'eux qu'il s'agit dans tout recrutement.

Mais à l'inverse, s'il s'agit de transformer une entreprise, de lui faire acquérir une âme qu'elle n'a pas ou retrouver une âme qu'elle a perdue, le recrutement reste un moment essentiel. Sans doute est-il possible de le déléguer dans les cas les plus spécifiques en matière de technicité, mais dans l'ensemble, dans la logique d'ensemble, la délégation ou la sous-traitance m'apparaissent souvent comme une négligence. En effet, la plupart du temps les entreprises maîtrisent mal les méthodologies utilisées par les cabinets de recrutement ou ne les connaissent pas. Elles ne peuvent donc pas introduire la dimension éthique qui leur est propre. Or l'éthique et l'âme de l'entreprise se perçoivent et s'expriment dès l'acte de recrutement. Elles se perpétuent dans une gestion des carrières cohérente avec cet acte. Elles concernent aussi bien la qualité des nouveaux membres du corps social que l'ensemble des procédures mises en œuvre qui signifient l'âme de l'entreprise à l'intérieur comme à l'extérieur de l'entreprise.

C'est dire que l'âme de l'entreprise n'est pas une question abstraite: parcourant l'entreprise dans son ensemble, elle constitue le repère essentiel tant pour la stratégie de l'entreprise que pour ses actes moins visibles. La force d'âme d'une Maison consiste en cette capacité à subsumer le détail sous le général.

Ce type d'analyse ne relève pas seulement d'une curiosité intellectuelle. Elle correspond, je crois, à un authentique besoin de l'entreprise. Dans le cas de Michelin, et sur cette question précise, les éléments critiques sont peu nombreux. Mais la mise en évidence d'une logique interne, propre aux procédures de recrutement et strictement cohérente avec l'âme de l'entreprise, présente essentiellement deux intérêts qui ne se limitent pas à la connaissance générale de l'entreprise par elle-même.

En premier lieu, l'analyse a des effets formateurs, voire pédagogiques. En effet, dès lors que le recrutement est une pratique tournante, c'est-à-dire que les recruteurs sont mobiles et ne passent que deux à trois ans dans ce service spécifique, l'analyse fournit un outil de transmission de la connaissance. Les successeurs des recruteurs actuels pourront mieux comprendre la logique de leur activité et la cohérence qu'elle a avec le fonctionnement général de l'entreprise. Au lieu de transmettre des conseils pratiques, ils pourront faire comprendre le sens de ces pratiques et les intégrer dans les comportements.

En second lieu, une reconstruction logique du processus de recrutement permet de répondre avec pertinence à des questions nouvelles qui peuvent se poser de façon abrupte ou externe. Evoque-t-on l'embauche d'un psychologue? On constate immédiatement qu'une telle innovation serait contraire à la logique même du recrutement. Par ailleurs, la nature des tests ou épreuves auxquels sont soumis les candidats est directement déterminée par cette analyse à laquelle il faut les confronter pour s'assurer des cohérences ou contradictions.

2. Société des eaux minérales d'Évian

image interne et ethnologie de l'entreprise

Lorsque je suis allé pour la première fois à Évian, en bon touriste j'ai souhaité voir la source Cachat. Il fallait quitter les rives du lac et son casino clinquant pour grimper un peu sur le flanc bitumé de la montagne. Au bout de deux cents mètres, j'arrivais à la source. C'est un robinet qui sort d'un mur abrité par une architecture typiquement thermale. Une simple plaque indique: « 1789. Source Cachat. » L'eau sort d'un griffon métallique et se perd dans une petite vasque qui en porte les stigmates. Un peu ému, je restais à distance, lorsque je vis deux hommes arriver avec un panier à bouteilles dans chaque main. Ils sortirent leurs verres consignés et étiquetés Perrier et emplirent vingt-quatre litres à eux deux. En leur parlant, je sus qu'ils étaient employés au siège de la Société anonyme des eaux minérales d'Évian, juste en face. Tout cela était si simple: sortir ses verres, traverser la rue et ramener chez soi une provision d'eau pour la semaine. L'usage des verres concurrents était un peu comique, mais ma réflexion n'alla pas plus loin. Je ne me doutais pas alors que ce spectacle banal allait donner l'essence même des résultats d'une démarche ethnologique. J'étais près d'une vérité, ou d'une erreur, trop simple pour pouvoir la saisir.

Une belle société

A regarder le bilan : tout va pour le mieux. La marge nette est une des plus remarquables du secteur l'entreprise a été modernisée à temps, les conflits sociaux font partie de l'histoire révolue (1978), deux marques prestigieuses assurent la croissance (Évian et Badoit) et, lorsque le soleil sévit, l'expansion s'accélère.

De quoi ne pas s'inquiéter et jouir d'un capital qui semble inépuisable, puisque l'eau coule et coulera longtemps. On pourrait presque dire que l'auscultation relève du luxe et l'investissement dans la connaissance de soi d'un narcissisme dispendieux. La Société anonyme des eaux minérales d'Évian est une belle entreprise qui valorise des marques comme Évian, Badoit, Athlon et Fruité. Elle est même largement exportatrice puisque la marque « Évian » diffuse à l'étranger près de 29 % de sa production.

Or, bien que les entreprises soient très différentes, la préoccupation est la même que chez Louis Vuitton : le long terme. S'il est bien vrai que « l'avenir dure longtemps », il faut n'être jamais satisfait de l'instant présent. D'une certaine manière le souci est encore plus louable ici car il ne s'agit pas de l'histoire d'une famille séculaire. Le directeur général changera, comme tous les dirigeants de BSN, il circulera, ira certainement voir ailleurs. Mais, pour préparer l'avenir, il lui faut de la connaissance. Connaître l'entreprise est aussi important que connaître le marché. Le marché est fluctuant, l'entreprise demeure. L'entreprise avec ses hommes, ses régions, ses sources. La stratégie ne dépend pas seulement du produit ou de la concurrence, elle est également très liée à l'identité de l'entreprise et à ce qui peut l'animer, son âme même.

Dans le cas d'Évian, il s'agit à la fois de préparer l'avenir par le biais d'une connaissance qui sera d'autant plus efficace qu'elle sera fondamentale et d'agir en utilisant au mieux cette connaissance. La libre entreprise n'est pas l'entreprise capricieuse, ignorante, arbitraire. La liberté d'indifférence est aussi le plus bas degré de la liberté pour l'entrepreneur. La libre entreprise, c'est d'abord l'intellection de la nécessité, c'est la compréhension de tout ce qui détermine la vie de l'entreprise. L'entreprise n'est pas immédiatement libre parce qu'elle est privée et détachée de la puissance publique. Ça, c'est le discours des idéologues. L'entreprise est d'autant plus libre qu'elle connaît ses forces et aussi ses faiblesses, ce qui la dynamise comme ce qui l'entrave.

Or cette connaissance est superficielle tant qu'elle en reste aux divers bilans exigés par le législateur et aux prévisions sur le marché. Machiavel l'écrivait déjà : le nerf de la guerre (économique), ce n'est pas l'argent, ce sont les hommes. Une entreprise qui ne connaît pas ses hommes, dans ce qu'ils sont et dans l'image qu'ils ont de l'entreprise elle-même, est une entreprise aveugle qui ressemble à un alpiniste peu soucieux de ses bagages, de ses provisions, de sa cordée, et qui ne penserait qu'à s'équiper contre le froid (le marché).

C'est pourquoi, la démarche de connaissance me semble tout à fait relever du double projet économique et social préconisé par Antoine Riboud. Il faut connaître ses ressources pour s'engager dans la bataille, il faut investir dans la connaissance des hommes pour bien communiquer avec eux, pour saisir leurs attentes, pour comprendre leurs logiques de comportements et de représentations. Il ne faut pas se contenter de distribuer, d'accorder des largesses, il faut comprendre pour bien négocier.

Bruno Germain-Thomas, directeur général, et Michel Blin, directeur des ressources humaines, ont donc décidé de faire cet investissement dans la connaissance et de prendre un certain risque en utilisant des méthodes d'analyse que le groupe BSN n'a guère l'habitude de pratiquer.

Les débats méthodologiques

Mais le chemin est long. Car le volontarisme est insuffisant. On ne peut se contenter de suivre la mode et d'en appliquer les effets. La réflexion doit aller plus loin et c'est ce à quoi elle renonce souvent. Il ne suffit pas de vouloir connaître, il faut aussi en prendre les moyens, et là, ça se complique.

En effet, les ingénieurs qui sont si attachés à la scientificité des démarches quand il s'agit de matériaux ou de process, les hommes de marketing qui s'échauffent sur la fiabilité des analyses de marché et des courbes statistiques, tous semblent souvent d'une très grande naïveté quand il s'agit de connaître les hommes et leur entreprise. Les débats méthodologiques les ennuient ou sont absents.

Cette négligence produit deux effets subséquents :

1. La méthodologie est à peine examinée ;

2. Les résultats sont faux ou n'indiquent rien qui puisse permettre d'engager des actions à court terme.

C'est là un grand échec des sciences de l'homme et de la société : elles n'ont pas encore réussi à faire passer l'idée de leur pertinence et de leur rigueur. L'objet de recherche que constitue l'entreprise reste sommairement assimilé à une « opinion publique ». De ce fait, on y applique les méthodes utilisées pour appréhender l'opinion publique en général, ce qui ne permet pas d'identifier l'entreprise dans sa culture, sa singularité, son âme même. Ce qui ne permet pas non plus de disposer des connaissances nécessaires pour passer à l'acte ou préparer l'avenir.

En effet, je suis convaincu qu'un peu de connaissance éloigne de l'action tandis que beaucoup y ramène, pour paraphraser un mot célèbre de Jaurès. Pour s'en assurer, il suffirait d'aborder le champ social avec la même rigueur que la recherche-développement dans l'entreprise. La connaissance utile est la connaissance vraie et non superficielle. En matière sociale, toute connaissance partielle, incomplète ou biaisée de l'entreprise est nuisible car c'est sur cette connaissance que doit être fondée la communication interne et, pour partie, la stratégie de l'entreprise. Autrement dit, la connaissance n'est pas la danseuse du manager, ce doit être son outil majeur. La méthodologie ne doit donc pas être prise à la légère. Et il y a bien des dirigeants qui seraient scandalisés s'ils savaient sur quelles méthodes on étaye les savoirs qu'on leur présente comme validés. Mais ils ne savent pas.

Le croisement des approches

Les leçons de méthodologie sont ennuyeuses et le dire ne supprime pas l'ennui. Le taire serait naïveté. Quand il s'agit de connaître son entreprise et notamment l'image interne qu'elle véhicule, il faut laisser le champ à l'imaginaire. Il faut utiliser des méthodes qui permettent l'investigation de l'imaginaire. La rationalité est trop directe dans les questionnaires où l'on sait la plupart du temps ce qu'il faudrait répondre pour être dans la norme. La production des chiffres, des statistiques, des proportions, des tris croisés relève de l'onanisme managerial.

Il faut reconstituer des logiques de comportements et de

représentations. Saisir l'imaginaire. Expliciter le non-dit. Connaître son entreprise, c'est appréhender ce qui est irréductible, ce socle qui résiste, qui tient à l'espace et au temps, aux luttes et aux désarrois, au produit et aux hommes. Le conflit, ça se voit, ça se gère, ça se négocie. Il y a quelquefois dans l'entreprise de l'ingérable, de l'invisible, de ce qui n'apparaît jamais autour de la table des négociations. Pour saisir l'explicite, l'exprimé, pourquoi ne pas se fier aux expressions syndicales ou réglementaires ? Les sondages ont à ce titre quelque chose de vexatoire pour les organisations représentatives.

Avec la direction d'Évian, nous décidâmes d'employer les grands moyens : analyse qualitative par entretiens semi-directifs, analyses logico-sémantiques et logico-formelles des textes émis, analyse quantitative pour rassurer les amateurs de chiffres, mais surtout aussi ethnologie d'entreprise et réflexion conceptuelle sur l'ensemble des textes écrits.

Tout ceci peut sembler bien indigeste, abstrus, ennuyeux. Mais il faut revendiquer pour les hommes ce que l'on reconnaît aux choses. La légèreté méthodologique cache un mépris profond et une flagornerie parfois odieuse. En effet, l'entreprise est une société, ce n'est pas un corps électoral ni un troupeau de veaux. De plus, la méthodologie dit déjà le compte qu'on tiendra de la connaissance acquise. Si elle est sommaire, c'est qu'il s'agit simplement de montrer au personnel qu'on s'intéresse à lui. Si elle est élaborée, c'est que l'on compte travailler avec lui pour agir avec lui, sur lui et sur soi-même.

L'apport de l'ethnologie

Les résultats

Chez Évian, l'analyse ethnologique et la réflexion philosophique nous ont permis d'aller au plus profond de l'imaginaire, c'est-à-dire en fait de revenir à la surface, à cette première vision de la source et de cette théorie de verres Perrier gorgés d'eau minérale naturelle Évian. En effet, toutes les démarches ont convergé sur un point, archaïque et fondamental, imaginaire et superficiel : entre le griffon chthonien et la bouteille humaine, l'entreprise n'existe pas La source est partout et l'entreprise nulle part. Cette terre, c'est la nôtre, à nous, gens du Chablais, recrutés de père en fils, de cousin en cousine, d'oncle en nièce, de voisin en pays. Autochtones, nous sommes faits de cette terre, de cette eau qui nous appartiennent. La publicité le dit assez : l'eau est « minérale naturelle », elle respire l'air de nos montagnes et se grossit des minéraux de ses flancs. Qu'appelle-t-on « entreprise » ? La ponction à la source que chaque habitant peut opérer avec ses paniers garnis. L'entreprise est une concession que nous avons accepté de faire. Notre salaire n'est pas un salaire, notre intéressement n'est pas un intéressement, l'ensemble est une rente foncière versée à la collectivité, l'impôt local que nous paie l'exploiteur, le loyer que nous verse le touriste. L'eau demeure, les chablaisiens restent, l'entreprise passe... à la caisse.

La vraie vie est là, sur la terre, dans le jardin, ailleurs qu'à Amphion, ailleurs que dans l'usine. Les cachalots, comme on les appelle par là, se retrouvent dans cette unanimité que seuls viennent contrarier quelques immigrés venus du Lyonnais, voire de Picardie, comme en une ruée impudique.

On voit que, par rapport à ce constat très douloureux pour l'entreprise, toute gratification complémentaire, tout mécénat local, tout intéressement conséquent conspirent à amplifier la rentabilité du capital foncier. Tant que l'entreprise est utopie, entité sans lieu dans l'imaginaire collectif, la motivation des travailleurs est elle-même utopie, rêve déplacé d'une direction délocalisée. L'entreprise doit peupler l'imaginaire collectif au risque de mal supporter les à-coups climatiques et les surmenages nécessaires. Des marchés se perdent, quoique le produit soit demandé et le management reconnu. Si la montagne ne vient pas à l'entreprise, il faut que l'entreprise aille dans la montagne.

En quoi ce résultat dépend de la méthode

En dépit de tous les redressements possibles, l'analyse quantitative aurait seulement donné des opinions. Je n'en savais pas assez pour poser les bonnes questions. De plus, les réponses reçues auraient privilégié une population déjà assez motivée pour répondre. L'immersion ethnologique a permis l'avancée décisive. Dans les entretiens qualitatifs on écoute des discours, dans l'immersion ethnologique on regarde les hommes faire, et leurs discours prennent sens dans un référentiel. On passe du sémantique au pragmatique, comme disent les linguistes.

De plus, la notion de culture d'entreprise — dont je critiquerai à plusieurs reprises la valorisation excessive — n'a de sens que dans la mesure où elle s'inscrit dans une relation étroite de l'usine et de son environnement local. Or, pour appréhender cette relation, il faut faire les trajets avec les travailleurs, vivre le week-end au milieu du pays, participer aux fêtes locales, voir se nouer les relations de parenté en dehors et à l'intérieur de l'entreprise, en somme sympathiser avec le rythme quotidien de tous. La démarche ethnologique accumulant les faits et gestes, multipliant les anecdotes et les mots significatifs, il convient d'achever le travail par une réflexion plus conceptuelle qui permet d'abstraire et de dégager l'idée-force, souvent unique, qui subsume l'ensemble des logiques de comportement et de représentations.

Il faut ajouter à cela que l'ethnologue très professionnel s'oublie vite. Naturellement, quoique basé sur un poste de travail, l'ethnologue doit être présent en tant que tel, dans la transparence de sa tâche ethnologique. On objectera peut-être que Levi-Strauss définissait l'ethnologie comme la « science de l'ailleurs ». Qu'on se rassure bien vite : pour un chercheur du CNRS, l'entreprise est cet « ailleurs » tout autant que certains Indiens d'Amérique qu'avait étudiés auparavant l'ethnologue qui travaillait avec moi chez Évian. L'entreprise est ce qu'il y a de plus dépaysant, un monde étrange où il faut aussi respecter tous les protocoles de pouvoir et se faire reconnaître et admettre. Une condition doit cependant être respectée : si le chercheur doit bien préparer son terrain, il ne doit néanmoins pas être un spécialiste de l'entreprise, intégré dans un métier qui lui ferait perdre cette faculté décisive de « voir la nouvelleté », comme l'écrivait Montaigne.

De la connaissance à l'action

Est-ce-à dire que les bras en tombent et qu'il faille en plus les baisser ? On serait mal fondé à verser dans l'apocalypse : avec ses 2,2 milliards de chiffre d'affaires, ses 370 millions de résultat courant et ses 1 300 salariés, Évian est un des fleurons du groupe BSN. Mais la stratégie du moyen et du long terme se construit aussi avec les hommes et il faut prendre la situation pour ce qu'elle est : ce n'est pas une fatalité, c'est un déterminisme. Il faut le connaître, le comprendre pour le dominer, selon le grand principe spinoziste qui anime ce livre. La connaissance n'inhibe pas l'action, elle l'ajuste. Elle n'est pas dirimante, elle est roborative.

Prenons pour exemple l'autre grande source qui dépend de la Société anonyme des eaux minérales d'Évian, la source Badoit. Évian est un lieu et c'est une marque. Le lieu est dans la marque et marque la marque. Badoit est le nom d'un médecin, une marque qui se distingue immédiatement du lieu, Saint-Galmier. La médiation est déjà présente dans la dénomination. Le langage produit aussi ses effets imaginaires. La simple mention de la marque éloigne du lieu. L'histoire ajoute à cette distance. Badoit a failli sombrer il y a quelques années. Les investissements, le marketing, les directions données par l'entreprise en ont fait une eau si prestigieuse qu'on a vu, durant l'été 89, des gens se battre autour des gondoles d'une grande surface pour se disputer les packs et savourer les bulles. Tout dans l'entreprise montre que c'est une entreprise : les travailleurs ne sont pas plus délocalisés, mais ils savent qu'une source peut se tarir si l'entreprise faiblit. Ils sont l'entreprise avec d'autres qui sont ailleurs et œuvrent pour la marque.

L'immersion ethnologique a relevé cent faits qui avèrent cette distinction des imaginaires et la révèle dans des pratiques quotidiennes. Il faut comparer le changement des équipes à Amphion et à Saint-Galmier. Ici, on s'attend, on achève le nettoyage des cuves, on se transmet les informations essentielles ; là on se croise dans les vestiaires, la relève est silencieuse, tout se suffit à soi-même. L'entreprise existe, c'est-à-dire qu'il y a des hommes qui la font vivre — des commerciaux, des administratifs, des hommes de marketing, des ouvriers de production, des agents de maîtrise, etc. —, des process qui la font produire, des images qui la font vendre et une direction qui entreprend. L'entreprise existe car elle aurait pu ne plus exister.

Il est bon que la réalité balise quelque peu l'imaginaire. Ainsi voit-on comment la recherche fondamentale permet de cadrer correctement les plans d'actions. En matière de communication interne, on a souvent tendance à identifier les outils et supports avec les objectifs. Or tout se joue dans une définition des objectifs qui soit étayée sur une bonne connaissance des récepteurs/émetteurs dans l'entreprise. Si l'entreprise existe, il faut la rencontrer. Le principe est posé, les actions doivent être enclenchées selon les contraintes et les moyens de l'entreprise. Ce qui est vrai chez Évian n'est pas vrai ailleurs, et ce qui est vrai à Amphion n'est sans doute pas aussi vrai à Évian-Gare ou au siège. En matière de ressources humaines, surtout dans un groupe comme BSN, la tendance est forte d'appliquer des principes et techniques généraux qui vont dans le sens d'une bonne image sociale génériquement véhiculée par Antoine Riboud.

La connaissance montre également le primat des objectifs sur les outils : tout l'arsenal mis à la disposition des entreprises dites « sociales » ou « progressistes » ne peut faire l'économie d'une gestion très spécifique qui doit intégrer des procédures adaptées pour le recrutement, l'accueil des salariés, la gestion des carrières ou encore la gestion des relations avec l'environnement immédiat. Enfin, en matière de stratégie, le nerf de la guerre ne peut être oublié : toute entreprise est un jeu de forces contradictoires qu'il faut contrôler et manager. Il n'existe pas de recettes définies : l'identité de l'entreprise contribue à définir sa stratégie tant elle détermine la capacité de production et les comportements des acteurs.

En l'occurrence, l'investissement dans la recherche est éminemment rentable : sans une recherche de ce type, l'entreprise aurait pu s'épuiser en gadgets divers qui se seraient attaqués à des événements de surface. Lorsqu'on a pu localiser, dans une entreprise, le problème le plus fondamental, on sait qu'il faut s'y attaquer sans plus tarder. L'essentiel pour Évian, c'est désormais de reconstruire l'image d'une entreprise, à l'intérieur même de l'entreprise. Tous les problèmes de motivation, de mobilisation, de projet, de qualité, de cercles de progrès peuvent être subordonnés à cet objectif essentiel.

Je voudrais achever ce cas Évian sur une idée générale qui peut paraître banale mais qui apparaît également chez Sodexho ou Louis Vuitton. Faute d'en prendre les moyens, les dirigeants d'entreprise vivent la plupart du temps sur une fausse idée de leur entreprise. Ils ne se rendent pas compte de ce qui les fait haïr ou aimer. Ils délaissent les problèmes d'image interne et la place effective de l'entreprise dans l'imaginaire collectif. Ils ne peuvent connaître eux-mêmes leur entreprise, car on ne peut à la fois être à la fenêtre et se regarder passer dans la rue. Souvent, ils font la richesse des consultants car ils sont prêts à payer pour qu'on leur retourne l'image qu'ils attendent et qu'on ne remette pas en cause l'emprise qu'ils sont censés avoir ou le partage des pouvoirs sur lequel ils vivent. L'ethnologie est à ce titre un risque pour l'entreprise et donc pour le chercheur-consultant. C'est un jeu difficile car il suppose des règles précises et notamment une grande liberté du chercheur. C'est sans doute ce dont le coût est le plus cher, car l'intervention et les impératifs chatouillent et grattouillent. Maints patrons agissent vis-à-vis de leur entreprise comme ces autruches qui, se sachant à découvert, préfèrent ne pas ouvrir leur relevé bancaire. C'est pourquoi il entrent si bien dans l'analyse pascalienne du divertissement : le marketing, les prix, les investissements font déjà assez de souci, mais ils occupent l'esprit qui fuit la réflexion sur soi. L'agenda noirci conforte par l'occupation. La connaissance n'est pas une sinécure, elle est un risque. Le risque est une valeur de la libre entreprise sous condition qu'on admette profondément que l'entreprise est effectivement une société d'hommes et de femmes.

3. Louis Vuitton

L'âme dans le management des contradictions

Louis Vuitton est une entreprise étonnante. De 70 millions de chiffre d'affaires en 1977, elle est passée à 4,5 milliards à frontières constantes, hors diversification, en 1989, avec plus d'un milliard de bénéfices nets après impôts et intérêts minoritaires. C'est une réussite exceptionnelle qui commence avec l'entrée dans l'entreprise de Henry Racamier et Jean Ogliastro, gendres de Gaston Vuitton, mais qui s'enracine dans une tradition maintenant séculaire. C'est en même temps une entreprise qui réalise une grande partie de son CA avec la clientèle asiatique et près de 70 % sur la ligne Monogramme, c'est-à-dire les fameux produits réalisés en toile LV. La qualité des performances s'explique en partie par l'intégration de l'activité commerciale, Louis Vuitton récupérant par là les marges des détaillants et réussissant à construire une image homogène. Elle résulte surtout de l'action de Henry Racamier qui a su maîtriser les contradictions internes tout en développant une communication dont la qualité fait l'unanimité.

Quand on étudie de près le cas Vuitton, on ne peut manquer d'être surpris par la dualité essentielle d'une entreprise qui serait comme un cas d'école si sa singularité ne limitait pas beaucoup l'extension des quelques idées générales que l'on peut s'y forger. Cette dualité s'exprime dans la différence entre une gestion complexe de la croissance et une persévérance dans la tradition.

Du côté de la gestion, Louis Vuitton, c'est un esprit divisé qui doit satisfaire des impératifs contradictoires ; c'est la coalescence troublante d'un management inspiré et d'une tradition maintenue dans ce qu'on peut appeler un artisanat industriel. Tout le succès de l'entreprise repose sur une ligne d'équilibriste : Jean Ogliastro et Henry Racamier ont dû à la fois associer la famille et la dynamiser, faire le pari de la croissance et la contenir. Tous deux venus d'horizons industriels différents (le négoce de l'acier pour Henry Racamier, le commerce colonial pour Jean Ogliastro) ont transformé la gestion de l'entreprise et lui ont donné un souffle nouveau. C'est pourquoi, je diviserai mon analyse de Louis Vuitton en deux parties significatives de ce que peut être l'investigation dans l'entreprise. En effet, pour analyser l'esprit Vuitton, j'ai procédé en deux phases très distinctes : d'une part j'ai effectué ma recherche au sein des directions auprès des personnages historiques — quel que soit leur niveau hiérarchique —, et à travers tous les textes et images émis, j'ai regardé si l'esprit Vuitton était décelable. Puis, avec l'aide d'un ethnologue, j'ai travaillé dans les établissements pour trouver l'esprit Vuitton au cœur même de la production. Le texte qui suit reproduit le mouvement de ce questionnement progressif, résolu dans l'investigation à la base.

Là encore, il ne s'agit pas d'une connaissance désintéressée, innocente ou pure, mais d'un approfondissement qui débouche sur la stratégie, sur la communication et sur la gestion des ressources humaines.

Pour mémoire rappelons que Louis Vuitton est une société holding qui regroupe des intérêts dans Givenchy, Veuve Cliquot, Guerlain, Loewe et Louis Vuitton Malletier. C'est de cette dernière entreprise qu'il est question dans le texte qui suit Elle est née en 1854 et a été dirigée successivement par Louis, Georges et Gaston Vuitton jusqu'en 1970. Au fil du temps, il a fallu digérer les transformations matérielles du voyage (chemin de fer, bateau, auto, avion) et la crise de 1929. De ce fait, l'entreprise traverse modestement le siècle jusqu'à la reprise par deux gendres de la famille en 1977 et l'arrivée d'André Sacau qui apporta son savoir-faire en matière de distribution intégrée.

Il faut visiter l'ensemble d'Asnières qui comprend l'usine d'origine, un musée, un magasin en taille réelle et surtout la maison familiale des Vuitton. C'est un bel exemple de l'intégration qui fait la force de l'entreprise et la culture d'une âme qui récite son histoire dans des murs banlieusards.

L'esprit Vuitton dans les textes et chez les chefs

Durant cette première phase de l'étude, j'étais quelque peu inquiet : l'esprit Vuitton semblait concentré entre les mains d'un seul homme, comme une ligne stratégique qui avait été imposée plus qu'elle ne s'imposait. Sauf quelques exceptions, les cadres m'apparaissaient peu imprégnés d'un esprit commun, l'âme de Vuitton se concentrait très près de l'animateur. Dans la seconde phase, j'allais mieux percevoir la réalité de cet esprit Vuitton.

Paradoxes du management chez Louis Vuitton

Il est difficile d'écrire sur l'esprit Vuitton sans mentionner les acteurs, au premier rang desquels Henry Racamier. Celui-ci fera date dans l'histoire de l'industrie française. Mais les vraies raisons en resteront sans doute occultées. On pourra citer des chiffres impressionnants, s'ébahir devant la marge nette et calculer chaque année des coefficients de croissance à faire taire les plus sceptiques. De quoi exciter les appétits les plus féroces. Et pourtant, le management de Louis Vuitton est paradoxal de bout en bout. Tout y est proprement « déroutant ». La communication ne communique pas une stratégie, elle semble parfois tenir lieu de stratégie. On demande aux vendeurs de ne pas vendre, aux industriels de ne pas baisser leurs prix de revient, aux commerciaux d'ignorer le marché et ses exigences vulgaires. Et ça marche, et ça court. Ça court en tous sens. Seul le Prince maîtrise l'attelage d'une voix qui prononce des mots que les montures ne comprennent guère.

Ainsi tel responsable industriel est-il envoyé dans les cordes alors qu'il vient annoncer un gain de 5 % sur le prix de revient : cela n'importe guère à Henry Racamier, ce qui compte c'est que ces 5 % passent dans l'amélioration de la qualité. Tel autre voudrait qu'on montrât plus directement les produits dans la communication externe sans bien saisir la spécificité de cette communication mythique et onirique. Tel autre vendeur souhaiterait multiplier les magasins et points de vente sans bien comprendre la nécessité de limiter le réseau. Tel autre enfin voudrait se lancer dans des études de marché alors que le maintien dans le luxe passe par une politique de l'offre. Il faut savoir limiter la croissance à venir si celle-ci est trop importante pour maintenir la qualité de l'image et la fiabilité des produits.

« Chassez le naturel, il revient au galop ». Il n'est point besoin d'un Bernard Arnault pour que l'entreprise perde son âme, il suffit que le cocher devienne aphone. Alors chaque direction porte bien son nom et parcourt la rose des vents, à hue et à dia. L'entreprise s'emballe. Louis Vuitton est une entreprise dans laquelle les logiques fonctionnelles sont sans cesse contrariées, telle est la ligne directrice de Henry Racamier, au risque de provoquer des frustrations et des oppositions.

Car la préoccupation du long terme est chose très absente, seul le président y vient et y revient, par delà les logiques patrimoniales ou les exigences immédiates du marché. Chacun voit la pierre qu'il pose, rares sont ceux qui envisagent la maison elle-même.

Henry Racamier s'est de fait presque oublié lui-même. Il a laissé au second plan la vie quotidienne des établissements et la communication interne, tout accaparé qu'il était par la gestion d'une croissance folle, la lutte contre les déviations qui menacent sans cesse dans une telle croissance et le combat sans répit pour rééquilibrer le poids de chaque produit dans les ventes. La famille, les salariés n'ont pas été l'objet de ses premiers soucis ; à la limite, il ne peut compter que sur trois ou quatre dirigeants fidèles prêts à le soutenir, le défendre et lutter avec lui. L'ingratitude générale est directement liée à sa réussite propre : il est l'âme de l'entreprise et tient une ligne qu'il n'a sans doute pas pris le temps d'expliquer clairement et longuement. La communication est tellement extravertie qu'elle a oublié de se justifier en interne et d'y communiquer la ligne du président. Le monde a fait oublier le monde de l'entreprise elle-même.

L'esprit Vuitton est-il un mythe ?

Lorsqu'on s'immerge dans les directions de Louis Vuitton, l'interrogation devient lancinante. Où trouve-t-on l'esprit Vuitton ? On en vient progressivement à penser que la communication du mythe mystifie les communicateurs eux-mêmes. Les photos de Jean Larivière, les développements de Creative Business, l'architecture de Sopha sont efficaces en externe. Mais elles renvoient une image qui peut faire écran et supprimer toute lucidité quant à la réalité même de l'entreprise. Or les dirigeants sont jeunes, les bureaux, avant de se regrouper dans la Grande Arche et l'avenue Montaigne, essaimaient au hasard du boulevard Haussmann après avoir fait déborder le siège de La Boétie. Avoir un an d'entreprise, c'est déjà être un ancien. C'est dire que la communication externe pèse plus que l'histoire pour peupler l'imaginaire des cadres.

Les discours sur l'esprit Vuitton

Les discours ne manquent pas qui définissent des valeurs, évoquent des traditions, développent la nostalgie des coups de marteaux donnés par l'ouvrier aveugle qui sait, au son, reconnaître la précision de son geste. La famille vit encore cette gestuelle pour s'émouvoir d'un passé presque perdu. Tandis que les dirigeants actuels scandent les mêmes termes : mais leur conviction s'étaye sur la seule répétition du mythe, car les usines sont loin et les ouvriers sont jeunes.

La question demeure : Où trouver l'esprit Vuitton ? Dans les images belles et oniriques ? Dans le passé manuel et artisanal ? Dans le management performant et les marges qui sortent de l'ordinaire ? Dans les produits et les toiles ? Dans les magasins identifiables ? Dans la fierté d'y travailler ? Dans la mémoire d'une famille à la recherche du temps perdu ? Dans l'élégance des styles et des comportements ? Dans l'honnêteté qui préside aux relations avec les clients, les salariés et les différents partenaires de l'entreprise ?

Il n'y a pas d'esprit Vuitton qui se définisse en un lieu spécifique. Tous ces lieux donnent des indications contradictoires. L'esprit Vuitton est certainement caché ailleurs (mythe, mystère), au point qu'il faut l'exhumer, le déceler. Très lié à l'intégration des activités, il est quelque part dans la tension même qui fait le mouvement de l'entreprise, lui donne une certaine fragilité et y multiplie les contradictions. Cette tension est naturelle, c'est-à-dire qu'elle est directement déduite de l'organisation, mais elle n'est pas assez explicite.

Il faudrait que le désordre complexe de Vuitton fût transformé en ordre ou du moins pensé comme un ordre, dans le double sens impératif et descriptif. Au jeu classique qui existe entre la qualité maintenue et la quantité supportée, il faudrait ajouter un produit normatif, plus proche du luxe, qui puisse intégrer les contradictions dans un esprit de la maison Louis Vuitton.

Il est possible cependant que les unités de production véhiculent quelque chose d'original. Mais il ne faut pas s'illusionner sur le discours que tiennent les dirigeants quant aux habitudes de travail des ouvriers de production car la plupart des cadres s'en éloignent de plus en plus et se complaisent dans une croyance confuse au mythe lui-même.

L'histoire arrêtée

La beauté des plaquettes présentant les produits, le faste des lancements ou plutôt des introductions — on ne « lance » pas un produit, on l'« introduit » —, tout conspire à suggérer le luxe et la culture. C'est ce qu'on appelle la culture du mythe ; culture en un double sens. En effet, elle renvoie aux plus nobles démarches qui font quérir un stradivarius à travers le monde ou financer la création musicale, comme elle relève de la stratégie qui cultive, c'est-à-dire rend un culte au mythe toujours recommencé. La réussite de la communication sur le mythe et le rêve ne fait pas de doute. Les créatifs, photographes et publicitaires ont travaillé avec la plus grande efficience une image située au confluent de la stratégie et de la communication. Mais au fil du temps, le mythe risque de passer à la puissance deux pour se célébrer lui-même. Il s'étayait sur une réalité matérielle, artisanale, professionnelle qui le soutenait. Il se fondait dans une histoire solide et démontrable. Le temps passe et le temps semble arrêté en 1970. La mort de Gaston Vuitton est la fin d'un monde. Le management et la gestion de la marque succèdent à l'histoire du produit. La réussite est là, incontestable, presque magique. Elle exhibe l'efficacité symbolique. Et ça a marché ! mais le principe d'inertie ne fonctionne que dans le vide : nous croyons que le mythe ne peut ainsi continuer à persévérer dans son être. Non qu'il convienne de changer la communication ; non qu'il faille abandonner le mythe. Mais il faut que l'étayage complète l'auto-érotisme. Avec Challenge, Vuitton s'engageait dans la modernité du produit, l'accompagnant du sponsoring audacieux de l'America's cup. Mais les matériaux nouveaux (notamment le kevlar) produisirent des objets trop fragiles qui ne furent guère une réussite commerciale. L'innovation balbutiait et il fallait que Louis Vuitton retrouve les sentiers de la création sans s'égayer uniquement du côté des accessoires comme les montres, les stylos ou les foulards. Avec l'arrivée d'une ex-enseignante passée par la direction du CCI de Beaubourg, littéraire et riche en idées, Françoise Jollant, la création emprunte des voies nouvelles. Encore faut-il que la communication réussisse à faire passer le message et s'adapte aux produits plus originaux.

Les risques d'essoufflement du mythe

En effet, le mythe risque de s'essouffler s'il ne prend appui sur une histoire nouvelle. Il va se dévaluer et dévaluer avec lui les produits qui le manifestent sans le porter. Il faut que l'histoire avance et continue. Au temps de la gestion nécessaire et du développement accéléré doit succéder le temps de la « reprise en main ». Il n'est pas certain, dans ces circonstances, que la famille fasse uniquement de la figuration, dès le moment où les conditions existent pour qu'elle puisse jouer un rôle actif. Louis Vuitton a toujours innové dans le respect d'une tradition, il faut que ces innovations répétées soient cohérentes avec le produit et que, dans vingt ans, l'histoire de ces années-ci soit racontée avec autant de chaleur, d'émotion et de ferveur que la préhistoire aujourd'hui exhibée. Sinon le mythe passera bientôt pour une supercherie et le rêve se transformera en cauchemar.

En effet, si le mythe est un rêve commun au dirigeants et aux clients, il demeure une fiction dans l'entreprise, parfois une fiction sur l'entreprise. Il ne manifeste pas directement un esprit Vuitton ; tout au plus dit-il l'entreprise telle qu'on voudrait qu'elle fût tout en sachant ce qu'elle n'est pas, n'est plus ou n'a jamais été.

Il n'y a pas de mythologie sans dieux ou sans demi-dieux. C'est pourquoi il ne faut pas attendre la chute des dieux dans le Tartare du marché. Quelques produits doivent entretenir, maintenir la distance, pour que les autres aient l'air d'être venus d'ailleurs. La marque ne peut rester roborative qu'au prix de l'entretien d'un feu sacré. L'eden d'un imaginaire savamment entretenu des images supportera mal l'enfer vulgaire du code-barre.

Communication et distinction

Dans la plupart des entreprises, la communication excite la convoitise, en tant qu'elle semble un luxe et une débauche de réceptions d'images et de rêves. Mais chez Louis Vuitton, c'est encore plus flagrant.

La communication y est enviée, incomprise. Peut-être l'a-t-elle cherché en voulant participer du mythe et fréquenter les dieux voyageurs d'un Olympe idéal.

L'image spécifique de la direction de la communication

Selon le sentiment commun, la direction de la communication semble faire du mythe sa réalité. Les effets de sa composition sociale, ses comportements créent des tensions certaines, quelles que soient les qualités des personnes qui la composent et notamment de son directeur, Guy de Laporte. Surtout, le personnel pense qu'elle s'arroge tout le succès de Louis Vuitton : l'image est la réalité de Vuitton et c'est la communication qui fait et véhicule l'image. Lorsque Louis Vuitton s'exhibe, c'est la communication qui est en représentation. Le personnel est peu ou mal associé, plus par maladresse que du fait d'une intention délibérée ; cent détails qui désolent les acteurs eux-mêmes *a posteriori* : tel opérateur décisif dans une manifestation publique souligne qu'on l'a oublié lors d'une invitation ; tel autre dirigeant refuse de se rendre à un cocktail car ses cadres n'y sont pas conviés. Chaque manifestation publique, tout en développant l'image de Vuitton, engendre des anecdotes et des frustrations.

C'est que le concept de la communication n'est pas effectivement global. Très tournée vers le public et vers les clients, la communication a connu des réussites qu'aucune personne extérieure à l'entreprise ne songerait à contester : la beauté des images, l'écriture des textes, les réussites architecturales sont un acquis incontestable. Mais à l'intérieur on y est peu sensible. Des tensions apparaissent qui portent sur la trop discrète présence des produits et la nature même de la communication qui pourtant la fonde.

Deux hypothèses sont envisageables :

— soit certains n'ont pas bien compris : toute la stratégie de l'entreprise paierait alors le prix d'une communication interne insuffisante ;

— soit la communication est un tel lieu de pouvoir chez Vuitton qu'il faut la contester pour faire contre-pouvoir.

Effectivement, la communication Vuitton ne s'est pas assez préoccupée de l'entreprise dont elle porte l'image. Et surtout elle n'a pas porté dans l'entreprise cette image qui pourrait bien être la sienne. Les miroirs déformants ne portent pas à la réflexion. Tout devrait être fait pour que l'entreprise se reconnaisse dans son mythe car c'est la condition essentielle pour y adhérer.

En fait, je crois que l'on a sous-estimé la possibilité d'énoncer quelques principes simples en les accompagnant du commentaire nécessaire que Henry Racamier n'hésitait pas à donner à l'extérieur : les clients achètent autant du rêve qu'un produit, il faut donc qu'ils en aient pour leur image ; l'image dans le luxe est, par nature, distante de la réalité matérielle de l'objet. L'ouvrière fabrique le sac ou la valise qui ne sont produits finis que dans le mythe. Il manque partout la démonstration d'un fait péremptoire : chez Vuitton, la communication fait partie du procès de fabrication. L'image n'est pas *après* le produit, elle est dans l'objet ; elle n'est pas un emballage, elle est un *simulacre* au sens où l'entendaient Epicure et Lucrèce : c'est l'écorce des choses qui vient, par particules, atteindre le client récepteur. Il est certainement décisif de faire passer cette idée première d'une continuité essentielle. Car seule la discontinuité est malfaisante : chacun finit par disputer à l'autre la plus-value qu'il croit être le seul à produire.

La communication interne : des outils sans messages

Stratégie et communication interne

Depuis plusieurs années la communication interne était très peu développée chez Louis Vuitton. Sans doute a-t-on entrepris en 1988 de nommer une responsable de la communication interne. Il existe maintenant des supports. Mais cette communication doit être avant tout l'affaire du président. On ne résout pas un problème en nommant une personne. On ne crée pas de la communication en forgeant des supports. Il faut un message dans le canal. Or le message existe mais il est ailleurs, toujours ailleurs.

La communication doit faire passer la stratégie, faire aimer l'entreprise et lui donner son sens. Elle commence avec la définition de ses objectifs et non avec le bricolage des outils. Certes la création d'un poste semble déjà une victoire arrachée. Avec cela, on a le sentiment qu'il ne va pas falloir remonter sans cesse au créneau, que des automatismes peuvent se faire jour.

Le système Vuitton a l'immense avantage d'intégrer la production, la création, la communication et la vente dans des magasins propres. Ce sont des facteurs très positifs pour revivifier un esprit Vuitton. Mais pour cela l'âme de l'entreprise doit pénétrer tous ses acteurs. L'esprit Vuitton ne peut résider dans le seul look de ses vitrines.

Autrement dit, chacun doit être rappelé à ses objectifs : un document significatif à ce sujet est la cassette vidéo sur la formation des vendeurs. Partant d'une excellente intention, elle est à elle seule l'exhibition d'un hiatus qui doit être supprimé : elle commence par les images traditionnelles du métier et du mythe, du rêve et de l'image, mais lorsqu'on passe à la formation effective des vendeurs, tout semble oublié, et le module de formation serait également valable pour vendre n'importe quel produit.

La communication interne doit être pensée de façon très globale et très stratégique ; elle doit pour cela être reprise en main au plus haut niveau. Loin d'être la transmission de données atomisées, elle doit être le véhicule d'un esprit totalisant qui situe chaque élément dans une perspective globale.

De plus elle doit être absolument transitive : la communication interne n'a de sens que si chaque récepteur peut devenir, après réception, un émetteur pertinent du message. Or cette transitivité supposerait que la hiérarchie eût pleinement intégré le message essentiel et y adhérât de façon presque inconditionnelle.

C'est pourquoi la communication interne doit commencer par une réflexion sur les objectifs, le contenu des messages et sur les médiateurs essentiels dans la transmission des messages. Le temps n'est plus où l'on pouvait coder chez Vuitton toutes les transmissions chiffrées, et s'il existe bien une certaine tradition du secret, elle ne doit guère s'appliquer à l'image elle-même et aux messages essentiels que l'entreprise a à faire circuler.

Le climat social

Par ailleurs, même si le climat social semble assez bon, s'il n'y a pas de syndicats, on sait que depuis quelques années les entreprises qui annoncent des bénéfices importants tout en ayant des salaires au niveau du marché sont particulièrement sensibles aux mouvements sociaux. Naturellement c'est l'étude de terrain qui, seule, peut prendre la vraie mesure de la situation dans la production. Ces remarques restent très générales car elles s'appuient essentiellement sur le fait que le décalage passé entre la qualité de la communication externe et un faible investissement dans la communication interne finit toujours par engendrer quelques difficultés si les valeurs qui animent l'entreprise sont mises en cause par une exigence excessive de productivité.

L'esprit Vuitton dans les établissements

La seconde étape de la recherche effectuée chez Louis Vuitton allait quelque peu nuancer les doutes qui apparaissaient dans les travaux menés au sein de la direction. Après avoir pensé que la ligne Racamier tenait l'entreprise et en constituait l'âme, j'ai été amené à constater qu'elle s'appuyait sur une infrastructure humaine très forte. Curieusement, les qualités, les valeurs et les contradictions sur lesquelles Henry Racamier a fait reposer sa ligne et son action sont plus largement partagées par les ouvrières de Vuitton que par l'encadrement. Tout le problème de l'entreprise consiste donc à réconcilier les hiérarchies intermédiaires avec une histoire qu'elles ne partagent pas, faute de quoi cette entreprise pourrait connaître des dysfonctionnements divers.

L'expérience ethnologique a bien complété et amélioré les premières connaissances acquises. D'abord, l'ensemble des procédures qui sont mises en œuvre dans ce type d'approche constitue une première connaissance de l'entreprise. La présence de l'ethnologue est un choc initial : « quoi ? nous ne sommes pas des Papous ! » C'est pourquoi il convient de l'expliquer avec soin en descendant toute la hiérarchie de manière continue. L'accord du président, intéressé par une innovation significative, ne saurait suffire : il faut associer le directeur général, le secrétaire général, le directeur de la communication, le directeur des ressources humaines, la responsable de la communication interne, puis le directeur des sites, puis le chef de production de l'établissement et enfin la maîtrise. Le tout étant accompagné d'une information générale expliquant dans le journal interne le sens de cette intervention. Ce processus prend un temps utile et nécessaire. La contrainte est elle-même une connaissance. Un ethnologue ne peut jamais être imposé. Par contre, dès qu'il est sur un poste de travail, on oublie sa présence et il s'intègre parfaitement, alors que toutes les autres procédures d'observation gardent un caractère exceptionnel dans la mesure où il faut quitter son poste de travail et parler au lieu de faire les actes mêmes du travail productif. De ce fait, Madame Jeudy, ethnologue professionnelle et spécialiste des Papous de Nouvelle-Bretagne (Nouvelle-Guinée), s'est immergée à Saint-Donat, Sarras (usines du Sud-Est) et Issoudun (usine plus récemment acquise par Vuitton et proche du centre de formation aux métiers du cuir).

Il n'est pas toujours facile, pour une entreprise, de se prêter à cette expérience car elle y court le risque de la connaissance. Si l'on savoure le mythe de l'image dans l'image du mythe, l'ethnologie ramène à la réalité de la production avec ses mille petits faits, ses clans, ses habitudes quotidiennes. Effectivement, le séjour dans les usines a permis de développer une connaissance qui restait largement insuffisante. J'avais connu la même expérience dans la distance entre Bois d'Arcy et les restaurants Sodexho, ou entre la rue de Ponthieu et les usines Évian. Mais chez Louis Vuitton, le décalage risquait d'être plus important car le luxe y imprègne tout puisque la stratégie de communication développe le principe cohérent du « tout est porteur de l'image ».

Naturellement, les salaires, les conditions de travail des ouvriers à domicile ou des « vuittones », comme elles disent à Saint-Donat, tout porte à la distance, même si les usines sont spacieuses et l'architecture de Sopha cohérente. On pourrait avoir une perception immédiate presque industrielle tant les sacs et les serrures circulent, tant on s'affaire pour respecter une certaine productivité. Mais l'esprit Vuitton est bien là, dans cette différence que vivent les ouvrières et ouvriers lorsqu'ils passent d'une usine de chaussures en faillite à l'usine Vuitton du Sud-Est. Si le mot de « perfection » est certainement le plus employé, de la « première préparation », jusqu'au « bichonnage », c'est qu'il est la référence constante des salariés. Il est presque un contrepouvoir contre une hiérarchie locale qui voudrait qu'on allât plus vite. Un nouveau salarié parlera de « maniaquerie » et choquera tous les présents jusqu'au jour où il sera complètement intégré à cet esprit Vuitton. Les meilleurs appuis de Henry Racamier sont dans les usines pénétrées de cet esprit et dans les magasins où l'on vit comme une déqualification la vente de masse aux touristes étrangers pressés. Il faut donc veiller à garder bien connectés l'esprit et la famille Vuitton, faute de quoi les exigences du produit risqueraient de devenir abstraites. L'éloignement progressif de Henry et Odile Racamier-Vuitton est évidemment l'effet de la croissance, mais la communication externe ne doit pas faire oublier la nécessité de la communication et du contact internes. Tous doivent appartenir au même monde Vuitton pour que l'âme circule et vivifie l'entreprise en renouvelant son souffle.

Il est assez remarquable que l'esprit demeure au beau milieu d'une activité incessante, presque brownienne. Sans doute retrouve-t-on là en partie cette logique de l'honneur dont parle justement Philippe d'Iribarne. Les ouvrières de Vuitton n'aiment guère « être au service » de leur chef d'établissement ; elles apprécient de « rendre service » à la famille Vuitton et au produit lui-même.

Les travailleurs des usines emploient très souvent le mot « imprégnation » : ils sont imprégnés de l'odeur du cuir comme de l'esprit Vuitton. L'entrée dans cette entreprise ressemble à un rite initiatique ; la formation sur place, le culte de la perfection, le goût du luxe y sont essentiels. Ils disent assez que ces valeurs envahissent même leur vie privée, qu'ils les cultivent en dehors de l'usine : « Partout, quand je vais aux magasins, je cherche les défauts, » « pour les vêtements maintenant, je regarde les coutures et les ourlets », « quand une amie achète un sac, elle vient aussitôt me le montrer. Je ne dis rien pour ne pas lui faire de peine », « avant quand je faisais de la peinture chez moi, si ça débordait autour des portes, les bavures ça ne me faisait rien. Maintenant, je ne supporte plus les défauts, ça me choque ». L'esprit Vuitton est une valeur que l'on peut opposer à la hiérarchie locale, mais on aimerait se sentir plus soutenus par la famille et par « M. et Mme Racamier » qui « parlent simplement », « que l'on comprenait quand ils venaient à l'usine. »

Il existe chez les salariés des usines la conscience d'avoir acquis un savoir spécifique, une compétence supérieure, un goût du travail « bien fait » ou « irréprochable. » Il n'y a pas d'indifférence par rapport au travail et au produit. Chacun traque le défaut, l'imperfection. La hiérarchie se disqualifie dès qu'elle affirme que « ça peut quand même passer ». La référence au passé est alors immédiate : « Autrefois on n'aurait jamais laissé passer ça ». La dureté du travail ne passe jamais pour de la routine ou de la monotonie.

L'esprit Vuitton, c'est aussi la certitude d'être à sa place et de connaître son rôle. Pourtant les postes tournent, mais chacun sait où il est et à quoi il sert. Or cette conviction est essentielle pour que l'âme parcourt l'entreprise : nous verrons avec l'exemple du raffinage d'Elf-France qu'une carence en ce domaine a des effets qui vont bien plus loin qu'un certain malaise ou qu'une crise psychologique d'identité.

Cette position stable est reconnue dans tous les faits de la vie quotidienne. Elle est cohérente avec la politique sociale de la famille Vuitton qui a toujours largement anticipé en matière d'assurances et de mutuelles. Elle est reconnue dans la région car, même si les salaires sont seulement un peu plus élevés que dans la profession, les banques sont bienveillantes car, chez Vuitton, on ne licencie pas et c'est une boîte qui marche. Lorsque, dans ce bassin d'emploi, tant d'entreprises ont défailli, le travail chez Vuitton donne une forme de reconnaissance appréciable.

Il faut ajouter enfin que les travailleurs des usines du Sud-Est — le cas est un peu différent à Issoudun car l'usine a été rachetée plus récemment — sont parmi les plus anciens de Vuitton. Les cadres sont des jeunes recrues à côté des ouvriers et ouvrières qui ont de six à huit ans d'usine. Ces derniers ont un sentiment plus intense d'avoir fait Vuitton avec les Racamier, tandis que les cadres arrivent dans une période de croissance très forte et ne voient du produit que les quelques objets qui décorent chaque étage du siège. Autant la tension entre leur logique fonctionnelle et la ligne Racamier peut être vécue difficilement, autant l'adéquation du travail en usine et de cette ligne d'action est en soi plus immédiate. Encore faut-il qu'elle soit confirmée, de façon rassurante, par une présence plus assidue du président.

Conclusions pour l'avenir

a) Développer la culture du luxe

Les produits Vuitton se situent actuellement dans un moyen-haut de gamme. Ils sont d'excellente qualité, d'une qualité que les gains de productivité n'ont pas entamé, en ce sens qu'ils sont effectivement solides et fiables.

Mais la référence au vrai luxe pourrait s'étioler. Elle devient de plus en plus métaphorique ou métonymique : elle se déplace sur une montre ou devient confidentielle dans des bagages rigides ou des commandes qui ne sont plus guère mises en avant et semblent relever d'un passé révolu. S'il n'est pas anormal que Louis Vuitton réalise 60 % de son chiffre d'affaires avec des produits à moins de 2 000 francs — *c'est beaucoup moins chez les parfumeurs ou chez Hermès*, il n'en reste pas moins que cette pente est dangereuse à terme, d'abord pour l'image, puis pour le marché.

C'est pourquoi l'esprit Vuitton ne pourra être conservé que dans la culture du luxe. Et cette culture du luxe autrefois liée à la clientèle d'excellence doit s'enraciner dans les produits eux-mêmes ou dans l'utilisation de matières nobles. Dans le cas contraire, toutes les actions de mécénat ou les produits marginaux nouveaux seront déconnectés du marché effectif.

b) L'étayage du mythe

D'une certaine manière, l'esprit Vuitton pourrait davantage coïncider avec la marque si les produits jouaient mieux un rôle de médiation. Pour cela il faudrait sans doute que se mette en place un fonctionnement analogue à celui des maisons du luxe dans la couture. Le jeu commercial et imaginaire qui existe entre la haute couture et le prêt-à-porter nous semblerait *a priori* un paradigme satisfaisant. Surtout que, contrairement à certaines maisons de couture, Louis Vuitton conserve une qualité et une intégration qui permet d'éviter la banalisation du produit. Par les collections, la création, la revalorisation de méthodes ou produits traditionnels (le rigide, la commande), Louis Vuitton pourrait dépasser ce stade du moyen-haut de gamme pour (ré)intégrer le luxe haut de gamme.

Alors le mythe serait entretenu, alimenté en son cœur même, c'est-à-dire dans ses produits, dans sa base matérielle.

c) Intégrer l'entreprise à la stratégie et à la communication

Mais il faut sans doute aller plus loin et diffuser cet esprit Vuitton. Celui-ci ne peut exister sur la base d'un concentré situé au sein d'une seule direction. Il doit pénétrer l'entreprise, ses hommes et non seulement ses murs.

Il ne s'agit pas de bâtir un projet au sens où l'on se fixerait des objectifs à trois ou cinq ans, mais bien plutôt de formaliser une ligne stratégique qui existe mais reste confidentielle. Autrement dit, chacun doit se sentir investi d'une mission et quitter sa marginalité pour contribuer à l'esprit Vuitton. La continuité doit être rétablie entre le production, la communication et la vente, qui sont trois moments d'un même processus. En principe, l'intégration des activités aurait dû faciliter la perception de cette unité. La croissance en a profité ; il faut maintenant capitaliser les succès acquis pour renforcer la cohérence de l'entreprise.

Un esprit peut émerger du mouvement brownien provoqué par l'agitation des acteurs. Encore faut-il qu'il s'incarne effectivement dans le corps social et que le verbe et l'image — si présents dans la communication externe — se fassent chair.

L'esprit Vuitton n'est pas un mythe. Je l'ai rencontré. Mais il faut certainement retrouver l'unité primitive : la ligne de Henry Racamier et de Jean Ogliastro, c'est l'âme de l'entreprise qui correspond, ou plutôt qui est encore en correspondance, avec l'esprit des vuittones. Mais le hiatus menace et la distorsion n'est pas loin. Personne ne peut remplacer la famille pour maintenir le contact et rétablir le courant. Si la famille peut sembler encombrante à certains cadres parisiens, elle est essentielle à la gestion des femmes et des hommes des usines. Cela ne peut se déléguer.

Sans aucun doute, l'entreprise a besoin d'hommes qui comprennent cette dimension de l'entreprise et qui ne fulminent pas sans cesse parce que leur activité ne correspond pas à leur logique fonctionnelle spontanée. Ceci implique que le recrutement ne s'attache pas trop à la parfaite adéquation du poste, abstraction faite de la logique générale de l'entreprise et de la ligne qu'il faut y maintenir. Par prudence sans doute, on a trop privilégié un professionnalisme ponctuel sans intégrer l'esprit Vuitton dans le recrutement des cadres.

Curieusement, Henry Racamier a fait un pari audacieux en 1987. Lui, qui n'a pas la réputation d'un homme de gauche, a pris auprès de lui un habitué des cabinets ministériels de la gauche défaite, Frédéric Tiberghien. Ce nouveau poste ne le change guère de ses fonctions précédentes, car Louis Vuitton a besoin d'hommes qui s'intègrent dans la complexité d'une maison qui a crû trop vite. Un homme de cabinet ne discute pas la ligne, il l'intègre et s'emploie à préserver les cohérences. Il manque encore à Louis Vuitton des hommes susceptibles d'assimiler cette ligne, d'être des relais de l'âme et de privilégier l'esprit Vuitton par rapport à leurs logiques fonctionnelles. Il s'en trouve dans les cadres « historiques », mais pas assez dans les nouveaux recrutés quelquefois trop « professionnels » et pas assez « Vuitton ».

Avec Louis Vuitton, nous avons là encore une entreprise qui ne ressemble à aucune autre et qui ne peut se manager comme aucune autre. Son insertion dans le luxe accroît sans doute le phénomène, mais son histoire séculaire, son management récent, l'intégration de toutes les activités surdéterminent encore cette singularité. Quel sens cela aurait-il d'appliquer un modèle BSN et d'initier une politique de branches au niveau de LVMH ? Quelle perversion pourrait faire abandonner la ligne actuellement tenue ? Quelle imprudence pourrait ne pas faire examiner avec lucidité les fragiles équilibres d'un système qui repose sur un marché qui n'est pas sans risques ? Quel aveuglement pourrait ignorer l'âme d'une entreprise qui se fonde à la fois sur la cohérence entre l'esprit d'une famille avec le travail de ses usines et la tension permanente entre des directions hétérogènes ?

L'entreprise, la marque « Louis Vuitton » ont une âme : comment ignorer la damnation d'un Faust qui vendrait son âme au diable pour rajeunir sa direction !

4. LVMH

une fiction sans âme

Mais qu'allait-il donc faire dans cette galère ? Mais qu'allait-il donc faire dans cette galère ? Plus on observe Louis Vuitton, plus la question revient, lancinante, étonnante. Elle se pose au singulier car l'on comprend bien les motifs et mobiles des autres partenaires. Irait-on jusqu'à dire que Henry Racamier n'est pas un homme d'affaires ? L'homme qui est capable de reconnaître Céleste Albaret lors d'une visite de musée et de financer le rideau de scène de l'opéra de Hong-Kong peut-il aussi affronter Bernard Arnault ? Je serais tenté de répondre par la négative, mais encore faut-il le démontrer.

Le premier groupe mondial du luxe

Côté Moët-Hennessy, la situation est assez claire. Alain Chevalier a réussi à gérer les conflits familiaux et fait de cette grande maison un bel ensemble industriel : le cognac et le champagne ne sont qu'en partie des produits de luxe ; tout l'art consistait à en donner l'image ; ainsi les fleurons emmènent-ils dans leur sillage les produits plus ordinaires. Il lui restait à éviter l'OPA, du fait d'un capital très exposé. Il recherche un allié et trouve Louis Vuitton qu'il sous-estimait encore deux ans auparavant ; il aura fallu la croissance forcenée du malletier et ses investissements nouveaux pour que le dédain fasse place à l'intérêt. L'homme à la coupe allait pouvoir trinquer et poser avec l'homme à la valise. Le comité Colbert semblait descendre de l'Olympe pour se soucier d'économie.

Côté Henry Racamier, le problème est différent. Entouré de conseillers multiples, convaincu d'une stratégie très efficace et soutenu par une communication de grande qualité, il a développé une entreprise moribonde. Ses gants sont de défi, de velours et de fer. Défi pour lui-même qui reprend Louis Vuitton à 65 ans ; velours pour la classe et les relations mondaines ; fer pour la famille qui se voit « libérée » des opérations de gestion. La croissance fantastique est presque unique dans les annales de l'industrie manufacturière, avec une marge nette qui bat les plus beaux records.

Cette marge nette demande à se réinvestir. Assez normalement, elle va d'abord suivre une logique qu'on pourrait dire « patrimoniale ». Avec VIG (Vuitton Investissement Gestion), la famille garde la maîtrise du capital, au contraire de chez Moët-Hennessy. Ainsi peut-on comprendre les rachats successifs de Veuve Cliquot et Parfums Givenchy et l'entrée dans le capital de Guerlain à hauteur de 15 %. Je ne crois pas beaucoup aux arguments strictement économiques ; il me semble que ces investissements sont avant tout une manière de bien placer l'argent familial tout en assurant une diversification qui évite les aléas toujours possibles chez le malletier. Ce sont de belles opérations, quoiqu'on ait pu dire trop vite qu'elles ont été un peu coûteuses.

Telle est la situation au printemps 1987. A peine ces rachats effectués, la fusion de LV et de MH est annoncée à grands renforts de communiqués, de photos et de réceptions. L'opération fait d'autant plus de bruit que, dans d'autres secteurs, les Français ont souvent fait preuve d'un tel individualisme qu'ils ont tout perdu en laissant des capitaux étrangers investir et racheter des éléments du patrimoine national. Les commentaires sont tous élogieux, personne ne se préoccupe du fait que la nouvelle entité LVMH n'a pas d'âme. L'opération est et restera strictement financière. Et, au bout du compte, les exploits managériaux et industriels de Alain Chevalier et Henry Racamier seront engloutis par l'art de la finance et du droit.

LVMH : la Bourse ou la vie

Certes les résultats financiers vont continuer à croître. Avec, aux épousailles, un CA trois fois inférieur, Louis Vuitton amènera rapidement dans la corbeille des résultats supérieurs à Moët-Hennessy. Henry Racamier accepte de ne prendre que la vice-présidence du groupe tandis que Alain Chevalier assure la présidence. Très vite les deux hommes vont s'opposer et il manquera un médiateur pour calmer le jeu. Rétrospectivement l'on peut penser que trop de malentendus ont gâché ce qui aurait pu fonctionner. Très différents, ils vont s'opposer sur l'inessentiel et quelquefois sur l'essentiel. Henry Racamier ne pourra choisir son successeur, et les structures, si l'on excepte une petite structure de recherche commune, ne développeront aucune synergie : d'ailleurs, où auraient-ils bien pu en trouver ?

Or, autant la constitution en 1983 de la holding Louis Vuitton, qui chapeaute Louis Vuitton Malletier, n'aura aucune conséquence sur la gestion de l'ensemble LV, autant la constitution de LVMH va progressivement affecter les esprits et les corps. En bons termes marxistes, on pourrait dire que les contradictions secondaires vont laisser place à la contradiction principale. Etéocle et Polynice s'entretuant, il restera Créon et son pragmatisme froid. Bernard Arnault s'offre à Henry Racamier comme un allié contre l'ensemble Moët-Hennessy qui, croit-il, le menace ; curieusement, Henry Racamier ignore tout de son passé. Chaudement recommandé par un ami de longue date, Bernard Arnault l'impressionne notamment par la création de la maison Christian Lacroix. Henry Racamier pense, une deuxième fois, avoir trouvé le successeur qu'il dit se chercher depuis deux ou trois ans. On connaît la suite : les engagements pris lors de la constitution de LVMH, l'autonomie des filiales, tout cela vole en éclats à la faveur d'opérations douteuses sur les marchés financiers (telles que le transfert des obsa) et de maladresses dues aux adversaires de Bernard Arnault. Allié avec Guinness, en ne possédant pas plus de 2 % du capital, Bernard Arnault prend le pouvoir, éjecte brutalement Alain Chevalier et travaille à l'élimination de Henry Racamier.

LVMH est depuis deux ans une action, cotée en Bourse, la première capitalisation financière de la place de Paris. L'image financière est incontestable. Les résultats continuent à progresser. Le principe d'inertie joue à plein, le mouvement persévère dans son être. LVMH n'a pas d'âme et rien n'a été fait pour qu'il y en ait une. Les manipulations financières ne sont guère roboratives. Sans doute les banques ne devraient-elles pas jouer un tel rôle dans ces fusions dont les enjeux excèdent largement leurs commissions. Les deux corps sociaux s'ignorent. Tel dirigeant n'ose pas téléphoner de son bureau au siège de LVMH ; tel autre interdit à ses cadres d'aller à l'inauguration du musée Vuitton à Asnières. La suspicion est partout. C'est la guerre, bête et brutale. Tout le monde s'en lasse car les enjeux ne sont pas clairs.

S'agit-il pourtant seulement d'un conflit d'actionnaires ? Dans les faits la bataille se livre au niveau des actionnaires : mais il ne faut pas confondre le champ de bataille et les causes de la bataille. L'acharnement est un symptôme. Bernard Arnault fait merveille avec ses astuces juridiques, jouant des moindres maillons faibles, bluffant aux moments critiques, simulant le protocole d'accord pour éviter une communication publique conflictuelle. Il gagne toujours, car son expérience américaine lui a montré la faiblesse juridique des patrons et politiques français. Henry Racamier, moins préparé et moins enclin à ce genre d'affrontement, affirme sa logique, veut convaincre de la pertinence de ses visées stratégiques et assurer sa succession dans une éthique conservée. Il y a dissymétrie : Henry Racamier a fait Louis Vuitton ; soutenu par Lazard, Bernard Arnault s'est délesté par des ventes profitables pour mettre sur la table l'argent nécessaire. C'est le droit, donc son droit. Mais, de ce fait, l'enjeu est bien stratégique.

En effet, Bernard Arnault doit rembourser ses dettes et nourrir sa pyramide ; pour cela il lui faut la maîtrise de l'entreprise qui génère le plus de cash. D'où la menace réelle qui pèse sur Louis Vuitton. Henry Racamier a certainement raison de croire que son entreprise connaît certaines fragilités potentielles : elle doit se méfier d'une fuite en avant vers une croissance toujours plus folle au risque de dégrader son image, de sortir du luxe et de dévaluer l'ensemble de sa production. Louis Vuitton pourrait être saigné pendant quelques années puis péricliter. C'est toute la différence qu'il y a entre le patron-manager et le patron-raider. L'âge n'y fait rien. Henry Racamier s'est d'ailleurs assez mal défendu sur ce point : il a 77 ans, mais il a repris LV à 65 ans et ce furent douze années de croissance exceptionnelle.

Certes LVMH existe puisqu'on la rencontre dans les cours du règlement mensuel. Mais cette existence est plate, morne, sans vie. La fusion n'a pas été réussie, puisque rien ne vient l'animer que des déchirements étalés sur la place publique. Le pire n'est sans doute pas derrière nous : si le gagneur perd, il risque de devenir mauvais joueur.

L'histoire compte, on ne l'efface pas d'un trait de plume, d'un paraphe ou d'une signature sur un chèque fabuleux. LVMH n'aura probablement pas d'âme car sa constitution même fut sans doute une erreur. On comprend bien le souci de Alain Chevalier, mais Henry Racamier n'a pas pris le temps de digérer ses propres rachats et de constituer un véritable groupe qui tienne tête à MH et négocie à armes égales. Car Louis Vuitton n'est pas encore un groupe : cela prend du temps, de l'argent, de la réflexion. Louis Vuitton reste essentiellement un malletier et se situe par rapport à ses acquisitions comme Elf-Aquitaine par rapport à la chimie ou à la branche hygiène-santé. Le nom même de la maison mère entraîne toutes les confusions et le pouvoir n'est pas réellement éclairci. Henry Racamier doit reconnaître que cette fusion fut une erreur, comme l'accord avec Bernard Arnault une naïveté. Il faut une autre expérience de la rouerie pour s'engager dans de telles batailles. LVMH, c'est la Bourse mais ce n'est pas la vie.

Pour que LVMH eût une âme, il aurait fallu un chef reconnu. L'éthique est un élément important de l'animation. Non qu'elle puisse être au principe de tous les actes, mais elle doit au moins passer dans l'image. Il ne s'agit pas de mettre en cause la nécessité de logiques financières pour un certain nombre de cas — *Bolloré et Riboud achètent et revendent, mais ils ont construit une entreprise qui est ou a été le noyau de leur développement ultérieur* —, mais je crois que la stratégie ne peut s'y cantonner. Ce serait possible si l'entreprise n'était pas faite d'hommes et de femmes de chair et de sang, si l'âme d'une entreprise ne se définissait pas dans la circulation possible à travers tout ce corps social. Pour être respecté, il ne faut pas seulement se faire respecter ou tenir en respect. Certes, il est possible que Bernard Arnault trouve au sein de LV des alliés car Henry Racamier s'est beaucoup trop peu préoccupé de soigner son image et de faire passer sa ligne et son œuvre. Mais l'opportunisme ne fait pas la fidélité. D'autre part, les résultats brillants du groupe ne suffiront pas à focaliser l'imaginaire des salariés de Louis Vuitton car leurs modes de comportements sont trop différents ; C'est pourquoi l'arrêt d'une croissance excessive est décisif et stratégique tant pour la marque que pour les hommes et femmes qui l'ont construite.

En effet, la logique d'une croissance éperdue est contradictoire avec la ligne Racamier : cette logique financière à court terme conduit tout droit à l'étiolement de l'image, à l'abandon du luxe, à la production de masse, à l'abaissement des marges, à la banalisation du défaut, et donc à la recherche d'une main d'œuvre à bas prix sur les continents les plus propices. L'ouverture d'une nouvelle usine à Saint-Pourçain fait le pari inverse, celui d'une croissance modérée qui reconnaît l'existence de professionnels normalement rémunérés.

Ceci ne signifie pas qu'il n'y ait aucune logique dans la fusion elle-même, mais il est certain qu'on a mis la charrue avant les bœufs et qu'il faut du temps pour réussir à donner une âme à un grand ensemble comme celui-là. De plus, cette fusion ne peut espérer s'opérer par une focalisation sur les produits : les marques sont si fortes que l'on voit mal Dior ou Louis Vuitton ajouter un LVMH sur leurs étiquettes, comme Jacob-Suchard peut le faire sur son Carte Noire. En fait, la réflexion sur ces questions a certainement été absente de la fusion au profit de préoccupations plus liées au court terme. Penser qu'en novembre 1989, le sort des dirigeants de cette entreprise dépendait d'un tribunal et de son jugement sur l'émission des obsa ! Cela dit assez qu'elle n'a pas d'âme. Tout juste peut-elle faire illusion positive en attirant de bons candidats pour les postes de jeunes cadres qui se multiplient « sur un marché porteur ».

La Cob soutenait les petits actionnaires et la famille Vuitton, le ministère public argumentait pour Bernard Arnault car la mise en cause des obsa risquait « d'entamer l'image de la place financière de Paris ». C'est ainsi que l'on couvre une « bavure », pour l'honneur de la police. A quoi tient le sort d'une entreprise et le destin du dirigeant qui l'a amenée là où elle est !

Sans doute les combats continueront-ils s'il n'arrive quelque podestat susceptible de calmer convoitises et craintes. Si les contraintes financières rendaient possible un retour aux structures originelles (MH et LV), il faudrait choisir cette solution draconienne car chaque entreprise pourrait profiter de son âme propre au lieu d'épuiser ses dirigeants en joutes inutiles.

5. Elf et BSN*

Stratégie et Identité

La relation identité / stratégie

Au-delà de ce que la mode appelle la « culture d'entreprise », il est clair que chaque entreprise développe un ensemble de caractéristiques qui la rendent spécifique, stable et cohérente. Si la culture reste le plus souvent comprise comme un vaste ensemble de symboles et de valeurs plus ou moins partagés, c'est à un niveau plus profond qu'il nous paraît nécessaire de nous intéresser celui de l'identité de la firme et du groupe, dans la mesure où c'est là que l'on va trouver à la fois l'enracinement de l'entreprise dans son environnement et son potentiel de développement. Le noyau de cette identité est constitué par les représentations que le personnel se forme de « son » entreprise et de la vie organisationnelle : c'est à partir de ces représentations que vont se structurer dans la réalité le projet de l'entreprise et surtout sa mise en œuvre. En effet, ce sont ces représentations qui vont permettre à l'individu de s'engager dans l'organisation. Bien sûr une partie de cette représentation est le résultat d'une idéalisation, mais, sauf dans le cas de dérives utopiques, c'est dans cette idéalisation que l'on peut trouver le ressort au développement stratégique de l'entreprise, ou au contraire — dans le cas d'une anti-idéalisation — les fondements d'une résignation et d'une bureaucratisation.

On comprend alors le lien entre stratégie et identité. Il s'agit

Texte écrit en collaboration avec Bernard Ramanantsoa.

de dépasser le pur aspect « communication », lié traditionnellement à l'identité (et qui privilégie souvent l'aspect externe) pour bien saisir que l'on ne peut déconnecter la stratégie des racines profondes de l'entreprise.

Se posent alors un certain nombre de questions de départ qui ne peuvent être occultées et dont il est dangereux de laisser la réponse aux seuls fruits du hasard.

Parmi les plus importantes, on citera :

— quelles doivent être les bornes de l'entreprise ? Dans le cas d'un groupe notamment, s'agit-il de développer une identité de groupe ou au contraire de privilégier les identités diverses des différentes entreprises ? On voit dans cette problématique l'importance du lien stratégie / identité, mais également l'articulation avec les organisations. Les deux cas que nous présentons plus loin montrent bien qu'il n'y a pas de réponse évidente et qu'il s'agit d'un choix politique fondamental.

— comment intégrer dans une politique d'identité la constitution d'un « noyau dur » de caractéristiques et la nécessité de développer des capacités au changement et à la souplesse organisationnelle ? Une identité trop forte peut être à l'origine du rejet d'une activité nouvelle, pourtant indispensable au développement et à la croissance de l'organisation. Une réponse — rapide — nous paraît résider dans la gestion de la focalisation de cette identité.

— comment peut-on gérer l'identité ? Si la communication est un vecteur commode, certaines procédures plus classiques (recrutement, promotion, investissement) semblent souvent tout aussi efficaces. En fait, les outils à retenir pour gérer l'identité dépendent... de cette identité.

Les cas de Elf et BSN

La comparaison des deux groupes Elf et BSN est particulièrement intéressante si l'on se penche sur la relation de l'identité et de la stratégie. En effet elle montre comment peuvent se structurer de façons très différentes de grands groupes industriels, et elle permet d'aborder la relation identité / stratégie en fonction des problèmes qui peuvent se poser dans un avenir proche.

D'un côté (*cf. schéma 1*) le groupe BSN, en tant que holding, jouit d'une image interne très différenciée par rapport à ses filiales. Cette image se caractérise par une quasi-équidistance par rapport à ses filiales. Certes, BSN prend ses racines historiques dans l'une desdites filiales (BSN-Emballages), d'ailleurs la seule qui a porté longtemps le nom de la maison mère. Mais cette dénomination demeure presque une homonymie. BSN a su gérer son identité en dépit d'une croissance externe très marquée qui aurait pu à chaque fois poser de nouveaux problèmes d'identité. Le problème est résolu par l'affirmation de cette équidistance. Celle-ci se développe selon deux procédures cardinales qui, en fait, définissent l'identité de la holding : le recrutement des cadres et la politique d'investissement. De ce point de vue, la stratégie de Riboud est une réussite presque parfaite. On devrait peut-être ajouter la mise en place et un discours du double projet, c'est-à-dire ce qui reste de Riboud quand on a tout oublié de BSN, à savoir l'image sociale, l'affirmation de la connexion étroite du développement économique et du développement social, les belles pages de *Modernisation, Mode d'emploi* ou le fameux *Discours de Marseille*. Cependant, sur le terrain, les statuts sociaux sont très différents : dans la même ville, à Reims, les travailleurs du verre se plaignent assez des salaires plus élevés des hommes du Champagne plus récemment absorbés par le groupe.

L'image de Riboud, patron social, pénètre plus dans l'entreprise par les circuits externes que par les pratiques internes. Mais ce qui rend possible cette pénétration, c'est la mise en place d'une communication centrée sur l'omniprésence de Riboud comme objet de focalisation dans l'entreprise.

L'identité réelle s'articule donc sur le recrutement des cadres et la stratégie (entendons par là : le patron Riboud et ses décisions d'investissements). Il reste que l'identité y demeure quelque peu élitiste. C'est sans doute là que la politique de BSN atteint ses limites : jusqu'à présent, le sentiment d'appartenance y doit, selon les dirigeants de BSN, être très différencié ; autant les cadres doivent se sentir BSN comme Kronenbourg ou Liebig, autant on considère que le salarié de Kronenbourg ou de Liebig doit avant tout et presque essentiellement être Kronenbourg et Liebig. Cela signifie globalement que, si l'on excepte la participation légale qui peut faire posséder des titres BSN qu'on ne conserve pas, l'on considère que la stratégie n'est en rien du ressort des salariés non cadres. En effet, BSN, c'est d'abord une entreprise de cadres : recrutés par la holding pour toutes les filiales, ils sont généralement mobiles et font l'expérience d'entreprises dont les métiers sont assez différents. Eux seuls ont une vision relativement claire de ce qu'est cette société et en ce sens ils peuvent être animés d'un véritable esprit BSN.

Mais bien différente est la perception de la maîtrise ou plus généralement des salariés non-cadres. L'image que produit sur eux BSN est avant tout une image de puissance financière ; peu susceptibles d'être séduits par l'aventure industrielle, ils ont quelquefois une mentalité de rachetés-vaincus, mais surtout ils ont fréquemment le sentiment que BSN est avant tout une pompe à dividendes.

Peu sensibles à la cohérence des politiques sociales, très peu sollicités par une communication groupe qui les ignore, ils vivent leur entreprise (c'est-à-dire la filiale dans laquelle ils travaillent) comme une entreprise qui serait plutôt un outil de BSN qu'autre chose. Il faut cependant remarquer que BSN, en tant que holding ou siège du groupe, n'engendre pas d'image bureaucratique dans les autres établissements. Sans doute est-ce dû en partie à la qualité des hommes qui dirigent la holding, mais aussi au fait qu'il se passe toujours quelque chose chez BSN ; on y prépare toujours le prochain « coup ».

On peut se demander si, à terme, négliger de donner aux salariés une réelle intelligence des choses ne peut être négatif : les investissements délocalisés, les suppressions d'emplois, les fermetures de sites sont vécus comme autant d'opérations financières.

Même si BSN n'a pas besoin de l'appui de ses salariés pour éviter une OPA, la période d'intense croissance externe que vit le groupe, la dimension internationale qui le caractérise bien avant le Grand Marché feront peut-être déchanter dans les années qui viennent. L'âme de l'entreprise devrait certainement être une chose mieux partagée, ce qui serait sans doute possible en s'étayant davantage sur les incontestables succès d'une stratégie identitaire remarquable : il faudrait alors que cette identité BSN restât moins enfermée dans le seul milieu des cadres. Il faut ajouter à cela que la succession de Riboud supprimera l'élément de focalisation qui joue, mais très provisoirement croyons-nous, un rôle aussi efficace maintenant qu'illusoire sur le long terme. C'est évidemment actuellement la présence de Riboud qui rassemble autour de BSN : qui connaît le directeur de la communication de BSN ?

Le cas du groupe Elf est très différent (*cf. schéma* 2). La réflexion sur l'identité y est tout à fait embryonnaire. Les risques y sont d'ailleurs beaucoup plus grands que dans le cas de BSN : il semble en effet que le groupe ne puisse réfléchir à cette question que sous la pression des événements : le raffinage est en déficit chronique, la chimie produit presque la moitié des bénéfices, la pharmacie est trop préoccupée de son identité propre. Groupe de groupes, Elf-Aquitaine vit de plus en plus des mouvements centrifuges qui tendent à substituer radicalement les entreprises aux branches. Pourtant les enjeux ne sont pas minces : de sa décote momentanée sur le règlement mensuel à la cohérence de ses politiques sociales ou de communication, en passant par le caractère cumulatif des savoirs et compétences. Le constat essentiel en est la très grande distance qui sépare certaines filiales de la maison mère. L'histoire et le nom même de Elf ne suffisent pas à expliquer, ou du moins à justifier, cet état de chose. On a vu avec BSN que l'ancrage industriel et la croissance externe pouvaient être dépassés. Or, le groupe Elf est confronté à de nouvelles situations qu'il ne parvient pas à surmonter, même si une politique de communication cherche à colmater quelques brèches. C'est peut-être qu'il faut considérer la question de l'identité en d'autres termes : il ne s'agit pas seulement d'images ; l'enjeu est stratégique. Le groupe BSN a construit une identité en dehors de toute politique d'image externe : mieux, cette politique d'image était jusqu'à ces derniers mois, de fait, réservée aux seules filiales ; par ailleurs l'image d'Elf-Aquitaine reste au contraire essentiellement pétrolière, ou du moins énergétique. L'identité est affaire de stratégie, de plan, de prospective. La communication n'est qu'un outil aveugle si elle œuvre sans objectifs définis.

Cette situation n'est en rien dramatique pour le moment : il est peu de groupes industriels qui auraient pu surmonter une diminution par deux du cours du dollar et du prix du baril. Mais c'est dans ce dépassement même que le groupe joue son identité. Atochem et Sanofi rappellent Elf à leur mémoire lorsqu'il faut investir à l'étranger et que le premier groupe industriel français représente une caution décisive.

Mais cela ne suffit pas à construire un groupe. A y regarder de près, l'on se rend compte que le groupe Elf ne dispose d'aucun élément dont a pu jouer BSN : ni politique de recrutement des cadres, car chaque filiale pourvoit à ses besoins propres ; ni focalisation sur le leader, car aucun P-DG n'a été promu en interne — et la figure de Pierre Guillaumat relève maintenant de l'Histoire, quelles que soient les dévotions individuelles que l'on peut encore constater chez les « pionniers » — et, de ce fait, n'a osé entreprendre une véritable communication interne personnalisée ; ni stratégie d'investissement claire et partagée. Le groupe Elf est une constellation d'entreprises alors que BSN est une organisation de branches. Sans doute les couacs de Robins et de Rhin-Rhône ne sont-ils pas étrangers à cette situation, même si d'autres succès ont suivi.

Nous faisons l'hypothèse que la question de l'identité n'y a jamais été vraiment posée, ou du moins traitée. En tout état de cause, il y a là une carence conceptuelle aux conséquences stratégiques dangereuses. L'image Elf est tellement attachée aux ressources énergétiques — et donc aux deux branches correspondantes — qu'il est bien difficile à Atochem ou à Sanofi d'y retrouver quoi que ce soit. La Tour Elf est à elle-même le symbole d'une gigantesque illusion : elle n'abrite guère la chimie et la pharmacie, mais seulement Elf-France et l'Exploration-Production. Je ne crois pas que la fusion récente des deux branches pétrolières dans une direction des hydrocarbures soit de nature à résoudre le problème. L'immeuble lui-même manifeste cette proximité fondamentale. Toutes les réorganisations, restructurations, mobilités sont pensées de façon parcellaire et instantanée, alors que l'avenir et l'identité « durent longtemps ». Il en est de même pour la communication interne : les salariés sont submergés de supports divers : journaux des métiers, des familles, des établissements, des branches. Mais jusqu'en 1989, le journal du groupe continuait à s'intituler *Le Trépan*. Très performant dans la communication externe articulée autour de l'image pétrolière et de Jean-Pierre Labro, le directeur de la communication — souvent plus présent dans les médias que le P-DG lui-même, comme c'est également le cas, à un moindre degré, de De Marco chez Rhône-Poulenc —, le groupe a laissé un espace vide en matière de communication interne. Celle-ci, déchirée entre la Direc (communication) et la DAS (affaires sociales) et généralement laissée de côté par les présidents successifs, n'a jamais été pensée comme telle : des enquêtes aux méthodologies naïves ont créé plus de désordres qu'elles n'ont apporté d'informations utiles. On ne saurait appliquer à la communication interne les mêmes principes qu'à la communication externe.

Dans le groupe tout semble conspirer en ce sens, et la stratégie se construit au fil des fluctuations externes : prix du baril, cours du dollar, retournement du marché de la chimie, quête d'innovations biotechnologiques ou pharmaceutiques. Seules certaines formations rassemblent effectivement des dirigeants des différentes branches ; mais elles sont très insuffisantes à créer les focalisations nécessaires.

C'est pourquoi la holding court plus que les autres le risque de tous les sièges : passer pour une bureaucratie dont il faut limiter les moyens, tant on se demande aujourd'hui quel est son apport effectif. De ce fait, des féodalités se constituent qui reprochent rapidement aux pères foreurs et raffineurs des rentes de situation très ignorées sur les marchés concurrentiels.

Autrement dit, le groupe Elf est victime d'une identité originaire. Nous avons là un bon exemple d'une identité qui est un frein tant dans la réalité que dans l'imaginaire collectif. C'est pourquoi la question de l'identité n'est pas une question théorique et trop intellectuelle : la transformation de l'identité y repose sur la définition d'objectifs stratégiques. A s'enfermer dans cette identité passéiste, le groupe Elf court le risque d'une véritable cassure réelle et imaginaire. A ne pas gérer l'identité, on risque à terme d'en devenir le jouet.

Bien sûr, il ne s'agit pas d'introduire brutalement des méthodes BSN : les traditions, les métiers, les familles diffèrent profondément. Mais il faut certainement rechercher, au terme d'analyses plus fines, des éléments susceptibles de focaliser les éléments du groupe sur une identité-groupe. Cela peut se jouer dans le recrutement et la mobilité des cadres ; dans la communication interne ; dans les relations publiques ; dans un projet de groupe bâti autour d'une nouvelle identité et sans doute aussi dans la personnalité d'un président. Laissées à leurs mœurs et à leurs particularismes, les filiales chimiques et pharmaceutiques résisteront si l'identité originaire continue à être affirmée de mille manières insidieuses. Encore faudrait-il que les stratèges fussent persuadés qu'un tel groupe doit avoir une âme.

Prenons un exemple simple : le recrutement des cadres. Il est à la fois un facteur d'identité, une condition du développement et un effet de l'identité. Si l'on veut offrir une carrière sur un marché de l'emploi de plus en plus étroit, il faut pouvoir, comme Rhône-Poulenc, jouer de la mobilité dans le groupe : la chimie de Rhône-Poulenc a moins de difficultés à recruter que Atochem car il y a environ deux cent cinquante mouvements de cadres internes au groupe par an, alors qu'ils sont très peu nombreux chez Elf-Aquitaine. Ainsi ce dernier groupe, qui dispose d'atouts et d'hommes remarquables, risque-t-il de s'enfermer dans une histoire qui ne correspond plus assez à sa réalité économique actuelle ni surtout aux exigences de l'avenir. Sans attendre un Riboud providentiel, le groupe Elf a sans aucun doute besoin d'une politique sur le long terme en matière d'identité. Celle-ci passe par un renforcement de la direction des affaires sociales, par une définition claire des frontières avec la direction de la communication et un engagement très personnalisé du président en première ligne.

Légende du schéma Elf

Les deux branches exploration-production et raffinage-distribution sont culturellement et organiquement identifiées au groupe. Elles sont maintenant réunies administrativement dans une seule direction ; nous avons cependant conservé l'ancienne organisation car les effets de cette restructuration ne sont pas encore clairs à la fin de cette année 1989. C'est en l'occurrence aussi vrai de l'image interne que de l'image externe. Les deux entreprises sont en phase de constitution en tant qu'entreprises : Atochem parce que c'est la fusion récente (six ans cette année) de morceaux épars de la chimie ; Sanofi parce que c'est une constellation d'entreprises aux métiers et aux marchés très différents. Le problème n'est pas un problème d'hommes : Lacq a été le berceau des dirigeants des quatre entités. C'est réellement un problème de priorités stratégiques. Jacques Puechal a dû faire face à une véritable entreprise de réarmement

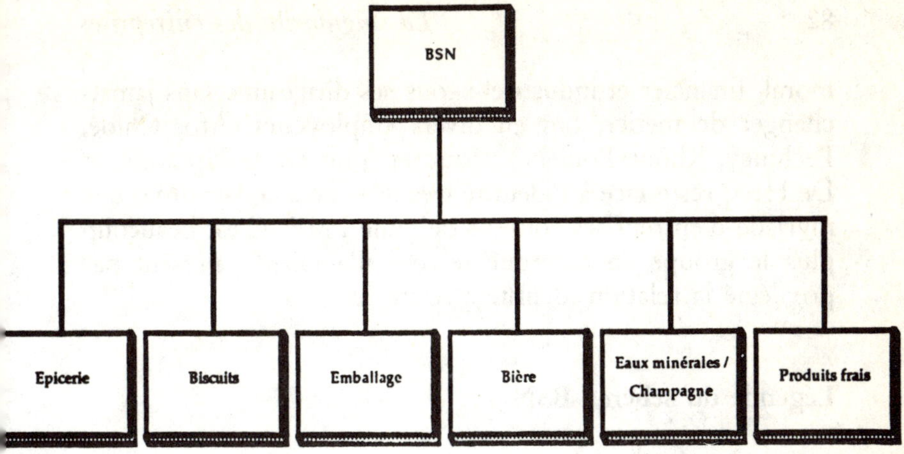

Schéma 1

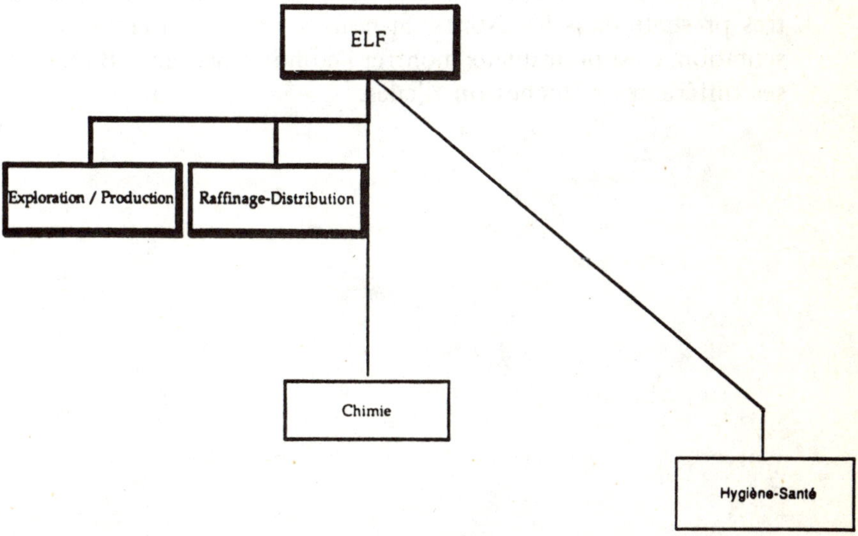

Schéma 2

moral, financier et industriel : tous ses dirigeants, sans jamais changer de métier, ont eu divers employeurs (Ato, Chloé, Pechiney, Rhône-Poulenc) ; Sauttier (puis De Hecq) a été, et De Hecq reste face à l'identité très difficile à construire d'une myriade d'entreprises souvent de taille PME. C'est beaucoup plus le groupe en tant que tel qui n'a jusqu'à présent pas privilégié la relation identité / stratégie.

Légende du schéma BSN

Le statut des branches est ici équivoque : elles sont assez peu perçues par les salariés de base. Il existe en effet pour eux une sorte de *no man's land* entre leur entreprise, liée à une marque (Kronenbourg, Gervais-Danone, etc.), et Antoine Riboud (BSN). Au contraire des cadres, beaucoup mieux intégrés aux enjeux stratégiques. Sous la branche, il faudrait indiquer le département qui est souvent une entreprise et dont la réalité est très présente dans les esprits. Si nous avons choisi cette présentation, c'est pour mieux montrer l'équidistance entre BSN et ses différentes branches ou filiales.

6. Sodexho
Identification et animation

Sodexho est une entreprise qui s'est construite sur la restauration collective puis s'est diversifiée dans la gestion des bases-vie (GBV), les tickets restaurant et autres services multiples toujours liés à la restauration (Oh !Poivrier, Hôtellerie du troisième et quatrième âge, etc.). L'exemple de Sodexho est particulièrement intéressant, car il s'agit d'une entreprise au développement très rapide — de 1966 à 1989, elle est passée de dix à quarante-cinq mille salariés ! — qui reste la propriété de son fondateur, au contraire d'Accor dont Dubrulle et Pélisson possèdent aujourd'hui moins de 1 % du capital. Ayant eu l'occasion de travailler à plusieurs reprises avec Pierre Bellon alors que j'étais à la direction du CNRS, puis au ministère de la Recherche et au commissariat général du Plan, j'ai pu apprécier sa rigueur d'analyse et surtout son intérêt pour la recherche scientifique. C'est avec lui que j'ai pu monter la première expérience d'ethnologie en entreprise. Ayant quitté l'administration, je retrouvai sa confiance dans mon cabinet privé. Le temps avait passé, Sodexho avait encore grandi, son chef avait aussi un peu changé.

Il venait de décider la filialisation de ses trois activités françaises (entreprise-administration, santé, écoles). Quelques mois plus tard, il allait faire preuve d'une audace assez rare en nommant président de la filiale principale, entreprise-administration, un Syrien, auparavant président de la filiale Arabie. Cette décision étonnante fit quelque bruit et provoqua de nombreux remous, de vieux démons réapparurent dont il n'eut cure. Aujourd'hui, Pierre Bellon a encore étendu son empire et, bien remis de son échec lors de l'OPA sur Borel, il vient de prendre une participation décisive dans les Wagons-Lits. Et ce n'est sans doute pas fini, car Pierre Bellon n'est pas fondamentalement un libéral : il rêve de monopole et d'une concurrence exsangue. Ce sera, pense-t-il et dit-il, le seul moyen de payer des salaires corrects à ses employés car, du fait du coût de la main-d'œuvre, il est forcé à une politique très rigoureuse pour remporter les appels d'offres qui sont en général, dans ce secteur, le mode d'accès à de nouveaux clients. Autrement dit, Sodexho est une entreprise où les salaires sont très bas et la main-d'œuvre souvent très peu qualifiée.

La question et le problème

Il n'est pas facile de travailler avec Pierre Bellon. Son sens de l'économie est légendaire parmi tous les consultants. Ayant oublié l'ouvrage qu'il avait écrit où il montrait sa technique de vente à ses premiers clients, il souffre de chaque centime utilisé alors même que les marges dans son métier sont effectivement très minces. En discutant avec lui, on a souvent l'impression qu'il calcule la quantité de repas qu'il faudra servir pour récupérer tout l'argent dépensé ! Cet esprit d'économie, cette crainte de la danseuse inspire tous les comportements de Sodexho : voyez le siège social de Bois-d'Arcy, c'est un honnête CES en préfabriqué ; installez-vous dans les bureaux des directeurs centraux, on y logerait difficilement une secrétaire débutante au Crédit agricole tout proche. Une anecdote : un jour, un directeur entreprit, pour voir, de totaliser le coût des prestations d'un cabinet de consultants et de transmettre l'information brute à Pierre Bellon. Le total dépassait les 500 kF, le cabinet ne put s'en remettre. C'est donc à l'arraché et sans marge significative que je réussis à travailler avec Pierre Bellon. Encore ponctua-t-il la restitution de l'étude de quelques questions sur le coût des travaux.

Un jour donc, Pierre Bellon m'appelle. J'avais déjà réalisé une petite étude sur le statut de la recherche chez Sodexho ; satisfait du travail, il n'en avait tenu aucun compte. Sa nouvelle question était simple : Comment mettre au point une technique d'intéressement dans les restaurants de la filiale française, la Société française de restauration ? C'était le type même de la question mal formulée comme nous en convînmes. En effet, il confondait en cela l'outil et les objectifs. Les outils font des ravages en France, car ils dépendent exclusivement de modes à l'œuvre dans notre pays ou importées d'outre-Atlantique. Il en est de même pour la communication où l'on confond presque toujours les objectifs et les supports. De plus, je ne pensais guère être le plus compétent sur la place pour traiter ce type de question. Un outil n'est utilisable que si, et seulement si, il s'inscrit dans le cadre d'une stratégie définie à partir d'une étude rigoureuse du milieu sur lequel il va opérer.

Pierre Bellon expliqua très clairement que son objectif n'était pas d'augmenter des salariés qu'il savait malheureusement très mal payés. On pourra remarquer que Pierre Bellon fait partie de ces quelques grands chefs d'entreprise très lucides qui vivent assez mal le fait que leur entreprise ne soit pas ce qu'ils voudraient qu'elle fût. Très lucide sur ce point, Pierre Bellon voulait surtout associer davantage les salariés à l'entreprise, essayer de créer un sentiment d'appartenance dont il savait l'inexistence.

Le problème était donc tout à fait mal posé : il fallait le reformuler et partir sur d'autres bases, même si celles-ci pouvaient paraître trop intellectuelles. On aborde là un problème majeur de la recherche en entreprise : elle ne peut presque jamais se satisfaire de la question posée. Par ailleurs, je suis convaincu qu'il ne peut y avoir ambiguïté initiale sur la commande : il est essentiel que le contenu de la recherche soit effectivement compris de la même façon par les deux partenaires ; il n'est pas possible d'attendre les résultats pour démontrer à quel point il fallait effectivement rechercher autre chose afin de répondre à la question précisément posée.

Il fut assez vite admis que le problème fondamental était bien celui de l'identification. Cependant la formulation semblait déboucher fatalement sur un constat négatif. En effet, tout l'encadrement de Sodexho vivait sur l'idée que l'identification était impossible du fait de deux raisons péremptoires. La première résidait dans l'article 122/12 qui stipule l'impératif suivant : si une société prestataire de service, par exemple une société de restauration collective, gagne un contrat lors d'un appel d'offres, elle doit reprendre le personnel auparavant employé sur place par une autre société prestataire du même service. La seconde consistait dans cette particularité de la restauration collective : il s'agit d'une entreprise atomisée, répartie en petites unités sans solidarité ; de plus, à force de demeurer dans une entreprise cliente, le salarié peut se sentir autant appartenir à Air Inter ou Thomson qu'à Sodexho.

Ces deux raisons faisaient qu'il fallait tout le poids du président pour décider d'une telle étude.

L'identification introuvable

Principe méthodologique et déontologique du consultant externe

Mon travail aboutit à un constat assez différent de ce que j'attendais. D'abord, je découvris la Sodexho, ses entrailles, la réalité de sa production. Depuis quelques années, je fréquentais le siège et avais une tout autre image de l'entreprise. Je crois qu'il faut insister sur ce point : beaucoup d'analystes ou de consultants s'illusionnent complètement sur les entreprises avec lesquelles ils travaillent. Aucun patron ne devrait accepter qu'un consultant travaille pour lui sans avoir d'abord séjourné un certain temps dans les établissements de production. Quoique ceci semble une banalité, il faut constater que le fait est rare. En effet, le patron qui souhaite prendre des conseils fait souvent preuve de duplicité. Il joue un rôle très équivoque : d'un côté il exprime le besoin d'une expertise externe, d'un autre côté il ne tient pas à présenter la réalité vivante de son entreprise. Trop contraint par son discours habituel, il souhaite que les consultants gardent de l'entreprise la vision qu'en a l'encadrement de haut niveau. Quel que soit le problème posé, je suis convaincu qu'une entreprise doit être abordée en fonction de ce qu'elle est, même si les dirigeants préfèrent ou développent nécessairement une image assez différente.

Les restaurants Sodexho sont un monde très particulier. L'approche ethnologique qui m'avait précédé avait déjà livré quelques informations, mais, financée par le ministère de la Recherche, elle restait trop en dehors des enjeux essentiels. La plupart des dirigeants ne l'avaient pas bien comprise, rebutés par le langage de la recherche (approche ethnolinguistique) et par des petits faits trop éloignés de leur management habituel.

Il faut bien reconnaître que Pierre Bellon était le seul à insister sur le fait que, dans l'entreprise, on se souciait beaucoup plus des directeurs régionaux, des chefs de secteur, des gérants que des employés, les producteurs directs.

Une entreprise de mercenaires

A l'époque où je l'ai étudiée de près, Sodexho était la caricature de l'entreprise de mercenaires. Quoique la protection du capital fût très bien assurée, Sodexho était à la merci d'une OPA sociale : en effet, l'attachement à l'entreprise était quasi nul ; une offre salariale plus forte, quel qu'en soit le montant, pouvait amener la plupart des salariés à quitter l'entreprise. Paradoxalement, Pierre Bellon, qui est un patron bien connu à l'extérieur de son entreprise, était presque totalement inconnu de ses salariés. Nous n'avons pas trouvé dix pour cent de salariés capables de citer son nom ; on nous citait le gérant, le chef de secteur ou encore le directeur régional. Curieusement aussi, l'article 122/12 ne jouait aucun rôle dans cette désaffection ; pour une raison très simple : il était tout à fait inconnu de la quasi totalité des salariés.

Rémunérés au prix du marché, peu intéressés par leur activité, atomisés, les salariés ignoraient l'existence de Sodexho en tant que groupe. Par hasard, on avait croisé des services Sodexho à l'hôpital, mais la diversité des services rendus par le groupe (gestion de base-vie, ticket restaurant, restauration collective en d'autres secteurs), tout cela était massivement ignoré.

Dans son Olympe, le patron fréquentait peu l'humanité et il avait rédigé, absolument seul, un projet pour l'entreprise ; de leur côté, les salariés ne croyaient pas en celui qu'ils n'avaient jamais rencontré. Notre analyse fut donc très critique : tout était à faire pour intégrer les salariés dans l'entreprise. C'était l'affaire de la communication patronale, de la communication interne, de la gestion des ressources humaines. Or, le développement avait laissé de côté ces tâches essentielles, tant la gestion de ce développement avait été accaparante.

Sodexho n'avait pas d'âme, tout juste un animateur presque génial à qui il manquait les bras et les leviers pour agir en interne. C'est pourquoi il faut insister sur la relation entre une stratégie long terme et l'âme de l'entreprise. Les succès d'une croissance rapide inquiètent surtout le trésorier ; il faut financer la croissance et chacun le sait. Mais ce souci essentiel ne doit pas faire oublier que bientôt le créateur ne pourra plus être l'âme de l'entreprise. Il serait illusoire de croire davantage que l'encadrement seul pourra jouer ce rôle.

Autrement dit, l'analyse de Sodexho a eu le mérite de montrer à Pierre Bellon ce qu'il savait déjà plus ou moins confusément. Dans une entreprise en fort développement, il ne faut pas compter sur les cadres pour penser l'âme ou pour se soucier des ressources humaines. Très vite, à leur tour, ils se coupent du terrain et oublient ce qui a pu les étonner lors d'une immersion initiale. Le fait que « ça marche » est souvent un leurre. Si Sodexho restait une entreprise de mercenaires, elle sombrerait « dans un certain temps » dans les conflits sociaux ou une baisse de la productivité.

En fait, le cas n'est pas rare ; malgré les discours les plus progressistes, les salariés sont très rarement pris en compte. Le conflit Peugeot en est un symptôme ; dans un tel conflit, ils disent leur existence. Il ne suffit plus d'octroyer de la modernisation, de l'intéressement ou de la participation. Je crois que, même chez BSN, c'est une erreur de ne pas intégrer les salariés dans le groupe et de limiter cette intégration aux cadres. A terme, l'entreprise ne peut conserver son âme que si et seulement si elle est capable de la penser sans cesse et de trouver les messages et les outils pour animer la société qui la constitue.

Il serait superficiel de voir dans les procès d'identification la recherche d'une intégration manipulatoire et d'un consensus trompeur. Dans la notion d'identification, il s'agit avant tout de donner un sens au travail, à l'activité quotidienne. Les termes comme « sentiment d'appartenance », « identification », « fierté de travailler dans l'entreprise X... » signifient bien sûr que l'entreprise y gagne, mais chaque fois que l'entreprise gagne, le salarié n'est pas pour autant berné. Je dirai même que la préoccupation de l'identification est un souci majeur : au lieu de considérer les salariés comme une masse de manœuvre manipulable et corvéable, il s'agit de travailler dans la durée. Lorsqu'il existe de bons mécanismes d'identification qui correspondent à une stratégie, le recours aux travailleurs précaires est nécessairement réduit. Je crois qu'il est bon que, comme chez Michelin pour l'ensemble des salariés, ou comme chez BSN pour les cadres, on agisse comme si les salariés allaient ou devaient rester toute leur vie dans la même entreprise. Et je crois qu'il n'est pas bon de mettre dans la tête des étudiants d'écoles de commerce que la clef de leur avenir réside dans les retours périodiques sur le marché. Il faut au contraire que se mettent en place de véritables gestions de carrières et que l'âme même de l'entreprise participe de toutes ces procédures de gestion des ressources humaines.

On n'évitera évidemment jamais la multiplicité des stratégies d'acteurs individuels, mais le rôle de l'entreprise est de bien limiter leurs effets centrifuges. On sait ce que coûtent certains départs, il faut prendre les mesures nécessaires pour que l'âme séduise les individus et les extirpent de leur mercenariat. Montesquieu opposait justement la démocratie et le despotisme en ce que la première se devait de développer la vertu ou sens civique pour exister, tandis que le second pouvait faire fi de toute vertu, la force et la crainte étant ses seuls ressorts. Il en est de même dans l'entreprise : la force brutale n'a pas besoin d'adhésion, tandis qu'une certaine volonté démocratique passe par cette fierté de travailler dans une entreprise donnée.

Les plans d'action

Le travail que j'avais entrepris chez Sodexho eu pour moi un autre intérêt. Je réalisais encore mal qu'il fallait absolument connecter la recherche fondamentale avec des plans d'action. C'est un peu chez Sodexho que j'ai appris le métier. Pierre Bellon avait eu l'intelligence de recruter pour sa filiale française de restauration d'entreprise, la SFR, Daniel Vannier, un transfuge de BSN, côté Obernai. Son temps de réaction fut très rapide, et il développa des plans d'action qui, dans mes énoncés, restaient encore sommaires.

Plus je travaille sur l'entreprise, plus l'élaboration des plans d'action me semble nécessaire et, je dirai, aisée. La connaissance que l'on acquiert dans une démarche fondamentaliste est située assez en amont pour que l'on voit l'essentiel et qu'on évite les outils qui ratent leur cible. Ainsi chez Sodexho, on ne commença pas par l'intéressement, mais par toute une pléiade d'actions qui avaient pour but de mieux faire connaître l'entreprise aux salariés, d'accroître la mobilité interne des emplois, d'afficher des objectifs et des missions de l'entreprise comme de chaque restaurant.

Dès qu'il est question d'âme de l'entreprise, la communication interne entre en jeu. Et il importe de la penser en fonction des concepts les plus fondamentaux de l'entreprise. Naturellement, il serait naïf de surestimer l'impact d'une communication interne qui ne peut pas tout faire : elle n'évite pas les conflits dès qu'ils touchent à des choses essentielles, comme l'emploi ou le métier. Mais je crois très profondément qu'il est nécessaire qu'elle soit rattachée au président, directement ou par le biais des ressources humaines. L'entreprise est par nature extravertie, il ne faut pas que la communication interne subisse la loi des communicateurs externes. S'il est souvent assez pratique de la situer au sein d'une DRH, il faut prendre toutes les précautions pour que le président en reste très proche. Seule cette proximité permet l'intelligence de l'entreprise qui est nécessaire pour faire passer les bons messages et tester leur efficacité.

C'est pourquoi la communication interne doit faire partie de tous les plans d'action et doit toujours être associée au plus haut niveau de l'entreprise. Je dirai même que la communication interne doit être une dimension de chaque plan d'action pour en répercuter les modalités et l'urgence.

7. Géo Martel
le métier, âme d'une faïencerie d'art

Sans prétendre à une quelconque exhaustivité, ces études de cas seraient très incomplètes si l'on omettait l'exemple d'une PME. J'ai choisi une entreprise à laquelle je suis particulièrement attaché, puisque, avec ma famille, nous l'avons rachetée début 1989. Cette faïencerie d'art en était à son troisième dépôt de bilan. Elle avait appartenu à mon grand-père, vingt-cinq ans auparavant. J'en aime les produits et je crois très profondément en leur succès. Mon père est sorti de sa retraite à peine entamée pour reprendre la gérance de l'entreprise. Nous avons décidé d'un commun accord d'effectuer sur cette petite entreprise une recherche comme nous l'aurions fait pour n'importe quel client et de nous soumettre nous-mêmes aux questions et aux analyses que nous portons d'habitude sur les autres. Naturellement, pour des raisons méthodologiques je demandai à deux collaborateurs d'effectuer le travail et décidai de n'y pas intervenir, sauf en phase finale en dégageant l'axe essentiel de réflexion pour les années à venir.

Géo Martel est une entreprise qui compte actuellement soixante-dix employés et un syndicat assez puissant. C'est déjà un paradoxe quand on constate l'inexistence des syndicats chez Louis Vuitton ! L'entreprise a eu près de cent cinquante salariés, mais les difficultés du secteur ont été rudement vécues. Il faut d'ailleurs signaler que Géo Martel est située à Desvres, petite ville du Pas-de-Calais toute consacrée à la faïencerie. A Desvres, on a l'impression d'être loin de tout.

Sur un tel exemple on verra aussi que le problème de la communication interne n'est pas seulement un effet nécessaire des grandes structures.

Objectifs et résultats de la recherche

En janvier 1989, l'entreprise était reprise par ma famille contre deux autres repreneurs potentiels : Gien et Carbonnel, le patron précédent. L'ensemble du personnel soutenait notre projet de reprise ; celui-ci ne comportait aucun licenciement. Mais très vite des difficultés apparurent lorsqu'il fallut essayer d'assouplir les horaires en fonction des commandes. L'opposition fut radicale et la situation un peu désespérante. Il fallait donc comprendre ce qui se passait : sans doute avions-nous des idées fausses sur les logiques de comportement et de représentation des salariés. A nous, à moi d'être l'objet d'une recherche. *A priori*, la première visite dans l'usine laissait supposer quelques motifs de mécontentement. L'ensemble des ateliers fournirait le décor idéal pour un film tourné sur les conditions de travail au XIXe siècle. Du travail de la terre à la fabrication des moules, en passant par le découpage des carreaux à la main, jusqu'au décor entièrement peint à la main et aux fours de cuisson, tout semble archaïque. L'outil de production garantit l'artisanat !

Mais une fois de plus les idées des dirigeants étaient inexactes. Ce qui ressortit essentiellement du travail de recherche ne portait pas tant sur les conditions de travail que sur un problème de confiance. Les travailleurs, surtout les décorateurs, vivent intensément leur métier et se considèrent comme des artistes. Le socle de l'entreprise, c'est leur métier, leur savoir-faire. Dans le temps, ils durent. Les dépôts de bilan se succèdent, ils sont toujours là, moins nombreux, mais toujours là. Les patrons passent, les ouvriers restent.

Un moment, nous avions cru que le passé industriel de mon père avait pu les séduire. Les précédents dirigeants étaient peu connus et, surtout, le dernier en date dirigeait l'entreprise un peu en touriste et l'on soupçonnait ses opérations aux États-Unis. Au contraire, la réussite de mon père devait rassurer puisqu'il avait dirigé la même entreprise durant près de vingt ans. Ce n'était pas le cas. Outre que des rumeurs curieuses et injustifiées circulaient sur son départ en retraite, sa candidature au rachat, en concurrence avec d'autres, laissait penser aux salariés qu'il y avait de l'argent à se faire sur Desvres. De plus, la gestion scandaleuse du patron précédent, jamais présent, a rendu les ouvriers fondamentalement méfiants sur les dirigeants, quels qu'ils soient. Pourtant, un certain capital de confiance existe, mais il ne vient pas du tout d'où l'on croyait. Curieusement, Françoise Etchegoyen-Lourdel, ma mère, circulant dans l'usine, rattachait le nouveau patron à une chaîne rompue. Elle est la fille d'un père qui a tenu l'usine au moment de sa plus forte expansion. Sa présence, pourtant très marginale dans la gestion, rassure ; quelque chose de l'histoire demeure. A la suite des patrons météores, succède un élément de continuité. La fille de M. Lourdel est un trait d'union inattendu. Cette analyse a quelque chose de frustrant pour les qualités de manager que peut justement revendiquer son mari. Mais ce dernier, s'il était seul, serait encore vécu comme un financier prêt à s'engraisser de profits extirpés. Autrement dit, ce qui apparaît clairement, c'est que la mobilisation des salariés ne peut s'affirmer que dans la conviction d'une durée, d'un projet rassembleur qui valorise leur métier et leur identité. De plus, comme c'est souvent le cas, les salariés sont demandeurs d'information et souhaitent une présence réelle du vrai patron de l'entreprise. Ils récusent les touristes passés et exigent un engagement fort de leur patron effectif. Ils veulent voir reconnu la qualité de leur travail dans la durée.

Les plans d'action

Ces quelques remarques sont essentielles. Elles impliquent que des messages et informations clairs soient communiqués. Certes, la culture locale et les habitudes de travail représentent des inerties importantes, mais on peut profiter de cette focalisation sur le métier sous condition de la doubler d'une nouvelle focalisation sur des modes de comportement et sur le chef d'entreprise. Les ouvriers veulent être assurés que, durant ses absences, il travaille bien pour l'entreprise et demandent des informations sur les activités commerciales de la société.

Autrement dit, il faudra désormais éviter de se prévaloir

d'une capacité de management et bien plutôt jouer la durée, la continuité et la stratégie à long terme. Géo Martel est une belle entreprise qui fabrique des objets remarquables. Encore faut-il qu'ils soient reconnus comme tels par le dirigeant lui-même et par toute la communication qu'il met en œuvre.

Ceci signifie que, dans une entreprise où le calcul du prix de revient par objet fabriqué n'a jamais été effectué de façon rigoureuse, il faut développer une stratégie et une image cohérente entre l'interne et l'externe. En se positionnant sur le luxe, Géo Martel pourra rendre cohérents tous les objectifs, individuels et collectifs, de l'entreprise. Chez Géo Martel, les murs ont une âme, ils respirent le temps, le travail, l'artisanat. Ce ne sont pas ces murs qui gênent les ouvriers. L'entreprise a une culture mais n'a pas encore d'âme. Il lui manque un projet clair, des objectifs et un chef reconnu pour le souffle qu'il saura faire pénétrer dans tous les bâtiments. Cela passe par la communication, le projet et la stratégie.

Géo Martel a des atouts incontestables : l'entreprise est portée par l'histoire et par les métiers. Le métier de décorateur ne disparaîtra pas comme le métier de verrier. Il s'impose dans la réalisation de l'œuvre. Cet exemple permet de mieux distinguer entre l'identité et l'âme. L'identité est maintenue à travers le temps, mais elle s'impose ici comme un immobilisme tant que rien ne souffle ni vient traverser les corps. A Desvres, la faïence est un destin. Ce n'est pas suffisant. Il lui faut retrouver l'âme du créateur un peu fantasque que fut Géo Martel et beaucoup mieux exploiter la fierté que ressentent les travailleurs à œuvrer dans la faïencerie qui produit la meilleure qualité dans tout Desvres. Que pourrait être cette âme ? Le problème est plus difficile à résoudre quand il faut faire que quand il s'agit d'analyser, je dois bien l'avouer.

Sans doute aurais-je encore à approfondir davantage la recherche. Mais l'âme de l'entreprise doit résider dans un équilibre subtil entre les exigences de la productivité et ce métier d'artisan. Dans un tel cas, le seul positionnement d'avenir est celui du luxe. L'artisanat industriel n' a pas d'autre choix. Il faut certainement renoncer à quelques produits imposés par la clientèle dans lesquels ni les salariés ni les amateurs du luxe ne se reconnaissent, pour revenir à une politique de l'offre plus résolue tout en valorisant la commande spéciale qui n' a pas de prix. Le prix de revient ne doit plus être un souci, ce qui suppose une tactique très fine de façon à éviter une soudure délicate. Le changement de positionnement constitue un risque certain et probablement l'annulation d'une rentabilité à court terme. Géo Martel présente encore un produit nu sans que celui-ci soit investi dans et par l'imaginaire. Il lui manque tout ce qui fait l'environnement du haut de gamme, cette part de rêve enracinée dans l'histoire, diffusée par la communication et fédératrice pour l'entreprise elle-même.

L'inspiration des artistes décorateurs devra se fonder sur une véritable aspiration provoquée par une communication externe très différente. Le pari est difficile, car il suppose des investissements lourds dans la matière grise et un effort de réflexion important sur l'image qu'il convient de développer. Mais Géo Martel aura une âme si les ouvriers artisans se reconnaissent dans cette image susceptible de les porter. Il faut que cette communication réfléchisse leur forte conscience d'artiste.

Même dans une petite entreprise (15 millions de CA en 1989), l'imaginaire, l'âme jouent un rôle fondamental. Pour nous, et en particulier pour mon père, la tâche n'est pas aisée. Elle suppose une résolution très forte et une vision du long terme.

Il y a quelque chose à construire sur un socle qui existe. Le projet vaut qu'on s'y passionne. Si le chef, la stratégie, les images permettent de retrouver une âme, Géo Martel survivra et se développera dans une certaine joie. L'implication des nouveaux dirigeants est acquise, ce qui est déjà un premier pas essentiel. Tout le reste est à faire, avec cette société vivante que constitue l'ensemble des travailleurs de Géo Martel.

Je pense que la réflexion qu'il y a à mener chez Géo Martel relève pleinement de la philosophie et des sciences humaines. En effet, il faut combiner les deux approches pour répondre aux deux questions essentielles : quel est le concept du produit qui peut correspondre à l'âme de Géo Martel et, en retour, animer l'entreprise elle-même ? et à quelles conditions l'entreprise peut-elle véritablement sortir d'un certain archaïsme pour devenir une entreprise d'artisanat industriel ? La tâche est tout à fait passionnante, mais elle nécessite un investissement dans la matière grise autant qu'une gestion rigoureuse qui lui a souvent fait défaut.

8. Elf-France

l'âme et la technique : introduction de la micro-informatique dans le raffinage

Toutes les entreprises ont été, sont ou vont être confrontées à l'introduction de la micro-informatique. Ce processus semble tellement irréversible qu'il est souvent négligé et rarement évalué. Cette innovation est très révélatrice du fonctionnement d'une entreprise et doit se faire en tenant compte de l'âme de l'entreprise elle-même, et donc commencer par s'étayer sur une bonne connaissance de l'entreprise pour que la méthodologie d'implantation soit la plus adaptée. L'investissement matériel est suffisamment significatif pour qu'on en exige une rentabilité effective. Il faut pour cela passer par la distinction de trois niveaux d'analyse : les problèmes liés à toute implantation de la micro ; les problèmes spécifiques liés à l'organisation de l'entreprise ; les problèmes dérivant des habitus de l'entreprise elle-même.

La « fatalité » micro

Sur l'introduction des nouvelles technologies dans l'entreprise, je n'ai nullement l'ambition de faire mieux que le rapport Riboud ou que les travaux des chercheurs qui y sont cités en annexe. J' applique les méthodes qui y sont analysées car ce sont les plus efficaces et sans nul doute les plus intelligentes. Je voudrais plutôt ici prendre un exemple qui est orthogonal à maintes entreprises et en montrer toutes les dimensions. J'ai en effet eu l'occasion d'étudier l'introduction de la micro-informatique sur plusieurs terrains assez différents. Or cet exemple me semble significatif de tout ce qui se joue à l'occasion d'un tel événement dans l'entreprise.

Cet apport a d'abord la caractéristique d'être vécu comme un élément naturel de la modernisation de l'entreprise. Tout le monde y est passé ou y passera. Le Sicob ou l'Apple expo disent tous les ans qu'il faut en venir aux choix décisifs. Mais globalement, il s'agit de s'aligner sur un élément de la modernité. Finalement, les entreprises ne perçoivent pas très bien en quoi la micro-informatique pourra avoir un impact spécifique sur l'entreprise. Tout au plus pense-t-on généralement réduire quelques effectifs et augmenter la productivité des utilisateurs restés en poste.

C'est cette banalisation qui doit être remise en cause. Certes, la micro-informatique fait partie de ces technologies diffusantes si caractéristiques de la révolution industrielle que nous vivons. Mais il faut lui appliquer les règles inhérentes à toute introduction de nouvelle technologie et ne pas négliger son implantation. Au contraire, il faut la préparer avec soin en fonction de l'entreprise telle qu'elle est. Trop souvent les matériels sont choisis de façon abstraite, voire « préconisés » selon des principes trop généraux qui vont de la nécessité de la compatibilité des matériels à l'économie d'échelle.

Or, la micro-informatique peut être conçue comme un instrument nouveau susceptible de dynamiser une organisation et de transformer les relations de travail. Pour simplifier, je prendrai des exemples dans les bureaux, c'est-à-dire dans les activités tertiaires de groupes industriels ou prestataires de services.

Les niveaux d'analyse

Je commencerai à l'envers en exposant ce qu'on découvre lorsque l'on étudie l'implantation déjà effectuée de micro-ordinateurs dans les services d'une grande entreprise. Pour simplifier, il est possible de distinguer trois niveaux d'analyse :

Niveau 1 : il s'agit des problèmes que rencontrent toutes les entreprises confrontées à cette introduction. Ces problèmes se répètent presque invariablement, avec des distributions de gravité différentes. Je les appellerai maladroitement des problèmes techniques. Je ne pense guère qu'ils soient purement techniques, mais leur itération les fait dériver directement de la technologie elle-même. Énumérons-en quelques-uns :

— l'inadéquation de la formation et de l'emploi ;

— le décalage entre les formations aux logiciels et l'utilisation effective des logiciels ;

— les résistances devant le clavier (notamment des personnels d'encadrement) ;

— les problèmes de compatibilité ;

— les connexions avec des sites centraux ;

— la mise en réseaux des micro-ordinateurs, etc.

Niveau 2 : ce sont les problèmes directement liés à l'organisation de l'entreprise. C'est-à-dire que ces problèmes méritent d'être traités différemment selon les modalités de relation entre services parallèles ou hiérarchiquement subordonnés. Je les appellerai les problèmes de l'organisation. Énumérons-les :

— le conflit traditionnel entre service informatique et service organisation ;

— les relations verticales entre utilisateurs de micro-ordinateurs qui produisent des doubles ou des triples saisies inutiles ;

— le déphasage dans les rythmes d'implantation des micro ;

— d'une certaine manière, quelques problèmes spécifiques de mise en réseau ;

— l'accès aux imprimantes haut de gamme, etc.

Niveau 3 : ce sont les problèmes directement liés à l'âme de l'entreprise, non pas conçue dans sa généralité abstraite mais au contraire appréhendée dans ses opérations les plus quotidiennes, c'est-à-dire, en l'occurrence, Elf-France. Énumérons-les à leur tour :

— l'adaptation de l'outil au poste de travail ;

— la reproduction à l'identique du poste de travail ;

— l'absence de reconnaissance interne de la compétence informatique pour les promotions et les carrières ;

— la qualité de la compréhension du processus technique et économique mis en œuvre avec l'introduction des micro-ordinateurs ;

— l'intégration de ce processus de modernisation à un projet ou à des objectifs de l'entreprise, etc.

Ce niveau 3 me semble particulièrement intéressant mais un

peu abstrait dans sa formulation, c'est pourquoi il semble utile de l'illustrer tout de suite par un exemple concret.

Chez Elf-France, j'ai constaté les problèmes posés aux deux premiers niveaux. Mais ils ne suffisaient pas à expliquer le maigre succès de l'opération micro lancée par la direction. En dernière instance, les freins essentiels résidaient dans une dimension très différente de la dimension technique. Grâce à notre connaissance de l'entreprise et à une série d'entretiens exhaustive, j'ai pu déduire les éléments suivants :

1. D'abord, l'opération assez lourde d'implantation des micro-ordinateurs avait certes été effectuée avec les explications techniques nécessaires. Mais aucun discours n'était venu soutenir l'investissement matériel. Ce dernier était vécu comme pure nécessité. Ça devait arriver un jour. Maintenant ils étaient là. Aucune démarche quelque peu « animante » ou « animatrice » n'avait clairement intégré l'innovation technique dans un projet de l'entreprise. De ce fait, les micro-ordinateurs avaient surtout été vécus négativement, comme une menace potentielle pour l'emploi de tel ou telle.

2. La hiérarchie confortait cette impression en ne s'impliquant guère dans le processus. Comme cela arrive souvent, les cadres manifestaient quelque réticence pour le clavier et finissaient quelquefois par remettre leur micro à leur secrétaire. Aucune habitude de travail n'était vraiment changée. Pis même, les médiateurs, dont le rôle est primordial dans un tel processus, connaissaient bien la plupart des logiciels, sauf les traitements de texte sur lesquels seules les secrétaires restaient compétentes. Le grand patron, Victor Vachier, dont l'histoire légendaire et quasi mythique répétait la volonté d'innovations et qui avait réussi quelques performances bien connues dans certaines unités du groupe, restait à l'écart : on savait qu'il avait installé un micro dans son bureau, mais on ironisait sur le statut de plante verte de ce matériel jamais utilisé.

3. Enfin, et peut-être surtout, je me suis aperçu dans la phase liminaire de chaque entretien que chaque salarié avait quelque difficulté à définir exactement son poste. En effet, je commençais tous nos entretiens par les questions rituelles : Qui êtes-vous ? depuis combien de temps êtes-vous dans cette entreprise ? quel est précisément votre travail ? Or, chaque salarié mettait plusieurs minutes à essayer de dire son rôle dans

l'entreprise et à énoncer sa fonction, le plus souvent de façon très approximative. Cette situation dépend évidemment de la démoralisation générale qui existe chez Elf-France, seule société du groupe Elf qui accumule les pertes.

Autrement dit, j'étais en train d'essayer de comprendre des problèmes techniques ou d'organisation — dont on a très vite la perception —, alors que le problème essentiel était très en amont de l'introduction des micro-ordinateurs. Je me trouvais ainsi, en récapitulant les raisons 1, 2 et 3, devant une problématique de la communication et de l'identité au travail. Aurait-on résolu tous les problèmes afférents aux niveaux 1 et 2, que je n'aurais sans doute pas avancé d'un pouce pour maximiser l'introduction de ces nouvelles technologies.

Prenons un autre exemple dans une grande banque, la Caisse nationale du Crédit agricole. J'avais là l'occasion d'évaluer, de façon comparative, l'introduction de la micro dans deux services différents d'une même direction. Les matériels étaient les mêmes mais les tâches de chaque service étaient assez dissemblables : l'un s'occupait de procédures budgétaires ; l'autre d'organisation et d'études. Très vite il apparut que le succès de l'implantation était très inégal quoique les problèmes de niveau 1 et 2 fussent tout à fait identiques (matériels homogènes, mêmes procédures de formation, mêmes problèmes de mise en réseau).

Pourtant le service Organisation/Études avait été profondément transformé par l'arrivée des micro, alors que le service Budget n'avait guère évolué. La différence apparut très vite dans la dissymétrie d'implication des cadres : d'un côté, le chef de service évitait soigneusement le nouvel outil, suivi en cela par ses collaborateurs les plus directs ; d'un autre, le chef de service s'était approprié l'outil et toute l'organisation du travail en était transformée.

L'analyse était en fait assez simple : j'étais dans une entreprise très « structurée ». L'idée même qu'un cadre affronte une machine, fût-elle appelée micro-ordinateur, semblait tout à fait dégradante et ce d'autant plus que les traitements de texte — comme produits intermédiaires entre la machine à boule et le micro-ordinateur — avaient été naturellement réservés auparavant à l'usage exclusif des secrétaires. Or, dans le service Organisation / Études, au fil des formations suivies par tel ou tel, que ce soit un cadre, un agent de maîtrise ou une secrétaire, chaque agent formé devenait en quelque sorte le formateur des autres ; ainsi la secrétaire pouvait être amenée à former ou aider le chef de service, et réciproquement.

Les rapports sociaux s'en trouvèrent transformés, car les cadres perçurent qu'ils pourraient ainsi requalifier des secrétaires aux emplois trop répétitifs et ainsi utiliser la nouvelle technologie à valoriser les compétences des subordonnés en accroissant l'intelligence de leurs travaux. Au contraire, dans l'autre service, la situation se dégrada plutôt car l'on remit aux secrétaires des brouillons de moins en moins accessibles, persuadé que l'on était que le micro-ordinateur permettrait toutes les corrections ultérieures.

Tout en évoquant des problèmes assez différents, ces deux exemples montrent assez la nécessité d'une méthodologie minimale pour réussir l'implantation de micro-ordinateurs dans une entreprise. Cette proposition n'est pas très nouvelle car il existe bien des méthodologies mises à l'œuvre. Je pense plus exactement que l'implantation de la micro-informatique doit être l'objet d'une réflexion approfondie et spécifique à l'entreprise.

Or, le problème est souvent réduit à la question du choix de matériel. Naturellement la réflexion peut être plus sophistiquée, mais elle est rarement intégrée à une réflexion globale sur l'entreprise. Les événements doivent tous être situés dans une perspective stratégique et ne pas être réduits à des problèmes techniques. Il faut justement profiter des événements qui vont concerner tout ou grande partie de l'entreprise pour engager un processus de communication qui accroisse l'intercompréhension.

Eléments de méthodologie

Pour simplifier les méthodologies en cours, on peut les situer sur une échelle continue entre deux types de choix très opposés :

a) soit on procède à une analyse de poste très rigoureuse qui permettra d'adapter le matériel à la situation de travail de son utilisateur. Les logiciels et les formations seront alors directement intégrés à la définition de ce poste de travail ;

b) soit on opte pour une certaine anarchie : chacun dispose d'un micro-ordinateur et se l'approprie en fonction du rapport qu'il établit avec la nouvelle machine.

Les arguments se distribuent ainsi :

— dans le cas a), l'utilisateur sait immédiatement à quoi peut lui servir la nouvelle machine. On évacue ainsi toute incertitude ou tout sentiment de gadgétisation : les opérations manuelles deviennent informatiques, et l'on mesure aisément le temps gagné par l'obtention du micro.

— dans le cas b), on laisse le champ ouvert à une nouvelle organisation du travail en fonction des aptitudes de chacun. Les réussites sont inégales, et les progrès de productivité redistribuent quelquefois les responsabilités par de nouvelles allocations de temps libéré ou par un processus de formation délégué qui modifie les rapports de pouvoir.

Les inconvénients se répartissent inégalement ainsi :

— dans le cas a), on n'a fait que reproduire l'existant. La conception de l'introduction de nouvelles technologies est très fermée. Il ne s'agit que d'améliorer la productivité individuelle ;

— dans le cas b), certains travailleurs peuvent être désemparés devant le nouvel outil et ne pas percevoir du tout le profit qui peut en être tiré.

Cependant, il est impossible de juger des deux méthodes en les concevant comme des processus isolés. J'aurais une préférence pour la méthode b) si d'autres conditions sont effectivement remplies. En effet, c'est une illusion très techniciste que de croire que l'introduction d'outils nouveaux n'a pas de répercussion sur l'organisation même du travail et sur les rapports de pouvoir. L'instrument informatique est un instrument extraordinaire pour penser et modifier une organisation archaïque. Nécessairement les frontières doivent se modifier, les rapports de force doivent évoluer. Mais pour cela, il faut que la direction de l'entreprise accompagne le mouvement purement technique.

Demeurons pour l'instant dans les généralités :

La micro-informatique peut modifier profondément la relation entre les cadres d'une entreprise et leurs secrétariats. Pour peu que les cadres soient conviés à « s'y mettre », la communication doit se transformer radicalement : on doit assister progressivement à une requalification des secrétariats, à une disparition de leurs tâches les plus répétitives et les plus subalternes, à un meilleur travail de l'écriture par les cadres eux-mêmes et à une circulation de l'information de qualité très supérieure.

Mais ceci n'est possible que si la direction générale intègre l'introduction de cette nouvelle technologie dans un projet plus ambitieux que le simple perfectionnement du poste de travail. Il faut donc fixer des objectifs réalistes mais explicites qui mobilisent l'ensemble des travailleurs de l'entreprise. Il faut adapter les procédures de formation et de promotion à l'usage du nouvel outil. Il faut impliquer l'encadrement dans le processus.

Comme l'a bien montré Alain d'Iribarne dans ses travaux divers, l'introduction de nouvelles technologies doit être, non seulement aussi mais peut-être avant tout, l'affaire des personnels d'encadrement. Les cadres doivent être formés à cet événement, comme ils doivent l'être aux machines elles-mêmes. Prenons l'exemple du traitement de texte sur micro-ordinateur.

Ceci suppose, bien sûr, une petite révolution dans les entreprises les plus structurées. Souvent, en effet, la valeur des cadres est liée au nombre de ses secrétaires et à la taille du bureau. Ces critères sont désormais obsolètes : les entreprises françaises souffrent d'une hypertrophie de secrétaires sous-qualifiées, parce que réduites à des travaux de dactylo ou de traitement de texte imbéciles.

Il ne s'agit là que d'un exemple, mais je voudrais insister sur le fait que l'usage social de la micro-informatique nécessite des espaces de liberté et d'initiatives nouveaux. Les gains de productivité ne doivent pas être conçus à courte vue. La qualification des personnels est la meilleure garantie de la qualité du travail et de la productivité assurée.

Pour continuer sur le même exemple, il faut écouter les réflexes des cadres : « Je ne suis pas payé pour taper sur un clavier. Cest un mauvais calcul pour l'entreprise de me payer au salaire qu'il me paye pour taper à la machine, fût-elle un micro-ordinateur »,

« Il faut protéger l'emploi des secrétaires. Si je me mets à faire leur travail, comment justifiera-t-on leur salaire et le maintien de leur poste ? » ou encore « D'ailleurs ma secrétaire ne voudrait pas que j'empiète sur son travail, car il y a des normes de dactylo que je ne connais pas et cela lui prendrait autant de temps de corriger mes fautes que de taper le tout elle-même. »

Ces arguments ne doivent pas être tenus pour négligeables. Ils sont effectifs et toujours répétés. Mais ils correspondent à une vue du court terme. A les écouter, on sent bien qu'il manque dans l'entreprise un discours d'accompagnement et l'exemple du dirigeant. Or, ces deux éléments sont essentiels pour transformer les rapports sociaux. En effet, ceux-ci sont en permanence sclérosés par la définition négative des postes dans les entreprises d'une certaine taille qui sont fortement structurées : toute promotion revient d'abord à ne plus faire ce qui était le lot du poste inférieur.

Ces problèmes d'intégration des cadres à la politique d'implantation de micro-ordinateurs sont inégaux selon les entreprises. Ils ne sont donnés ici qu'en exemple. Ils signifient avant tout que, face à une telle innovation, la connaissance de l'entreprise n'est en rien négligeable. La technologie est une chose trop sérieuse pour la laisser aux techniciens. Chaque innovation doit être accompagnée en fonction d'une connaissance raisonnée de l'entreprise. Si l'on veut que l'investissement matériel soit rentable, il faut un investissement immatériel qui le soutienne. Ce n'est ni luxe ni superflu. L'âme de l'entreprise réagit à tous les mouvements.

En effet, lorsque je pose la question : « Les entreprises ont-elles une âme ? », je ne veux guère affirmer que la réponse positive est une garantie indéfectible pour l'avenir. L'affirmation que l'entreprise a une âme indique un programme de connaissances à acquérir. L'âme pourrait-elle constituer un frein à l'innovation sociale ou technique ? C'est ce qu'exprime mieux, à notre sens, la notion d'identité, dans la mesure où elle dit l'absence de mouvement.

C'est justement lorsque les entreprises ont une âme qu'elles réagissent et agissent, résistent ou se meuvent. Le principe en est simple : on ne fait pas n'importe quoi, n'importe comment, n'importe où, n'importe quand. La vision des spécialistes de l'informatique est techniquement qualifiée, mais on ne peut leur demander, du fait même de la grande multiplicité de leurs clients, d'adapter les nouveaux matériels à la spécificité d'une entreprise. Leurs compétences commencent avec le matériel et s'arrêtent au mieux à la formation.

Pour diriger par ailleurs une entreprise qui tente d'assurer des prestations PAO sophistiquées, je sais qu'il lui manquera toujours la connaissance en amont qui assure le succès de l'investissement opéré par le client. C'est pourquoi l'implantation de micro-ordinateurs devrait toujours se faire en collaboration avec des spécialistes de l'âme de l'entreprise cliente et donner lieu quelque temps après — de dix à quinze mois — à une évaluation systématique des progrès, résistances et retards constatables.

C'est justement parce que cet outil est l'objet d'un investissement nécessaire qu'il faut savoir prendre les moyens de son optimisation. Il faut, là encore, comme le souligne bien le rapport Riboud, lutter contre une illusion techniciste qui, soit voit dans les nouveaux outils une cause mécanique d'augmentation de la productivité, soit reporte sur l'incompétence ou les problèmes psychologiques des individus l'échec de cette mécanique. Dans l'introduction de nouvelles technologies, la responsabilité des errements en revient toujours aux responsables des ressources humaines, de la communication et, en dernière instance, à la direction générale qui a pris une décision ponctuelle d'innovation sans l'accompagner du dispositif nécessaire. En l'occurrence, l'introduction de la micro-informatique ne pouvait être réalisée sans tenir compte de la situation spécifique d'Elf-France.

9. Administrations inanimées : aurez-vous donc une âme ?

Mon propos porte sur l'entreprise, mais du fait que j'ai vécu dans cinq administrations différentes avant de créer des PME, je voudrais faire quelques réflexions très partielles sur ce qui les rend inanimées. Je ne crois pas du tout à la fatalité du statut de fonctionnaire. Il est seulement une difficulté supplémentaire qui d'ailleurs pourrait se retourner en son contraire si l'on réfléchissait davantage sur la notion de « service public ». Dans le monde de l'État et dans l'imaginaire qu'il traîne comme un boulet, les mots ont souvent perdu leur sens : ainsi l'impôt n'a plus rien d'une contribution pour être devenu seulement une ponction, une taxation ; de même les ministères et organismes publics sont devenus des administrations de fonctionnaires beaucoup plus que des « services publics ». Mon excursion dans le privé ne me conduit pas du tout à penser qu'il faille supprimer ou réduire les fonctionnaires, ni que ce soit une faiblesse d'en embaucher. Je suis par contre convaincu qu'il faut donner une âme à maints organismes scientifiques et administrations. Mais je ne vois pas qu'on prenne le chemin de cette animation.

De l'irresponsabilité des fonctionnaires

Il est vrai que la relation d'une entreprise privée avec un ministère relève du chemin de croix. La toute-puissance des contrôleurs financiers et des puissances politiques détruit la responsabilité des hommes. Les délégations sont dérisoires et les décisions toujours suspendues à une quantité de signatures tout à fait démente. Combien de fois n'obtient-on pas un accord oral, des engagements fermes qui tout à coup sont contredits par une instance supérieure invisible derrière laquelle doit s'abriter notre interlocuteur qui n'y peut rien ?

Les politiques manquent de courage face aux problèmes qui se posent à l'administration. Tout se passe dans un climat de méfiance généralisée qu'une entreprise privée ne pourrait guère se permettre. Je crois, à ce propos, que la moralisation du financement des partis politiques est tout à fait essentielle. Je prêche sans hésitation pour un angélisme qu'on m'a souvent reproché : aucune concession n'est possible, car c'est le prix qu'il faut payer pour transformer véritablement l'administration. J'ai personnellement été très déçu de voir la gauche jouer le même jeu après 1981, sous prétexte que la droite ne s'était pas gênée pendant vingt ans. Chacun sait bien que Nucci n'a pas eu de chance et qu'il y a plusieurs Nucci par ministère dans certains cas. Il est inadmissible que des postes soient fictivement occupés pour financer un travail effectué en fait dans un parti politique : cela a été vrai de certaines créations de poste au CNRS en 1981, d'un fictif commissaire-adjoint du Plan, et je n'ai pas supporté de subir des pressions très fortes au ministère de la Recherche pour financer le projet d'études déposé par la femme d'un ministre actuel ou celui d'un cabinet qui avait fait gratuitement des études électorales sur Paris pour le PS. Tout cela est monnaie courante, et il n'est pas dans mon intention de faire quelque révélation que ce soit. Je pense simplement que les politiques ont de lourdes responsabilités dans la dégradation de certains ministères.

Qui dit confiance dit naturellement sanctions en cas de fautes. Mais l'essentiel est de davantage comprendre les besoins des fonctionnaires et de les satisfaire sans soupçonner sans cesse des détournements ou de la mauvaise foi. Il faut donc que les politiques s'entendent pour supprimer d'eux-mêmes ces deux éléments qui minent nos administrations.

Quelle gestion des hommes ?

Sans doute ces remarques restent-elles encore superficielles. L'essentiel se joue certainement dans la gestion des hommes. Il est tout à fait invraisemblable que des administrations qui gèrent des milliers de personnes ne soient même pas dotées d'une direction des ressources humaines. Il faut en effet un double mouvement : d'une part, créer une véritable gestion des ressources humaines, d'autre part, rendre chaque chef de quelque chose responsable des gens qui travaillent avec lui. Le projet paraît simple, il est en fait très difficile dans l'administration. Dans le premier cas, il existe tout au plus une direction du ou des personnels qui gère les salaires, les embauches, les départs, etc. La notion de ressource humaine est presque comique dans un ministère. Pour bien connaître le ministère de la Recherche, dont l'organisation est particulièrement ubuesque, je ne peux que constater un niveau de gestion des hommes très inférieur à n'importe quelle entreprise privée. Seul le statut assure une sauvegarde mais permet en même temps d'éviter toute réflexion et tout développement social. Jamais le moindre entretien annuel, la moindre gestion de carrières, la moindre réflexion sur le recrutement. Un ministère de la Recherche est un ministère qui programme des recherches sur tout, sauf sur lui-même. Certes il existe parfois, et de plus en plus, un embryon de communication interne, mais on raisonne plus en termes de supports que d'objectifs, et il n'y a pas de message dans le canal. Quant à la gestion très concrète des hommes, les chefs, dans les ministères, n'y sont guère préparés et ne suivent jamais la moindre formation pour cela. Ils remplissent rituellement une évaluation annuelle dont ils savent par avance que son impact sera nul. Aucun chef de service ne peut sérieusement gérer des hommes et des femmes qui lui sont imposés et dont il ne parvient jamais à se débarrasser si cela est nécessaire. Tout cela crée des dysfonctionnements importants.

Les focalisations inexistantes

Il faut effectivement reconnaître que, dans un ministère, les gens ne savent pas très bien pour quoi ni pour qui ils travaillent. La notion de service public est très obscure et très absente. La démobilisation est donc générale, et le professionnalisme des différents métiers n'est absolument pas assuré par une formation quelconque.

Ceci n'est pas seulement vrai pour les ministères. Prenons le cas du CNRS à partir d'un symptôme significatif. Le sentiment d'appartenance y est très peu développé. De l'extérieur on pourrait penser qu'il existe une certaine fierté, mais seule la recherche personnelle, et souvent individuelle, focalise l'attention. Combien de fois ai-je vu à *Apostrophes*, ou lors d'émissions scientifiques et médicales, ces chercheurs du CNRS ne pas indiquer leur appartenance ! Ils sont adulés en tant que membres d'un autre cercle — comme l'institut Pasteur par exemple — mais il ne leur vient pas à l'idée d'indiquer qu'ils sont des hommes du CNRS. Sur cet exemple on voit bien tout le lien qui existe entre l'image interne et l'image externe : c'est la faible capacité de l'engagement des chercheurs ou ITA (Ingénieur, Technicien, Administratif) qui produit l'image très contrastée du CNRS, car le grand public croit généralement que les succès obtenus l'ont été par d'autres.

En fait il manque tout à la plupart des organismes publics : stratégie long terme, définition de la mission, gestion des ressources humaines, communication interne de qualité. Prenons pour exemple le musée de La Villette. Lorsqu'il prend la présidence de cette institution encore jeune, Roger Lesgars déclare : « Il faut donner une âme à La Villette. » Au moins a-t-il le mérite d'annoncer une volonté politique qui fait défaut. Encore faudra-t-il prendre les moyens de cette volonté. Or, ministères et organismes publics renoncent à se connaître. Là encore, les entreprises vont beaucoup plus loin. Point de veille sociale, d'écoute interne, d'analyse d'image chez eux.

On pourrait arguer que n'étant pas tenus à des performances, ni confrontés à une concurrence, ils n'ont pas à améliorer leur productivité ni à mobiliser leurs ressources. Outre que cet argument me semble spécieux s'il y a vraiment une mission de service public bien définie, je pense que la vraie raison n'est pas là. Cette inertie, cet abandon défaitiste sont surtout le fait des politiques et de la haute fonction publique. Il faudrait que ces organisations soient dirigées par des hommes qui pensent à autre chose qu'à leur poste prochain, qui soient occupés par autre chose que par l'extension de leur territoire, qui laissent les préoccupations partisanes au seuil de leur bureau. Je crois que Michel Rocard va défendre un vrai projet dans ces domaines, mais là encore je ne suis pas sûr qu'il puisse en prendre les moyens ; je crains que les diverses relations propres à chaque ministère n'entament cette belle idée par des recours pervertis à des bureaux d'étude dont le choix serait plus politique que méthodologique.

Il faudrait faire l'ethnologie de quelques organismes ou ministères comme nous avons pu le faire chez Évian, Sodexho, Louis Vuitton ou Badoit. Avant de parler de projet, il faut apprendre à connaître, à comprendre la façon dont tout cela fonctionne. Il faut que cessent tous ces discours critiques et polémiques qui ne s'attachent qu'aux symptômes : car il est vrai que chacun a dix exemples de cas ubuesques, de secrétaires inopérantes, de chargés de mission touristiques, de gestion politique. Michel Durafour et Michel Rocard pourraient faire avancer les choses. Des commissions ont été mises en place qui risquent d'enterrer cette volonté. Il faut donc commencer par la connaissance, une connaissance méthodique et sérieuse, rigoureuse et non idéologique. Il faut créer un choc, montrer une volonté inébranlable : imaginons l'effet d'annonce, dans un ministère comme celui de la Recherche, d'une immersion ethnologique. Un spécialiste des Papous ou des Dogons viendrait analyser le fonctionnement de cette société bizarre. Cela marche dans les entreprises, pourquoi ne pas faire preuve d'un peu d'audace ?

Premières hypothèses

Si je ne crois pas en la fatalité de cette déshérence, c'est qu'il existe quelques hypothèses que l'on voit à l'œuvre dans les organisations privées ou parapubliques. De Closets a bien mis l'accent sur quelques mécanismes autodestructeurs et, en ce sens, son rapport est essentiel. Mais, à mon sens, il sous-estime l'importance de la connaissance qu'il faut acquérir préalablement pour passer aux plans d'action et résoudre les problèmes, organisation par organisation et ministère par ministère. Quelques macromesures peuvent être prises, mais chaque cas doit faire l'objet d'un investissement particulier.

Il faut donc construire des focalisations qui définissent une identité et donnent une âme à ces organisations. Je les conçois autour de trois concepts : définition d'un service public spécifique, gestion des ressources humaines et communication interne, responsabilisation spécifique de la hiérarchie. Certes, il faut revaloriser cette notion de « service public » et lutter contre le discrédit qui, stupidement, s'accroît au rythme de la revalorisation de l'entreprise. Mais il faut aller plus loin et toujours spécifier la mission. L'objectif est simple, il est le même dans une entreprise : chacun doit savoir en quoi son poste, sa fonction, sa personne sont indispensables au fonctionnement de l'organisation. Il n'y a pas d'âme si le salarié ne peut répondre à la question : « A quoi est-ce que je sers ? » Ceci suppose de véritables directions de ressources humaines professionnelles et pas seulement « une direction des personnels ». Enfin, les directeurs d'administration centrale doivent être de véritables patrons, sachant déléguer, décider et faire décider. Sous la IVe République, les directions stables en deçà de la valse des ministres jouaient parfois ce rôle. Il ne faudra pas annoncer des mutations et nominations sans définir des missions et considérer que la gestion même des hommes constitue un élément primordial dans l'évaluation de l'action d'un directeur.

Tout ceci passe par une politique de recrutement forte et bien pensée. J'ai toujours été étonné de la légèreté avec laquelle on recrutait dans la fonction publique. Quand on réfléchit au paquet d'argent que l'on met sur la table lors d'un recrutement, cela vaudrait la peine d'y penser un peu. Dans les grandes entreprises privées, le recrutement d'un cadre revient de 80 000 francs à 350 000 francs, tant l'on connaît l'enjeu de ce recrutement. Nous avons vu dans le chapitre consacré à Michelin à quel point l'éthique passait par les procédures de recrutement et quel investissement il fallait développer, y compris pour les non-cadres ; pourtant, aucun statut analogue à celui du fonctionnaire n'engage autant dans le temps. Dans la fonction publique, le système des concours ou des postes contractuels fait presque totalement l'impasse sur une réflexion minimum concernant le recrutement. Mais le recrutement lui-même fait partie de la gestion des ressources humaines.

Je ne suis pas certain que les responsables politiques mesurent exactement l'état de certains ministères. Fréquentant encore le ministère de la Recherche, j'y retrouve les mêmes problèmes qu'il y a cinq ans, les mêmes conflits qui grippent l'appareil et la même déréliction. Les secrétaires et assistantes changent de patrons sans discernement ; l'effet est patent : le service rendu est toujours de mauvaise qualité. Et la plupart des chercheurs s'interrogent sur la capacité à consommer du budget. L'absence de toute gestion des femmes et hommes qui exercent des fonctions surtout subalternes induit un fonctionnement catastrophique et sans la moindre humanité. On devrait évaluer les standards des ministères et leur accueil, mais ne pas reporter sur les personnes ce qui est, avant tout, une absence de gestion. Si j'insiste sur cet exemple du MRT, ce n'est pas pour clouer ce ministère au pilori. Mais il est un cas d'école. Créé en 1982, ce ministère avait apparemment tous les atouts : la recherche était revalorisée, les assises nationales indiquaient un projet pour la nation, mais l'organisation n'a pas suivi ; des impératifs politiques, un jeu compliqué sur l'équilibre politique des pouvoirs, des haines latentes entre directions, tout cela avait de quoi démobiliser un personnel désorienté.

C'est pourquoi je maintiens qu'il faut non pas faire des organisations administratives des entreprises, mais utiliser des techniques simples puisées dans la gestion des entreprises et qui ne remettent en cause ni le secteur public en tant qu'il assure un service public, ni le fonctionnaire qui doit, dans notre société, être conforme à son concept de base. Un investissement nécessaire doit accompagner la volonté politique, mais pour que chaque organisme ait une âme, il faut l'identifier, connaître son identité avant de procéder naïvement à des augmentations beaucoup plus coûteuses qui n'animent en rien l'organisation.

DEUXIÈME PARTIE

LES ENTREPRISES ONT-ELLES UNE ÂME ?

1. La notion d'âme de l'entreprise

Les quelques exemples qui précèdent constituent à la fois des résultats d'analyses mises en œuvre et la matière qui conduit à approfondir la réflexion théorique. En effet, l'entreprise met en jeu des rapports, des mouvements, des processus qui présentent un défaut de conceptualisation. L'obnubilation sur les pratiques et les décisions cantonnent dans un discours général les éléments qui doivent être pensés. Quelques dirigeants ou syndicalistes évoquent « l'âme de l'entreprise » — pêle-mêle, François Périgot, les salariés des GAN, le président de La Villette —, mais cette allusion reste incantatoire.

Je crois qu'elle exprime quelque chose d'essentiel que l'on peine à appréhender. Les pages qui suivent constituent l'ébauche d'une réflexion qui demande encore à être enrichie par l'expérience et par la confrontation de réalités nouvelles. Si je pense que « l'âme » est un bon concept, efficace et pertinent, je crois aussi qu'il faut le défaire du halo magique qui l'entoure et qui pourrait le faire rejeter du côté de l'irrationnel.

Hypothèses

Les hypothèses théoriques que j'avance ici seront appliquées à l'entreprise et sont de deux ordres :

En premier lieu s'impose la référence à Spinoza en ce qu'elle conduit à une démarche de connaissance. On peut d'ailleurs considérer que la démarche inaugurale des sciences de l'homme relève généralement d'un principe spinoziste de commencement. En effet, en leur principe, les sciences de l'homme et de la société ont vocation à être utiles. Dès leurs débuts, elles ont eu pour but de mieux connaître leurs objets en postulant le principe du déterminisme afin d'identifier des lois et des règles qu'il faudrait comprendre pour mieux les maîtriser. Ainsi, lorsque Durkheim choisit d'écrire sa thèse sur le suicide, il s'agit de doter les hommes d'un instrument de connaissance qui leur permette de dévoiler les causes de type sociologique sur lesquelles il serait ensuite possible de jouer. Il en est de même lorsqu'on prétend aborder par des méthodes similaires la question de l'âme de l'entreprise : se connaître c'est d'abord se donner les moyens d'agir *en toute connaissance des causes.*

En second lieu j'utiliserai la méthode d'analyse retenue par Montesquieu dans *l'Esprit des lois* pour distinguer et classer les types de gouvernements. En effet, toute l'originalité de la classification que Montesquieu développe réside dans une rupture qu'il faut également opérer avec les typologies classiques concernant les modes de direction ou d'exercice du pouvoir dans l'entreprise. Avant lui, on définissait le gouvernement par sa *Nature*, c'est à dire par la réponse à la question : Qui gouverne ? Est-ce un seul homme sans lois ni règles (*despotisme)*, un seul selon des lois fixes et établies (*monarchie)*, le peuple en corps (*démocratie)* ou en partie (*aristocratie)* ? Mais ces définitions restent purement formelles, elles ne disent pas ce qui fait fonctionner le gouvernement et l'État. C'est pourquoi Montesquieu introduit la notion de *Principe*[1].

Cette notion nouvelle, il l'appelle aussi tantôt *ressort,* tantôt *passion dominante,* tantôt *âme.* Le principe, c'est *ce qui fait agir.* Autant dire que le principe est l'élément déterminant de tout État conçu comme une totalité nature/principe. Montesquieu va jusqu'à parler de sa « suprême influence ».

Le principe est conçu comme l'intégration ou la sommation de multiples éléments matériels qui font la vie des peuples : la nature du terrain, le relief, la taille de l'État, le commerce, le développement économique, la religion, les mœurs et coutumes, le climat, etc.

J'utiliserai un raisonnement analogue en ce qui concerne l'entreprise. Je m'intéresserai moins à sa nature qu'à son principe, moins à sa forme d'exercice du pouvoir directorial qu'à ce qui rend possible cet exercice. Montesquieu dit le mot, sans être métaphysicien : *le principe, c'est l'âme*. Sans trancher encore entre les concepts, la culture de l'entreprise, son principe, c'est son âme. C'est ce qui la fait être ce qu'elle est, ce qui la fait agir, cet irréductible qui fait qu'elle reste singulière par-delà les modélisations. Je reprendrai cette notion jusqu'en cette idée : il s'agit bien de la sommation d'éléments historiques très divers qu'il faut analyser. L'entreprise ne renaît pas à chaque décision de stratégie, de fusion ou de restructuration.

La notion de principe ou d'âme, empruntée à Montesquieu, oblige à prendre en considération le temps et l'espace. De même que le concept de société ne peut seulement désigner le capital social, les fusions, diversifications et restructurations ne peuvent se réduire à des opérations sur le capital. La réussite économique de telles opérations dépend d'abord de la capacité que l'on donne à analyser les principes épars qui permettront de construire le principe unificateur. *L'autorité financière, impuissante, est lourde d'illusions dangereuses.*

Allons plus loin : Montesquieu traite de la corruption des gouvernements et montre que le devenir des États est toujours lié à la contradiction qui apparaît entre la nature et le principe. De même quand, à l'occasion d'une introduction de nouvelles technologies ou du rachat par un groupe industriel, l'entreprise change indûment de méthode de management, modifie ses règles de fonctionnement ou touche à des tabous profondément enracinés, la contradiction apparaît qui fait se corrompre l'ensemble. Montesquieu reconnaissait que les exemples historiques étaient bien inutiles aux gouvernements. L'histoire n'enseigne qu'une seule chose, c'est qu'elle n'enseigne rien. Il pensait que la démonstration théorique était d'un autre pouvoir, que la connaissance était une vertu, une force au service de gouvernants éclairés. Je pense aussi qu'il n'y a pas une typologie des méthodes directoriales qui permette une hiérarchisation desdites méthodes. Les classifications formelles dégénèrent toujours en classements intempestifs et idéologiques. Ce qui compte, c'est la totalité nature/principe, l'adéquation du management et de l'âme de l'entreprise.

Le concept d'entreprise

Il n'est pas possible de tenir un discours sur « l'âme de l'entreprise » sans analyser plus rigoureusement le concept même d'entreprise. L'histoire en a été faite magistralement par Hélène Vérin[2] ; elle y montre toutes les sédimentations historiques qui mènent du « délit d'entreprise » (ou d'« emprise ») à la valorisation contemporaine de l'entreprise. Dès le discours cartésien, les notions de risque, de liberté, de responsabilité, d'aventure sont comme des ingrédients de ce concept nouveau. Néanmoins ce concept d'entreprise est trompeur, comme celui de la « libre entreprise ».

Il faut, pour procéder rigoureusement, se situer en rupture avec des pratiques rhétoriques elles mêmes trop idéologiques et marquées par le temps. La notion d'entreprise renvoie au concept de l'entrepreneur et se définit à partir de lui seul.

Une entreprise, c'est l'affaire d'un entrepreneur. Comme l'affiche tous les mois le journal de la Confédération des Petites et Moyennes Entreprises, *La Volonté :* « Dirige celui qui risque ce que les dirigés ne veulent pas risquer ». L'emploi paraît alors mineur au regard des capitaux et la direction repose toujours sur une démission collective. Et pourtant, une entreprise qui marche ne marche pas comme un seul homme ; il faut qu'elle fonctionne autrement que sur une base purement négative, telle la seule terreur du chômage. D'un certain point de vue, lorsque l'autogestion était un terme à la mode, on n'a pas assez vu que son contenu consistait en une dissémination de l'esprit d'entreprise à travers tout le corps de l'entreprise elle-même. C'est à dire ce que recherchent les meilleurs managers d'aujourd'hui lorsqu'ils essaient de renforcer les processus d'identification ou le sentiment d'appartenance. Il n'est donc pas étonnant qu'un apôtre politique de l'autogestion comme Michel Rocard ait souvent des propos qui évoquent une certaine proximité avec le libéralisme. L'autogestion, qui n'est restée qu'un concept, consiste précisément à faire partager des valeurs dont le chef d'entreprise se pensait être le seul dépositaire.

Mais pour en revenir à la notion même de l'entreprise, nous constatons que cette notion ne renvoie qu'à la nature de l'entreprise et non à son principe. Son principe réside en un mot dont l'usage est paradoxal dans le monde des affaires, le mot *« Société »*. Paradoxalement, en effet, ce mot ne désigne en général que l'association des capitaux : une entreprise est une société de capitaux. Tous les termes juridiques vont d'ailleurs à l'encontre de l'idéologie libérale : *Société anonyme*, *Société à responsabilité limitée...* Or, une entreprise, c'est d'abord une société d'hommes. Sans doute la chronologie des événements (création, démarrage) met-elle à juste titre l'accent sur le rôle du chef d'entreprise.

Mais le but de tout créateur, c'est de faire de son entreprise une société. La croissance passe par la socialisation du concept d'entreprise. La notion de *groupe* serait plus satisfaisante si elle faisait effectivement référence au groupe des hommes qui constituent le groupe au sens capitaliste du terme.

Je souhaiterais donc inviter à une subversion du langage commun des affaires en insistant sur le fait que l'entreprise est d'abord une société ou un groupe. Pour parler plus justement, *une entreprise est toujours une société à entreprendre, un groupe à constituer.* Il ne s'agit pas là d'une prénotion de type idéologique ou politique mais d'un constat simple, au seuil de l'évidence, qui fonde les notions mêmes de culture, d'âme ou d'identité. Ce sont des notions qu'il conviendra d'aborder afin d'éclaircir les concepts ici en jeu, lorsque nous aurons précisé le sens de la question posée : *Les entreprises ont-elles une âme ?*

Le sens de la question

Cette question ne relève pas d'une « métaphysique du management », mais du management lui-même. En effet, connaître l'âme de l'entreprise induit des effets sur trois dimensions de la vie de l'entreprise : la **stratégie**, la politique de **communication** globale et la gestion des **ressources humaines**. La connaissance en elle-même serait vaine si elle ne débouchait pas sur des plans d'action. Pour que cette connexion avec l'action soit possible, il faut qu'elle existe dès le départ, dès le début de l'interrogation.

Les **choix stratégiques** d'abord : ils dépendent étroitement de la capacité d'une entreprise à digérer une culture différente, à l'assimiler.

L'échec des stratégies de conglomérat n'a pas été pur effet d'une diversification mal maîtrisée financièrement ou économiquement. Il est souvent du à l'écartèlement des cultures et des métiers, à l'impossibilité de gérer en même temps des horizons trop lointains. On en déduira des principes d'organisation comme la proximité nécessaire du DRH et de la direction générale.

C'est ainsi que l'ont compris des groupes comme BSN ou Casino en faisant du DRH un DGRH (directeur général des ressources humaines[3]). Il n'est cependant pas évident que toutes les variations sémantiques sur les appellations d'origine « fonction personnel » soient toujours contrôlées. L'essentiel n'est pas ici dans le mot mais dans la place très précise à l'intérieur du système d'organisation, de prise de décision et de communication. Au contraire, dans un grand groupe de distribution, le directeur de la formation n'a pas le droit de prononcer le mot « stratégie ».

La **communication** ensuite : elle doit, comme son nom l'indique, rendre *communes* les choses les plus diverses. Elle ne peut se fonder sérieusement que sur une excellente connaissance des récepteurs et doit jouer un rôle actif dans tous les processus d'identification à l'entreprise ou de stimulation des motivations. Elle doit également mesurer tout l'impact de l'image externe, de la communication externe sur la société que constitue l'entreprise elle-même. Maints conflits récents montrent assez que la contradiction mène tout droit au conflit social.

Ce fut sans doute le cas d'Air Inter en 1987. La mise en place d'une direction de la communication n'a intégré que la préoccupation de la communication externe. Le hiatus s'est creusé entre l'interne inexistant et l'externe massif : des résultats brillants furent annoncés par le P-DG pour l'exercice 1986 et des pubs rutilantes excluaient toute présence du personnel, alors que l'augmentation des salaires était limitée au strict minimum imposé par l'État. Les conflits à répétition prennent racine dans ce type de décalage. D'autant plus que les lignes de fractures entre les catégories de personnel sont conçues par la direction comme une fatalité : l'âme n'y a pas sa place.

La gestion des **ressources humaines** enfin : elle doit préparer la modernisation de l'entreprise[4] en fonction des représentations dominantes dans l'entreprise elle-même. Il n'existe pas de recettes opératoires en dehors de la singularité que constitue l'entreprise elle-même.

L'exemple du groupe PSA est sans doute un des plus significatifs. Le changement radical de la politique des ressources humaines menée dans les anciennes entités Peugeot et Citroën est sans aucun doute à l'origine des succès économiques actuels. Le cas est patent pour l'opération Isoar menée à Mulhouse en matière de robotisation. Mais les conflits les plus récents montrent qu'il ne suffit pas d'une bonne technique d'introduction des nouvelles technologies. Il est nécessaire de connaître l'entreprise dans ses ressorts les plus intimes pour ne pas déconnecter une belle opération de l'ensemble des logiques de comportement et de représentation qui font la spécificité d'une entreprise.

Autrement dit, le propos quelque peu théorique recouvre des enjeux excessivement pratiques : outre ces trois fonctions essentielles pour le succès de l'entreprise, le problème posé nécessite une réflexion sur l'organisation et doit inciter à engager les études nécessaires pour mieux identifier cette âme peu métaphysique.

On voit donc qu'il n'est pas sérieusement possible d'extrapoler du macro-social au micro-social, de la société prise en son entier à la société spécifique que constitue l'entreprise. La méthode qui consiste, en partant de typologies sommaires, à évaluer des distributions comportementales à l'échelle de la société pour les transférer, selon un isomorphisme simpliste, à l'échelle d'une entreprise, est contredite implicitement tout au long de mon analyse. Une entreprise est faite d'histoire, d'histoires, de métiers, de cultures, tous éléments qui falsifient l'opération susdite. Certes, cette approche oblige à des analyses plus qualitatives, mais elle a le mérite de prendre l'entreprise comme telle, en son essence et son fonctionnement propres, et non à partir de données quantitatives purement et simplement venues d'ailleurs.

Concepts génériques

La notion de culture d'entreprise

La notion de culture d'entreprise est maintenant bien répandue. Comme le soulignait déjà Hegel à un autre propos[5], il ne suffit pas d'énoncer le phénomène de mode qui l'entoure pour dénoncer la notion elle-même. Il en est de ce concept comme de tous les concepts : son extension est inversement proportionnelle à sa compréhension[6]. La diffusion d'un concept s'accompagne toujours d'une flexibilité de son contenu. Mais la diffusion en elle-même prend un sens qui nous semble très positif. En effet, si la notion de culture d'entreprise a réussi une percée dans notre pays, ce n'est pas seulement du fait de la fascination exercée par les modèles anglo-saxons.

On peut expliquer sa prégnance actuelle par deux séries de raisons assez différentes. En premier lieu, la cause efficiente réside dans les modifications profondes de notre appareil productif. Les fusions, restructurations, rachats, concentrations se sont heurtés, ici et là, à des phénomènes imprévus. On constate aisément dans les entreprises le poids de l'histoire et la diversité des comportements, les résistances au changement et le désir de continuité. La baisse d'influence des syndicats n'autorise plus le seul procès d'intention. La défense des acquis ne se réduit plus à la multiplicité des corporatismes. La culture d'entreprise existe donc parce qu'on l'a rencontrée.

Les politiques d'homogénéisation ne suppriment pas les discours : dans un groupe pétrolier comme Elf-Aquitaine, l'homme « Antar » n'est pas l'homme « SNEAP ». Les faits sont têtus et l'entreprise finit toujours par les reconnaître comme tels, ou elle finit tout court.

On pourrait ici multiplier les exemples qui montrent à l'envi les problèmes posés par les fusions et restructurations. Il faut y ajouter les diversifications par croissance externe qui renvoient, à terme, aux mêmes types de difficultés, surtout lorsque se superposent à la diversité des entreprises les différentes cultures nationales.

Il reste à expliquer pourquoi on a recouru à ce concept de culture en ces États-Unis où le mot paraît souvent incongru, et pourquoi on y a recours aussi dans notre pays où la culture se déploie en de tous autres sens, et si loin de l'entreprise. Le concept même de culture, dans l'expression « culture d'entreprise », semble marqué par un détour allemand. Il désigne plus la culture-civilisation que la culture de l'homme cultivé. Mais son ambiguïté demeure ; ainsi, la notion de culture d'entreprise participe de la revalorisation générale de l'entreprise telle que chacun l'a constatée depuis quelques années. Désignant un ensemble complexe de phénomènes sociaux, de nature transmissible, qui présentent des caractères religieux, moraux, techniques, esthétiques, scientifiques, communs à une société particulière, la notion de culture reconnaît l'entreprise comme une entité sociale susceptible de produire ses propres représentations.

On parle même désormais d'*Audit de la culture d'entreprise*[7]. Les conséquences de l'introduction de ce concept ne sont pas négligeables : certaines entreprises y ont vu la nécessité de développer la connaissance de soi. Mais le mouvement est encore très limité. Je dirais volontiers que le concept de culture reste encore trop souvent une sorte de boîte noire : il est le dédoublement de la cause et de l'effet ; ne parvenant pas à expliquer des résistances, on les attribue à cette notion un peu vague dotée d'un pouvoir explicatif. La culture est alors conçue comme une sorte de « tempérament », comme l'on dit de quelqu'un que, s'il est optimiste ou pessimiste, c'est qu'il a un tempérament optimiste ou pessimiste.

Ce disant, on n'ajoute rien au fait lui-même ; on a seulement repoussé en amont l'énoncé du fait, sans aucune explication, selon le procédé suivant : Pourquoi l'opium endort-il ? A cause de la vertu dormitive de l'opium *(cf.* la *vis dormitiva* de Hegel[8], *le dédoublement de la cause et de l'effet* chez Nietzsche[9] ou encore *le passage des volitions au concept de volonté* chez Spinoza[10].)

La véritable connaissance de la culture : l'ethnologie

Autrement dit, il manque souvent aux entreprises françaises le désir de connaître (*lorsqu'il s'agit d'exporter*), et en particulier de *se* connaître. Pourtant la notion de culture est une invitation insistante à la connaissance. Son origine conceptuelle est de nature ethnologique. Or, très rares sont les entreprises qui ont entamé une démarche ethnologique, voire ethnographique. A ma connaissance, avant 1989, seule Sodexho avait accepté d'accueillir une ethnologue durant dix-huit mois[11]. Encore cette entreprise n'agissait-elle que sur financement public. Depuis, les exemples de Louis Vuitton, d'Évian et de Badoit, sur financement propre, laissent penser que certaines entreprises sont prêtes à prendre les moyens d'une investigation lourde. La notion de culture d'entreprise reste vide si l'entreprise n'est pas l'objet d'une investigation de longue durée. Son ancrage ethnologique dit assez qu'elle n'est appréhendable que par une immersion et une démarche qualitative.

On remarquera cependant que, dans bon nombre d'entreprises, l'image de l'ethnologue commence à faire son chemin en s'identifiant plus ou moins à celle du chercheur. Au contraire du sociologue, souvent censé mettre de l'huile sur le feu, l'ethnologue apparaît comme rassurant[12] : il est cet être qui regarde les sauvages se dévorer entre eux, et de ce fait on peut compter sur lui pour ne pas intervenir dans les conflits internes qui s'exhibent au sein de l'entreprise[13].

La démarche ethnologique demande pourtant à être précisée car elle peut véhiculer des ambiguïtés paralysantes.

En effet, lorsque l'ethnologue veut étudier les Dogons, les Baruyas ou les Bororos, il doit effectivement respecter les protocoles, et en particulier les espaces de pouvoir dans le village. Il sait qu'il n'y pourra demeurer qu'en s'appuyant sur les autorités existantes. De plus, on n'attend rien de lui[14] ; les services qu'il rend semblent déconnectés de sa recherche propre. Enfin et surtout, le savoir qu'il a acquis n'est jamais restitué ; il procède comme en un véritable pillage intellectuel. Il ne conseille pas sur ce qu'il a appris, même s'il peut intervenir comme infirmier ou médecin. Mais la différence la plus importante provient de l'environnement même de l'entreprise. Le peuple étudié par l'ethnologue a souvent été contacté récemment ; il est objet d'étude dans la mesure précise où il a été protégé du monde, isolé des évolutions historiques les plus générales. Au contraire, l'entreprise est sans cesse sollicitée par la concurrence, le marché, l'environnement sociétal.

La méthode est bien ethnologique, car le chercheur met en œuvre cette *science de l'ailleurs* (Levi-Strauss) pour dévoiler des éléments et structures imperceptibles par les propres acteurs de l'entreprise. Mais cette approche ethnologique doit déboucher sur des connaissances utiles ; elle doit être restituée et valorisée auprès des directions concernées. L'idée de pratiquer en entreprise une ethnologie « indifférente » nous semble à la fois illusoire et perverse.

D'une certaine manière, le discours ethnologique sur l'entreprise s'inscrit immédiatement dans l'espace de pouvoir et dans l'espace pratique de l'entreprise. On n'y doit pas voir une mainmise de l'entreprise sur un savoir qu'elle manipulerait, mais simplement la différence fondamentale des conditions de vie de l'entreprise par rapport aux populations habituellement étudiées par l'ethnologue.

Certes, je pourrais revenir sur les précautions de type déontologique qu'il faut prendre dans ce genre de démarche, mais il y a du Ponce Pilate dans le chercheur qui prétend circuler dans le fondamental, à l'écart de tous les enjeux. Pis, cette vision conduit à une dévalorisation de la recherche elle-même.

L'intérêt de la démarche ethnologique doit être explicité. D'abord, l'ethnologue regarde les gens faire, alors que toutes les autres méthodes les écoutent parler ou leur font remplir des questionnaires ; ensuite, l'ethnologue, du fait même de son immersion, appréhende avec beaucoup de précision la relation travail / hors travail : il vit les trajets, les week-ends, les fêtes locales, tout l'environnement culturel d'une entreprise. Il saisit les rumeurs, suit leur cheminement. En ce sens, il apporte des connaissances très précieuses sur l'âme de l'entreprise dans sa composante culturelle.

La notion de culture est plus importante par ses effets sur les représentations — et donc sur l'organisation — que par le désir de connaissance qu'elle suscite. Elle participe du mouvement général entamé il y a quelques années, qui consiste à revaloriser la fonction « personnel » en la nommant de façons plus positives. Les variations sémantiques sur ce poste même sont significatives de la transformation d'une fonction que le concept de culture contribue à associer aux décisions stratégiques dans les meilleurs des cas.

La pénétration de la notion de culture demande cependant à être plus opérationnelle. C'est pourquoi nous proposerons la substitution d'un concept différent.

Le rôle de l'histoire

C'est sans doute par le biais de l'histoire[15] que les entreprises françaises ont le plus développé la connaissance qu'elles ont d'elles-mêmes. L'histoire jouit d'un prestige et d'une neutralité qui ont eu des effets positifs sur la démarche de nombreuses entreprises françaises.

Utilisant en général quelques dirigeants au-delà de la retraite et mettant en place des procédures plus ou moins lourdes[16], ces entreprises ont quelquefois produit des travaux à caractère réellement scientifique.

Or l'histoire est effectivement un élément décisif pour l'appréhension de la culture d'entreprise. Elle est une méthode particulière d'investigation, qui permet d'accumuler les informations nécessaires. Mais elle n'est pas suffisante. Trop souvent, d'ailleurs, la période d'investigation est limitée et on évite de trop s'approcher de l'actualité brûlante[17]. Parfois également, le financement de l'histoire relève presque du mécénat, voire d'un mécénat quelque peu narcissique. Il reste assez rare de voir l'histoire utilisée à des fins stratégiques. Ceci est bien naturel dans la mesure où précisément il faut une médiation entre l'approche historique et les éléments de connaissance opérationnels. Cette médiation peut résider dans des concepts nouveaux qui font l'objet de ma réflexion[18].

Parmi les entreprises qui se sont lancées dans une démarche scientifique en ce qui concerne leur propre histoire, on peut signaler notamment Le Bon Marché, La Belle Jardinière, Elf-Aquitaine, Total, Renault, EDF, Badoit et surtout Saint-Gobain, dont le centre de Blois constitue un événement dans l'histoire d'entreprise.

En fait, l'histoire est immédiatement active lorsqu'elle est conçue en termes de communication. Il ne s'agit plus alors d'une histoire proprement scientifique mais d'un savoir historique d'abord conçu pour être diffusé aux salariés et cadres de l'entreprise. L'histoire s'intègre alors, de façon souvent très efficace, dans les processus d'identification développés au sein de l'entreprise.

Telle est, par exemple, la démarche choisie par BSN avec un numéro spécial de sa revue *Images du groupe*, par Promodès avec un livre presque luxueux à usage en grande partie externe, ou par d'autres entreprises à l'occasion d'un anniversaire.

L'histoire est également valorisée en communication externe par l'édition de livres de communication ou de prestige, qui sont comme la vitrine de l'entreprise. Ce sont cadeaux de fin d'année, promotion de l'entreprise ou de son chef historique.

L'histoire est alors un outil médiatique plus qu'un instrument de connaissance. Elle est mobilisée comme un livre d'images sans que ce livre soit nécessairement écrit par des chercheurs qualifiés. Elle s'éloigne ainsi des notions que j'étudie.

Néanmoins, là encore, il convient de relever les effets positifs de cette approche qui va généralement dans le sens d'une connaissance accrue de l'entreprise. Il faut seulement veiller à ce que le désir d'une production rapide de cette histoire n'obère pas définitivement toute approche historique de l'entreprise dont le caractère scientifique fournirait un apport d'informations et de données pour une évaluation rigoureuse de ce qu'on appelle la culture d'entreprise[19].

Il faut souligner à ce sujet l'ambiguïté prégnante du mot « histoire » qui joue quelques tours à certaines entreprises. En effet, dans la langue française, le mot « histoire » définit à la fois une discipline (la science historique) et son objet (le passé) ; de ce fait, si l'on pense que l'histoire d'une entreprise détermine l'entreprise telle qu'elle est, on est souvent amené à confondre la reconnaissance du poids de l'histoire (objet de la discipline) et la nécessité de l'histoire comme démarche qui peut relever du simple récit (on raconte une histoire) ou de la démarche de connaissance.

La notion d'identité

La notion d'identité semble d'origine psycho-sociologique. Elle puise son contenu dans les travaux de Freud et de la sociologie. Autant l'ethnologie et l'histoire, comme disciplines, sous-tendaient les deux notions précédentes, autant cette double origine marque le concept d'identité. Or il convient de souligner plusieurs caractéristiques de ce concept : en premier lieu, il est sans doute le plus élaboré conceptuellement. Les travaux menés autour de l'ISA ont permis d'affiner l'analyse et de bien poser sa relation directe avec la stratégie[20]. L'approche proposée par Bernard Ramanantsoa suggère bien des parentés avec la notion de culture, dans la mesure où son vocabulaire est, à juste titre, imprégné de références explicites à l'ethnologie. Ainsi voit-on apparaître les notions de rite, de mythe et de tabou dans le développement de l'imaginaire collectif adhérent à l'entreprise. Néanmoins, cette référence ne constitue qu'un moment de l'analyse.

En effet, l'avance qu'a prise la notion d'identité sur les notions de culture et d'histoire consiste en sa maniabilité pour les acteurs. En développant le concept de l'identité, on est très vite de plain-pied avec les préoccupations de l'action en entreprise. Ainsi le concept d'identification[21] s'en déduit-il logiquement et, à sa suite, l'ensemble des procédures de focalisation (sur le leader, l'activité ou un type de comportement) qui permettent de jouer sur l'identification. De ce fait, la notion d'identité, élaborée par des gestionnaires, parle plus directement aux gestionnaires. Elle paraît moins vaporeuse que la notion de culture et peut très vite conduire à des interventions efficaces.

Il ne s'agit pas que de *mots* mais bien de *concepts* : l'identité n'est pas la culture. Les caractéristiques socioculturelles sont une catégorie de déterminants. Les autres sont bien d'ordre personnel, psychologique, voire historique. Une insistance particulière existe sur la notion d'« imaginaire organisationnel » et les productions symboliques[22]. La boucle semble donc bouclée et la démarche plus exhaustive que les deux approches précédentes. De plus, elle est corroborée par des exemples pertinents qui étayent l'analyse : néanmoins nous ne retiendrons pas ce concept. En effet, il exprime un état et un besoin de l'entreprise. Ainsi voit-on certaines d'entre elles rédiger une « carte d'identité » de façon à conforter les images externe et interne qu'elles souhaitent donner.

Il reste que le concept d'identité est un concept statique. Il rend en particulier mal compte des rapports de pouvoir internes à l'entreprise. La critique hégélienne de l'identité nous paraît toujours valide. L'identité ne peut se penser sans la différence, si l'on accepte de quitter les paradigmes mathématiques. L'identité est sans doute un rêve de l'entrepreneur et de son entreprise, mais ce rêve est précisément le produit d'un désir nocturne, du désir de résoudre sans cesse les crises d'identité qui apparaissent au fil des fusions et des restructurations, des conflits et des contradictions.

Il désigne une réalité en creux, un horizon idéal qui verraient les salariés se reconnaître sans cesse dans l'élément de leur travail. Certes, l'identité ainsi pensée n'ignore pas la différence et se construit même dans la lutte contre la concurrence, mais elle exprime mal le mouvement perpétuel qui agite l'entreprise. Le modèle de l'identification reste toujours l'image du père (patron / père étymologiquement). Le processus se réfère lui-même à des aspects trop psychologiques. **L'identité est bien élément fondamental de l'entreprise, mais dans son absence et son manque.** Le concept reste souvent opératoire, mais il dissimule trop les contradictions, ou du moins ne permet pas de les penser.

Pourquoi parler d'âme ?

Les réserves que j'émets sur les trois notions précédentes ne doivent pas faire oublier le rôle considérable qu'elles ont joué, et jouent encore, dans le progrès incontestable qu'ont fait maintes sociétés : elles ont en commun d'insister sur le caractère stratégique de la ressource humaine.

Plus encore, elles invitent à réfléchir la décision et l'action dans toutes leurs dimensions et incitent à une démarche de connaissance. Selon le principe de Machiavel déjà énoncé, le nerf de la guerre (économique ici), ce n'est pas l'argent, ce sont les hommes. L'entreprise, ce n'est pas l'entrepreneur, ce n'est même pas un « staff », un collectif de cadres dirigeants. Il faut remettre la pyramide à l'endroit. Mon analyse ne repose pas sur un discours ouvriériste ou « social » : c'est bien une question de management.

L'analyse est nécessaire aux performances et à la réussite de l'entreprise. C'est là que réside sans doute sa véritable revalorisation, c'est à dire ailleurs que dans les flatteries distribuées aux « vainqueurs » et autres « gagneurs ». Paradoxe de notre époque, les deux discours coexistent : d'un côté l'exaltation de l'aventure individuelle, de l'ambition ; de l'autre, la certitude d'une entreprise travaillée par son histoire, sa culture ou son identité. On pourrait penser que le premier discours s'adresse aux créateurs et le second aux grands groupes déjà constitués. C'est là une vérité de fait et non de droit, car l'illusion serait grande (*cf.* Spinoza) qui consisterait à penser que les concepts que nous analysons s'appliquent uniquement à partir d'une certaine taille. A l'échelle des groupes, ils sont une préoccupation essentielle car le risque est plus grand d'une dissolution ou d'une dysharmonie. Mais l'histoire, la culture et l'identité se construisent dès les commencements de l'entreprise. Les déterminations s'accumulent, les anecdotes se multiplient, les mythes s'élaborent. **La liberté de l'entrepreneur ne se définit plus par l'arbitraire.** Plus dure sera la chute de ceux qui miseront sur leur seule volonté patronale pour aborder les marchés ouverts et la concurrence croissante. Par conséquent, je ne récuse pas ces trois concepts, mais je leur préfère la notion d'une *âme de l'entreprise* qui revient au principe dont parlait Montesquieu.

Certes, la notion d'âme est de nature métaphysique, et l'on

pourrait voir dans cette notion un idéalisme, voire un spiritualisme bien désuets lorsqu'ils concernent des entités sans cesse soumises à des problèmes matériels, et dont les performances se calculent en francs, dollars ou autres espèces sonnantes. Je dois donc justifier ce concept d'un point de vue théorique et d'un point de vue pratique.

L'âme, c'est d'abord, fondamentalement, la *substance* et c'est en même temps le *mouvement*. La notion d'âme renvoie à l'*animation* (anima)[23], au *souffle qui anime*. Et l'âme n'est pas en soi déconnectée des réalités matérielles. Je serais même tenté de reprendre l'ancienne distinction épicurienne, donc matérialiste : pour Épicure et Lucrèce, l'âme est tout à fait matérielle, sans doute faite d'une substance plus ténue, plus subtile que la plupart des corps qui nous entourent, mais quand même matérielle.

Ainsi Lucrèce distinguait-il l'*anima* et l'*animus*. Or l'anima n'est guère localisée par lui dans un lieu précis du corps : elle est diffuse dans tout le corps. C'est elle qui permet la sensibilité aux corps extérieurs, qui mesure l'irritabilité et qui fait se mouvoir chaque organe ou chaque membre : si je me brûle le doigt, je souffre parce que le doigt est sensible en tant qu'il est animé ; l'anima est comme une âme périphérique[24]. L'animus est au contraire la partie centrale, concentrée dans la poitrine, le cœur, qui conçoit, qui réfléchit ou raisonne, c'est l'esprit (*mens*). **L'âme, c'est donc l'esprit *de* l'entreprise** ; cette notion se substitue à la notion d'esprit d'entreprise qui, elle, est censée habiter le seul entrepreneur. L'esprit a ses vues, ses états, comme l'âme. Ce qui fait défaut à un corps mort, c'est précisément l'âme. L'agitation de l'âme gagne tout le corps en vie.

Les entreprises qui fonctionnent ont donc une âme, et cette âme est désirante. Elle ne se satisfait pas du présent, du donné. Elle sait que pour persévérer dans son être, il faut que le désir soit l'essence[25] même de l'entreprise. L'âme n'est donc pas un concept fumeux. Mais, dira-t-on, à quoi reconnaît-on l'âme de l'entreprise ?

L'identité se reconnaît à la carte d'identité, qui est d'ailleurs faite pour cela. Au contraire, l'âme de l'entreprise semble échapper sans cesse, du fait de sa nature même. Je serais tenté de dire qu'on reconnaît l'âme de l'entreprise au fait qu'on ne la reconnaît pas...

Les marques sont là pour servir de repères mais l'âme transforme sans cesse l'entreprise et *se* transforme sans cesse *dans* l'entreprise. C'est précisément ce qui l'anime. Une entreprise sans âme meurt, se dissout, est impuissante face à la concurrence. L'âme se nourrit de culture, d'histoire, et rêve d'identité reposante. Elle vit sans cesse la contradiction des désirs et des manques, mais anime ces contradictions mêmes. Elle doit être la chose du monde la mieux partagée dans l'entreprise où souffle l'esprit.

Mais à quoi donc est utile l'image d'un concept qui demeure d'origine métaphysique ? A quoi bon penser ce qui ne se reconnaît pas ? Il convient de préciser les intérêts pratiques de la notion elle-même. Cette notion définit avant tout un *programme de connaissance*, ou mieux, *de pensée*. A vrai dire, l'âme est plus *pensable* qu'elle n'est *connaissable*. Pour la définir en quelques mots, nous dirons que l'âme d'une entreprise c'est le principe (Montesquieu) qui la fait agir, qui fait qu'elle est ce qu'elle est et n'est pas — ou n'est plus, ou ne sera pas — ce qu'elle n'est pas. L'âme est bien la sommation des éléments matériels et spirituels qu'y voyait Montesquieu : les mœurs des hommes, leurs commerces, leurs rites, leurs tabous, leurs mythes, à quoi s'ajoutent les dimensions, le climat, les terrains de l'entreprise. Le mode de direction peut bien influer sur l'âme, mais il relève plus de la nature que du principe.

Cette notion définit un programme de recherches, car souvent l'âme varie... Mais elle ne varie pas n'importe comment. Elle est déterminée par sa propre histoire et par tout ce qui est sommé en elle. L'âme est d'ailleurs également une sommation au sens militaire du terme. Elle s'impose et impose. Mais elle n'est pas une réalité distincte de tout ce qui la compose ou la produit. C'est pourquoi l'entreprise doit être observée, analysée et suivie en continu.

L'identité semble révélée une fois pour toutes. L'âme ne se livre jamais définitivement. Elle se construit dans le temps ; elle échappe aux photographies, aux instantanés, mais pas aux repérages. Il n'est pas possible de donner une définition à propos d'une entreprise singulière, car la *définition* est toujours *définitive*. Que fait une âme dans l'entreprise ? Elle parle *et il faut en analyser les discours.* Elle sent *et il faut en saisir les perceptions.* Elle agit *et il faut en développer les pratiques.* Elle bouge *et il faut en décrire le mouvement.* Elle désire *et tous ses acteurs doivent être rapportés à ses désirs.* Soyons clairs, **l'entrepreneur n'est pas, à lui seul, l'âme de l'entreprise.** Si l'animus est localisé à ses alentours, il n'est rien sans l'anima. Il en est une partie prenante, décisive sans doute, décisionnaire, comme on dit. La splendeur et la misère du dirigeant sont l'heureuse suite de ses illusions perdues.

Souvent des études courent le risque d'errer qui ne prennent en compte ni l'importance de l'âme ni l'impact des notions développées ailleurs comme la culture, l'histoire et l'identité. Prenons un exemple déjà cité : soit une étude à réaliser sur *l'introduction de la micro-informatique dans les services fonctionnels d'un grand groupe.* L'étude pourra mettre en évidence les problèmes transversaux à toutes les entreprises en cette matière (sous-utilisation des logiciels, délais de formation, problèmes de réseau, etc.).

Allant plus loin, elle identifiera des problèmes spécifiques liés à l'organisation informatique propre qui caractérise le groupe (politiques de préconisation, conflits divers entre les « organisateurs » et les « informaticiens », etc.). Mais ces deux niveaux d'analyse ne sauraient suffire ; il existe des résistances ou des enthousiasmes beaucoup plus fondamentaux et qui relèvent de l'âme même de l'entreprise : ce peut être, par exemple, une difficulté à définir très précisément sa tâche, son poste de travail, sa fonction propre dans un réseau de relations internes ou des procédures d'évaluation et de promotion qui n'intègrent pas les compétences nouvellement acquises en micro-informatique. Ces éléments constituent le résidu spécifique qui marque le processus d'introduction d'une technologie nouvelle ; ils sont un irréductible qui conditionne le désir et le mouvement de l'apprentissage.

Soulignons au passage que **l'âme de l'entreprise n'est pas un concept irrationnel** : je pense que c'est une évidence au fil de ces pages, mais il convient de le préciser puisqu'une journaliste du *Nouvel Économiste*, dans un ouvrage polémique et rapide, me classait parmi les nouveaux gourous dans un chapitre consacré à l'irrationnel. La polémique peut être réussie mais, lorsqu'elle se substitue à la bonne intelligence des choses, elle manque d'élégance.

A partir de ces quelques remarques, il conviendra de préciser ce que peut être l'apport de la recherche et du consultant extérieur. En effet, la connaissance de l'âme passe par des analyses multiples qui concerneront les objets suivants : le langage, l'éthique, les pratiques, les perceptions, les mouvements, les désirs.

Figures de l'âme

Langages

Les entreprises parlent. Elles parlent à l'extérieur et à l'intérieur. Il convient donc de relever les discours qu'elles animent et qui les animent. En effet, ces discours sont de plusieurs ordres : de l'ordre de la communication, de l'ordre du bavardage et de l'ordre de la transmission.

Par *ordre de la communication*, il faut entendre ce qui s'entend dans l'espace public de la publicité et dans l'espace privé de la communication interne. Par *ordre du bavardage*, il faut saisir les mots qui se disent en commentaires de ce qui se fait dans l'entreprise. Par *ordre de la transmission*, il faut lire l'écriture des notes qui circulent et des ordres que l'on donne.

La difficulté du décryptage vient du fait que les langages sont souvent parasités, comme tous les langages en usage dans un espace social. Ainsi, dans l'ordre de la communication, le bruit provient des agences de publicité (externe) ou de communication (interne) : elles ont leurs « créateurs », leurs recettes et tentent sans cesse d'imposer à l'entreprise des messages qui sont censés s'adapter à un marché (cible, public, sociostyles, etc.) ou à un personnel supposé. On conviendra que le bruit est nécessité de toute communication, entropie inévitable dès lors qu'une distance suppose un canal d'informations quelconque. Mais la distorsion est plus ou moins grande selon que l'on connaît, que l'on prétend connaître ou que l'on ignore carrément le récepteur trop peu souvent considéré comme un interlocuteur. Or, les dysfonctionnements d'une entreprise proviennent fréquemment de l'incohérence.

Dans un groupe important, spécialisé dans la prestation de services, les cadres dirigeants avaient concocté eux-mêmes le projet d'entreprise pour qu'il soit transmis aux autres salariés, dont 83 % sont des employés de service. L'intitulé du projet retenu était le suivant : « Progresser ensemble plus vite que les autres. » Ces cadres n'avaient pas réalisé que l'expression « plus vite » évoquerait immédiatement pour tous ces employés une accélération des cadences de travail et une moins bonne qualité de la prestation : la formulation était à revoir.

Si l'on admet que la cohérence est bien le principe premier de toute communication efficace et crédible, le décalage des bruits produit des contradictions fondamentalement nuisibles.

C'est sans doute ce phénomène qui a poussé récemment à l'éloge de la communication globale. Encore faut-il bien s'entendre — et l'expression *s'entendre* dit assez le lien entre le langage et le conflit — sur ce qui fonde le langage conçu comme *contenu* de cette communication globale.

En effet, la cohérence positive qui préside à la stratégie de communication globale n'a de sens et de contenu que si elle s'inscrit précisément en phase avec les autres formes de langage à l'œuvre dans l'entreprise. C'est pourquoi il faut connaître *les bavardages*. Le statut des parasites y est ici assez différent. Il serait excessif de prétendre que l'entreprise produit elle-même la forme et le contenu de ces bavardages. Ceux-ci sont déterminés par maints facteurs externes comme l'insertion dans un pays, une région, un environnement local, des influences syndicales. Mais par la recherche fondamentale, il sera possible d'identifier des formes spécifiques du commentaire et de l'expression. Si l'on parle semblablement de la pluie et du beau temps, on ne passe pas le temps sur les mêmes contenus ni dans les mêmes commentaires.

Au sein du groupe L'Oréal, on s'aperçut un jour que l'on utilisait fréquemment le mot « dialectique » pour désigner quantité de relations différentes, aussi bien une aptitude à la parole que les rapports entre sociétés relevant du même groupe. Ce tic de langage fut donc l'objet d'une formation spécifique, et les cadres dirigeants du groupe apprirent à penser le concept de dialectique de Platon à Marx, sous la houlette d'un jésuite.

Des mots reviennent spontanément à la bouche des cadres ou des employés parce que les objets du commentaire varient selon les entreprises, que les formes de l'expression y sont différentes et que l'efficacité même du commentaire y est très variable.

Enfin, il conviendra d'identifier le langage de la *transmission*. Ce langage se caractérise aussi bien par le média que par le message, pour reprendre une thèse célèbre. Le support des notes de service, le respect des voies hiérarchiques, le ton de la transmission sont essentiels. C'est souvent dans ces documents que se révèlent les valeurs de l'entreprise, comme des références explicites ou implicites qui légitiment l'ordre donné ou l'avertissement envoyé. A bon entendeur, bon émetteur. La transmission ne se réduit d'ailleurs pas au sens de la hiérarchie descendante. Il faut également relever les formes de la revendication dès lors qu'elle devient formalisée et qu'elle dépasse le stade du commentaire bavard. Ces considérations sont essentielles pour l'élaboration et la mise en œuvre d'un projet d'entreprise. Si celui-ci ne peut servir de référence proche ou lointaine aux messages émis, s'il n'est pas effectivement (après son élaboration et son explication) la norme qui marque la transmission, c'est qu'il n'est ou ne sera qu'artifice rhétorique et morceau de papier gras engraissant quelque consultant extérieur.

L'importance du langage est fondée sur quelques remarques principielles des linguistes contemporains. Le langage de l'entreprise préexiste aux membres de la société qu'elle constitue. Trop d'erreurs sont commises qui consistent en l'importation (patronale ou syndicale) de concepts ou de mots venus d'ailleurs parce qu'entendus ailleurs ou intimés ailleurs. Ainsi, lorsque des cadres dirigeants, fiers d'un message succinct et concis, l'offrent en pâture à des salariés qu'il s'agit de motiver, ils ignorent souvent que les mêmes signifiants cachent des signifiés contradictoires, voire conflictuels[26]. En les convaincant d'une belle forme stylistique et « communicationnelle », des conseils extérieurs omettent que le langage structure la pensée et l'action des hommes.

L'âme de l'entreprise se lit et s'entend à travers ces mots dans lesquels sont pris, depuis le temps de l'entreprise, ses salariés et ses dirigeants. L'instance de la lettre, développée par Freud puis Lacan[27], prend ici tout son sens : lorsqu'un dirigeant écrit une lettre à son personnel, l'instance de la lettre lui préexiste. Il en est de même pour le tract syndical : les mots pour le dire sont déjà là, et les résistances qu'il rencontre doivent être prises à la lettre. Il ne faut pas opposer l'esprit (d'entreprise) à la lettre, mais bien l'inscrire dans la lettre du langage préexistant. Ce qui

prendre au pied de la lettre. Si le tract ne passe pas, si la
e service reste lettre morte, c'est que la lettre est volée à une autre sphère linguistique, langue de bois par exemple. Si une publicité ne porte rien du langage de l'entreprise, l'âme ne s'y reconnaîtra pas et le hiatus – *hiatus* est bien un mot qui concerne originellement une forme linguistique – pourra être très dommageable pour les relations sociales internes[28]. Les maux de l'entreprise relèvent, plus souvent qu'on ne le pense, de *malentendus,* là encore à prendre à la lettre stricte du mot significatif...

La conséquence de ces quelques remarques réside dans la nécessité d'aborder avec précision le langage de l'entreprise pour accroître la connaissance qu'il convient d'en avoir. On voudra bien me pardonner de ne pas citer trop d'exemples précis sur ce point, car une certaine discrétion s'impose la plupart du temps.

Perceptions

La sensibilité et l'irritabilité sont mouvements de l'âme[29]. L'entreprise agit, mais réagit aussi aux informations et sollicitations du monde extérieur : contrairement aux corps inanimés ou inertes. Chaque entreprise a une capacité propre à encaisser les coups, à s'irriter de stimuli ou à s'adapter en fonction de la qualité de ses perceptions. L'entreprise n'est jamais anesthésiée. En termes de management, on appelle cela la « réactivité » des entreprises. Certes, il faudrait certainement, pour une analyse plus fine, mieux distinguer les secteurs : dans l'entreprise prestataire de services, la sensibilité est beaucoup plus grande car la relation client / prestataire est directe ; chacun y est un vendeur ; la distinction entre les commerciaux et les producteurs y est plus artificielle que dans l'entreprise industrielle.

La perception est également essentielle car elle détermine plusieurs aspects économiques et sociaux de l'entreprise : la capacité à s'adapter aux modifications du marché et aux comportements des clients ou des consommateurs ; l'aptitude à intégrer plus ou moins vite des changements sociaux qui se répercutent et sur le comportement des consommateurs, et sur celui des salariés ; la politique des choix technologiques ; la stratégie de sous-traitance ou d'externalisation des fonctions intégrées.

La perception est pour l'entreprise la voie de la connaissance, car celle-ci y est toujours empirique. Mais la perception est l'interprétation de la sensation. On entendra donc par perception la façon dont une entreprise traduit en son sein l'ensemble des sollicitations venues de l'extérieur. Leibniz soulignait déjà que l'essence de l'âme résidait en son *inquiétude*[30]. L'inquiétude s'oppose à l'inertie de l'inanimé. Ainsi l'âme de l'entreprise se révèle-t-elle bien dans le temps de réaction, dans la façon d'amortir les changements, dans la capacité à les intégrer et surtout dans la volonté collective de s'y adapter.

Prenons l'exemple du changement technologique et en particulier de l'introduction des nouvelles technologies[31]. Quelque bizarrerie du management français conduit à un processus dommageable : la plupart du temps l'introduction de nouvelles technologies doit être imposée, et dans les meilleurs des cas négociée. La demande d'adaptation, d'innovations dans le procès de production est rarement le fait des salariés eux-mêmes. L'inquiétude est devenue terreur, crainte, voire angoisse. C'est un beau supplément d'âme lorsque les salariés eux-mêmes décident de prendre l'initiative et s'inquiètent de l'avance prise par les concurrents en matière technologique. Or, d'une part le phénomène est rare, d'autre part, s'il existe, il passe souvent pour une expression qui a pour modalité la revendication — ainsi en est-il, en tout cas, pour les exigences formulées par les syndicats en matière d'investissement sur le long terme ou de recherche dans les entreprises.

On voit donc que parler de la perception n'est pas propos purement intellectuel. La qualité de la perception et de l'inquiétude permet de décrire avec pertinence l'âme de l'entreprise. Le vocabulaire sécuritaire envahit trop les discours dirigeants et syndicaux. *Sensibilité*, *irritabilité*, *inquiétude* sont autant de paramètres qui doivent faire l'objet d'une investigation pour bien appréhender la réalité de l'entreprise. On constatera naturellement que trop souvent ce sont qualités limitées à une sphère dirigeante de l'entreprise. On parlera alors de responsables de la veille technologique, par exemple. Mais la restriction à quelques-uns est grosse de difficultés à venir, de résistances irrationnelles et d'échecs nécessaires.

Là encore les enjeux relèvent en grande partie de la communication interne, et plus généralement de la politique des ressources humaines : si ces trois modalités ne peuvent s'exprimer, soit qu'on ne les entende pas, soit qu'on soupçonne leurs discours, soit que les canaux d'expression soient inexistants, l'entreprise perd de l'information et de l'innovation. Surtout elle prépare mal les modalités des changements auxquels elle ne pourra échapper. C'est en général que l'*animus* est nettement privilégié par rapport à l'*anima*.

Éthique

L'âme est sans cesse confrontée à des choix. Chaque travailleur sait que, dans le cadre de l'entreprise, des choix seront considérés comme bons ou mauvais. Ainsi l'éthique traverse-t-elle toute l'entreprise. Elle y insiste à travers des questions multiples qui trouvent leurs réponses dans le système des valeurs spécifiques à l'entreprise.

Cela va des questions du type : « A quelles conditions puis-je progresser dans l'entreprise ? A quelles conditions puis-je être reconnu dans l'entreprise, par mes collègues, par mes supérieurs et par mes subalternes ? Quels sont les comportements valorisants ? »[32] aux questions du type : « Quelle image donnerai-je au client en agissant de telle façon ? Quelles valeurs doivent être pointées dans le projet d'entreprise ? Quelles sont les qualités morales qui sont incorporées dans le produit que je fabrique ou la prestation que je fournis ? »

Autrement dit, l'entreprise n'agit pas par-delà le bien et le mal. Même le milieu a ses lois non écrites. Il y a des choses qui se font et d'autres qui ne se font pas. Je ne désigne pas dans ce système de valeurs les questions relevant de la morale générale, mais bien plutôt celles qui affirment une vérité en deçà des portes de l'usine et des erreurs au-delà des portes d'une autre usine. **C'est sans doute l'un des mérites des projets d'entreprise bien conçus que d'avoir mis au jour pour l'ensemble du corps social qui constitue l'entreprise les valeurs à l'œuvre dans son âme.** C'est aussi l'une des approches les plus souvent retenues par les théories de l'identité et de la culture d'entreprise, dans la mesure même où les démarches psycho-sociologiques et ethnologiques font, à juste titre, de la question axiologique l'un de leurs repères fondamentaux[33].

L'étude des valeurs est donc un moment cardinal pour

appréhender l'âme de l'entreprise. Encore faut-il s'assurer qu'elles sont partagées et qu'elles ne sont pas la simple projection du dirigeant et de son discours. En effet, il est assez fréquent de constater qu'un système de valeurs est effectivement commun à la sphère dirigeante mais nullement présent dans les unités de production où peut exister un autre système quelquefois en contradiction avec le premier.

C'est souvent le cas lorsqu'il s'agit d'un groupe industriel constitué d'unités rattachées au groupe à différents moments de son histoire. Sans doute en est-il de même pour la plupart des concepts analytiques que nous examinons ici, mais c'est particulièrement le cas pour le système de valeurs : les embauches elles-mêmes intègrent ce système dans la mesure où leurs procédures, de plus en plus sélectives, supposent, d'un côté, le désir d'entrer dans une entreprise reconnue en partie par ses valeurs, de l'autre, l'attente et la reconnaissance des comportements et des discours en cohérence avec ce système. Or, la confrontation des valeurs est chose difficile pour l'entreprise. L'engagement des salariés dans les actions à entreprendre est étroitement dépendant du surmoi interne au système de l'âme.

Si la contradiction est grande entre les systèmes, les ordres ne sont pas exécutés ou sont au moins différés jusqu'à ce qu'intervienne la contrainte par corps, bien en deçà de l'âme. A l'inverse donc, les projets d'entreprise qui auront été élaborés au sein de séminaires internes aux cadres dirigeants, et qui auront été purement et simplement confondus avec des orientations stratégiques, restent tout à fait vains. Ils peuvent même jouer un rôle très négatif dans la mesure où ils vont heurter des convictions profondément ancrées. Il faut en effet bien réaliser que les systèmes de valeur ne sont pas des théories morales qui définissent clairement et explicitement le Bien et le Mal. Ils sont plutôt le résultat de mille et une actions quotidiennes situées au cœur de la production et des relations humaines inscrites dans cette production.

Aussi ne peut-on identifier le (ou les) système(s) de valeur véhiculé(s) par l'âme de l'entreprise à travers les seuls discours. On ne peut faire l'économie de la perception physique des comportements en ce qui concerne l'ensemble des acteurs de l'entreprise. Par exemple, l'organisation des bureaux, leur taille, leur luxe ou leur simplicité, les relations hiérarchiques et symboliques qui leur sont attachées sont autant d'objets qui permettront d'approcher *l'Éthique de l'entreprise*[34] il en est de même pour les procédures d'embauche, pour les techniques de vente, pour les modalités de promotion, pour les notations annuelles, pour les formes de l'intéressement, pour les circuits de transmission.

Aussi est-il souvent utile de confronter le comportement au travail et le mode de vie hors travail. Car cette analyse permet de mieux saisir le type d'emprise qu'a l'entreprise en dehors de ses propres limites. Certes, les exigences sont très différentes : l'âme de l'entreprise est alors parasitée par l'éthique privée. Néanmoins, c'est le plus fréquemment le système de valeurs qui constitue effectivement un pont entre les deux sphères.

Il faut cependant insister sur le fait que la sphère éthique dépasse largement les problèmes de concussion ou de dessous de table. L'éthique d'une entreprise se joue dans ses mécanismes les plus ponctuels. Le fait même que l'on s'en préoccupe ou non est porteur d'un sens éthique. Tel était le sens du cas Michelin que j'ai développé plus haut.

Pratiques

Il peut sembler incongru de séparer l'éthique de la pratique. Cependant le champ de la pratique déborde largement les enjeux éthiques, et il serait très excessif de croire que toutes les actions des hommes dans l'entreprise sont réellement soumises à des choix éthiques. Le choix n'existe en effet que dans le cadre d'une réflexion individuelle et, dans l'entreprise, pour maintes actions, on n'a guère le choix. Nécessité ou habitudes font loi.

Il en est ainsi pour les pratiques rituelles qui se répètent quasi mécaniquement au sein de l'entreprise et qui structurent le temps de travail ou le temps de non-travail : ici c'est le cas des pauses-café, là c'est la question des horaires, ailleurs c'est le rythme et la composition des réunions, ou encore le moment de la visite ou du discours du chef. Les rites peuvent varier selon les services ou le niveau de management, mais il est très difficile de repérer une entreprise qui en soit exempte. Même les entreprises dites destructurées retrouvent au sein même de cette destructuration des pratiques rituelles qui font usage de repères.

Aux confins des systèmes de valeur, on s'intéressera particulièrement aux décisions qui concernent le choix des congés payés, l'allocation des formations, le taux d'intérimaires ou le taux d'heures supplémentaires. Ces pratiques induisent un climat particulier qui est comme l'élément dans lequel se meut et s'agite l'âme de l'entreprise. Ainsi par exemple, la relation au temps se fonde sur un certain nombre de pratiques : dans certaines entreprises les cadres gagnent de la légitimité en demeurant les derniers ou en arrivant les premiers.

Il convient d'ajouter à cela l'ensemble des rites produits par les stratégies de communication interne et de ressources humaines : qu'il s'agisse de l'arbre de Noël, des visites du président, des modalités de licenciement, des cérémonies de récompense publiques, tout un ensemble de pratiques fonctionnent dans l'entreprise et la font fonctionner. On comprend donc que rites et tabous soient des concepts appliqués à l'entreprise et traversent tant ses pratiques que ses discours.

Ainsi, dans une grande entreprise de distribution, le P-DG a-t-il pris systématiquement l'habitude d'embrasser ses cadres dirigeants. Rite étonnant et significatif. Ailleurs, le président se fait volontiers invisible. Ailleurs encore, il déjeune rituellement une fois par mois avec les salariés d'une de ses unités de production. On trouverait autant d'exemples qu'il existe d'entreprises.

Ces pratiques ne sont guère aléatoires : elles sont d'abord définies par tout un cadre législatif et se situent donc dans un espace de possibles. Elles en viennent souvent à définir des modes d'organisation et un rythme de travail. Telle entreprise, par exemple, organise depuis ses commencements une réunion hebdomadaire avec son agence de publicité. Cette réunion, très formalisée dans le temps, implique un fonctionnement spécifique de la communication externe qui est ainsi retirée de la responsabilité et des compétences de dirigeants même très puissants dans l'entreprise. Elle induit également un tabou majeur sur tout discours : il n'est pas question que quiconque évoque le problème de la publicité qui ne se traite que le mardi à 17 heures entre l'agence et le président.

Il va de soi qu'en première analyse, il n'est pas possible d'évaluer de tels comportements. Ils sont souvent intégrés dans un véritable système de la pratique qui a sa logique et sa cohérence. Il faudrait quelquefois que l'entreprise en changeât face à de nouveaux impératifs, mais c'est sur ce point que les résistances seront les plus grandes. Et je n'étudierai pas pour le moment les moyens d'agir sur ces pratiques, me situant présentement dans le moment de l'analyse.

L'ensemble des pratiques spécifiques à une entreprise constitue un objet crucial pour qui veut mieux connaître l'âme d'une entreprise. En effet, l'entreprise est toute organisée autour de la pratique. Elle est essentiellement action en œuvre, comme l'indique assez le concept même d'entreprise. L'entreprise passe beaucoup de temps à organiser les activités de chacun pour en recueillir la meilleure rentabilité.

Ce critère peut être confronté à des pratiques apparemment contradictoires, mais qui sont rendues nécessaires par la rentabilité elle-même. Il convient donc d'étudier de près cet ensemble de pratiques qui peut aussi bien révéler des coûts cachés décisifs[35] que des modalités de fonctionnement inévitables.

Il reste alors à bien faire le départ entre les pratiques qui sont ignorées, celles qui sont tolérées et celles qui sont encouragées. Or, maintes pratiques sont tout simplement ignorées par les dirigeants de l'entreprise. Leur révélation conduit quelquefois à des réactions brutales, soit qu'il s'agisse d'éliminer les coûts cachés, soit qu'il s'agisse de transformer l'image interne, soit qu'il s'agisse d'améliorer l'image externe. Les effets économiques à court terme risquent de masquer des dysfonctionnements nouveaux ou de nuire au climat organisationnel sur lequel l'entreprise fonctionnait jusqu'alors. C'est souvent le cas lors de la reprise ou du rachat d'entreprises : alors que la motivation des salariés est rythmée par ces pratiques infinitésimales, la remise en ordre peut certes donner l'illusion d'une meilleure productivité mais aussi malheureusement démotiver un personnel rivé à ses pratiques rituelles.

L'âme de l'entreprise se déploie, comme anima, dans les plus petites actions de tous les jours. C'est souvent là qu'il faut la saisir en priorité, par l'observation directe, par la consultation des agendas et par la lecture de la plupart des notes internes (comptes rendus de réunions, consignes, fiches de transmission).

Mouvements

Nous avons privilégié la notion d'âme de l'entreprise, essentiellement par référence au mouvement, et plus exactement aux mouvements : mouvement de l'âme elle-même et mouvements des salariés. C'est ce qui nous semblait manquer à la notion d'identité. Or l'entreprise qui vit est mouvements perpétuels : mouvements des individus dans l'entreprise — c'est ce qu'on appelle la *mobilité* —, mouvements des individus physiques au sein même de l'entreprise dans sa matérialité, mouvements de l'entreprise, mouvement enfin du désir qui la fait persévérer dans son être. La question du mouvement renvoie donc à la fois aux pratiques et au désir.

Que le mouvement réside en l'essence même de l'entreprise, cela se lit dans la constellation sémantique qui s'organise autour de lui. Considérons les mots eux-mêmes : *motivation, mobilisation, mobilité*. Tous renvoient étymologiquement et essentiellement au mouvement. Comme chez Aristote, le mouvement s'oppose au repos. Il est par ailleurs l'ingrédient substantiel du travail en son concept le plus physique (W = F.d) qui lui aussi s'oppose au repos. L'ensemble des mouvements de l'entreprise, si on lui reconnaît bien une âme, pourrait être désigné par le concept d'*animation*.

Prenons par exemple la question de la mobilité. L'entreprise n'est pas auto-mobile, mais elle est parcourue par des « mouvements divers ». En termes organisationnels, ce qui est en jeu dans ce cas, c'est la question de la formation et la question des déplacements et promotions internes. Il y a des entreprises où « ça bouge ». C'est précisément dans le cas où ça ne bouge pas qu'une grande entreprise publique a décidé de s'afficher sur ce thème (« ça bouge » avec la Poste). L'optatif anticipait sur l'indicatif.

L'affichage des postes à pourvoir, la visibilité des mobilités possibles et l'effectivité des mutations sont éléments fondamentaux pour juger des mouvements de l'âme. Le concept même de mutation, souvent utilisé pour désigner les bouleversements technologiques ou les transformations sociales, exprime bien la coalescence des mouvements internes et externes.

Dans une entreprise, presque tout résiste à la mobilité. Or, la mobilité anime l'entreprise et aide à construire son âme même :

la circulation des individus est une exigence majeure. Elle est signe mais aussi causalité. Elle signifie d'abord un bon réseau d'informations internes[36] et un esprit positif des supérieurs hiérarchiques qui ne souhaitent pas empêcher de partir leurs bons éléments. Par ailleurs, elle provoque aussi un mouvement propre à bien diffuser l'âme de l'entreprise. Si chaque travailleur ne connaît que son unité de production, si des mouvements possibles (d'ailleurs, dans l'Éducation nationale, on appelle « mouvement » le moment où l'ensemble des mutations d'enseignants s'effectue) constituent l'horizon permanent du travailleur, quelque chose de l'âme passe en chacun.

On ne peut que déplorer l'usage qui est fait de l'expression *mouvements sociaux*. Cet euphémisme est une périphrase qui en dit long sur la représentation quelquefois bornée de ce que doit être le mouvement dans l'entreprise. Notre époque est, à ce sujet, riche en enseignements. On voit en effet des chefs d'entreprise parier, compter sur des mouvements sociaux dont le coût les effrayait quelques mois auparavant. Prenons l'exemple des OPA dites « inamicales » ou franchement « hostiles ». Elles semblent s'inscrire dans une logique capitaliste inattaquable. Mais elles ne sont pas sans évoquer les analyses de Machiavel sur la conquête de cités ennemies.

Le Raider perspicace et l'Opéable intelligent feraient bien d'examiner de près la question de l'âme de l'entreprise. Le premier ne réussira effectivement son opération sur le long terme que s'il s'attaque à une entreprise presque inanimée. Le second ne pourra se défendre avec succès que si l'âme de son entreprise est bien *anima* parcourant tout le corps social qui la constitue. D'où ce fait significatif : on voit des dirigeants en appeler aux « mouvements sociaux », compter sur leurs salariés pour dissuader le capital menaçant et défendre le capital menacé. Des dirigeants peuvent vendre leur âme lorsque l'âme de leur entreprise se réduit au capital, à ce que Marx appelait du « travail mort » ; d'autres peuvent acheter cette âme en lui promettant une jeunesse éternelle et la fraîcheur originaire de l'argent frais. Mais on ne peut monnayer aussi facilement une âme en mouvement entre le capital et le travail. Les Méphisto de la finance ont intérêt à choisir leurs proies ; les corps se vendent mais les âmes résistent.

Désirs

L'entreprise est aussi une machine désirante. Lorsque Spinoza affirmait, le premier, que le désir est l'essence même de l'âme, il entendait par désir *l'appétit conscient de lui-même*. Hegel et Freud sont venus corroborer cette thèse fondamentale. L'entreprise ayant une âme est donc bien désirante. Le vocabulaire du management traite ce désir à travers un vocabulaire feutré : objectifs, orientations stratégiques, projets d'entreprise. L'intérêt de ce dernier, c'est précisément de transformer l'appétit en désir, de lui donner une conscience qu'il n'avait pas ou qui résidait dans la seule ambition de quelques décideurs aux dents longues. Il suffit d'ailleurs de relever les phrases clefs qui intitulent la plupart des projets pour y lire le désir à l'état pur. C'est-à-dire dans sa pureté à la fois linguistique et morale. Pureté linguistique, car l'expression y est une formalisation ramassée. Pureté morale, car l'énoncé y est presque toujours purement positif ou affirmatif : le désir y est désir de soi-même, conscience formulée de ses appétits. Mais il est rarement exhibé sous ses formes effectives de l'agression ou du terrassement. Or, persévérer dans son être, c'est souvent absorber, détruire, combattre ce qui apparaît davantage dans la prose journalistique et les slogans sommaires avec la vogue des « vainqueurs » et des « gagneurs ». Encore ne va-t-on jamais jusqu'à désigner les perdants / perdus ni les vaincus / victimes.

Dans l'âme des entreprises souffle un esprit de conquête : conquête des marchés, conquête des clients, où le mot de *conquête* oscille entre le vocabulaire de la guerre et celui de la séduction. On pourra certes opposer à cette analyse les remarques précédentes concernant la défense contre les OPA. C'est que la résistance et la conquête sont deux aspects d'un même désir : le désir d'être soi et d'être reconnu par l'autre comme de soi-même.

On comprend donc que l'âme de l'entreprise s'évalue pour une grand part à l'aune du désir qui l'anime. Si le désir est l'essence même de l'âme, il est logique qu'en découle l'ensemble des remarques qui ont précédé : la perception, l'éthique, le mouvement, le langage et les pratiques.

Rappelons le mot de Spinoza pour faire le lien entre l'éthique et le désir : « L'âme n'appète pas une chose parce qu'elle est bonne mais elle est bonne parce qu'elle l'appète. » Sans souscrire pleinement à cet ordre de la causalité, on pourra cependant s'en soucier largement lorsqu'on sera amené à établir des relations entre les différents concepts qui caractérisent l'âme de l'entreprise. Ces relations sont complexes et, de même que l'éthique protestante n'explique pas tout l'esprit du capitalisme, il conviendra d'analyser avec précision l'engendrement de l'éthique à partir du désir.

Il serait d'ailleurs bien surprenant qu'au sein de l'entreprise ne subsistent pas des désirs contradictoires. La contradiction des désirs devient même souvent l'antagonisme des pratiques ou des relations sociales. Cette remarque est nécessaire pour situer provisoirement le statut du conflit dans le cadre de mon approche de l'entreprise.

En effet, parler d'âme de l'entreprise ne peut consister en une opération de manipulation des contradictions inhérentes à toute formation sociale et notamment à l'entreprise où les intérêts divergent sur maints objets. Je n'importe pas ici la notion de lutte de classes ; je dirai seulement qu'elle n'est pas, en tant que telle, opératoire dans le cadre que nous nous donnons. Non qu'il s'agisse de manipuler la réalité en la déguisant, mais volontairement nous partons de l'entreprise elle-même et non de concepts à caractère macro-social ou macro-économique.

Loin d'évacuer les contradictions, il faut en rendre compte et les prendre en compte. Les contradictions sont partout, et l'entreprise y est sans cesse confrontée. Elles vont parfois jusqu'à l'essence même, affectant par là le désir lui-même. L'âme est alors en péril. Déchirée, elle s'offre en proie à la concurrence ou balbutie dans des conflits interminables qui la mènent à la dissolution. Mais plus généralement, l'âme d'une entreprise se caractérise aussi par sa gestion des contradictions et par la manière d'en résoudre certaines, ou du moins de vivre avec. D'une certaine façon, l'entreprise est quelque chose de très improbable : l'âme y joue comme cette « idée vitale » (ou « principe vital ») dont parlait Claude Bernard[37] lorsqu'il voulait expliquer l'improbabilité de l'être vivant au sein du monde matériel.

La notion d'*âme de l'entreprise* ne saurait donc être une illusion idéaliste, un concept unanimiste. Elle ne porte pas l'harmonie en son propre concept. Une âme, fût-elle d'entreprise, doit toujours être qualifiée, évaluée. Il existe sans doute des âmes perdues, condamnées, voire damnées pour reprendre le vocabulaire qui préside aux pesées inscrites sur nos tympans romans ; mais aussi des âmes tyranniques, démocratiques, ploutocratiques, pour reprendre les distinctions platoniciennes. La différence fondamentale qui existe entre le concept religieux ou philosophique et le concept utilisé au sujet de l'entreprise tient précisément à cette question de l'évaluation. La justice est ici immanente. Le marché sanctionne les conduites sans qu'un juge *ex machina* n'intervienne.

La pesée des âmes

Le verbe « peser » est trivial dans le langage des affaires. On demande souvent combien pèse une entreprise. Les systèmes de mesure varient (part de marché, valeur des actifs, évaluation des actions au cours de la Bourse), mais il faut remonter à nos sculpteurs romans[38] pour voir en image une pesée des âmes. Encore cette pesée est-elle définitive...

Or la pesée des âmes, c'est, dans mon esprit, une sorte d'audit, pour reprendre le vocabulaire technique. Les audits se multiplient et prennent des objets variés : comptabilité, finances, communication, social, etc. Je pense qu'il convient de passer à des audits plus ambitieux, susceptibles d'appréhender l'âme de l'entreprise à l'aide des différents concepts analytiques qui ont été mentionnés. J'ajouterai que l'âme peut s'appréhender par des voies diverses et qu'elle devrait être une dimension essentielle de toute étude dans l'entreprise, quel qu'en soit l'objet.

Le moment où l'âme considérée prend conscience d'elle-même est toujours décisif. Nos religions chrétiennes identifiaient cette conscience à la contrition, le *mea culpa* et la pénitence. Le regard doit être ici dépourvu de tout préjugé éthique et de toute transcendance menaçante. La sanction vient d'elle-même ou d'autres âmes plus désirantes et conquérantes. S'agissant de l'entreprise, l'âme n'est bonne que si elle est efficace. L'évaluation de l'âme est autonome par rapport à tout critère moral : le souffle passe ou ne passe pas, l'entreprise est un lieu où souffle un esprit qu'il faut caractériser, en ce qu'il insuffle ou n'insuffle pas.

Il ne s'agit pas de demeurer dans la métaphore : l'âme n'est ici ni métaphysique ni religieuse ni psychologique. On me reprocherait à tort ces déterminations. Chacun peut parler de l'âme russe ou regretter de telle maison qu'elle n'ait pas d'âme. Dirigeants et salariés parlent intuitivement de l'âme de leur entreprise. Elle est le *Principe* analysé par Montesquieu. Principe actif et résultat de l'histoire, du groupe, du lieu, du management, des mœurs, des mythes, des rites, des traditions, des antagonismes, de la durée, voire de la longue durée. Le concept d'Ame-Principe subsume ces déterminations. Il dit le mouvement et le souffle, ce qu'on appelait l'esprit d'entreprise et qu'il convient de nommer plus justement l'esprit *de* l'entreprise.

NOTES

1. Je renvoie ici à la classification suivante :

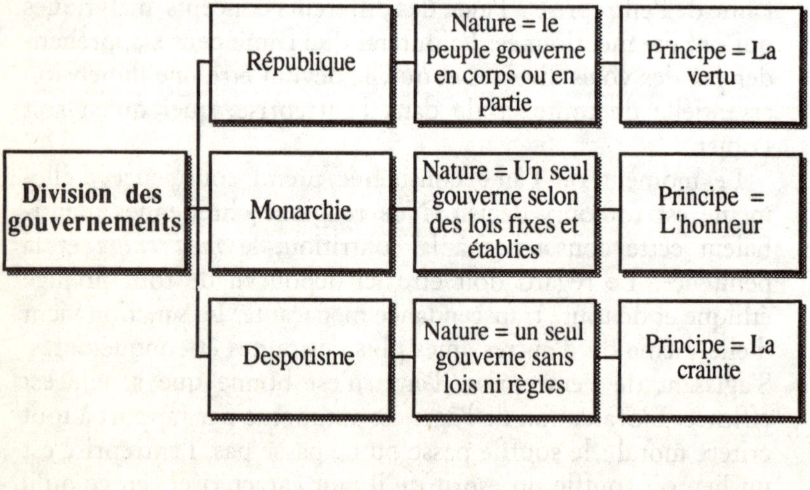

2. *Cf. Entreprises et entrepreneurs,* PUF, 1982.

3. Dans certaines entreprises, le président tient à prendre en charge lui-même la direction des ressources humaines ou à en tenir le rôle au sein du comité exécutif s'il y en a un. Cette disposition est beaucoup plus dangereuse car les bonnes intentions plient très vite devant les choix stratégiques.

4. *Cf.* le rapport Riboud *Modernisation, Mode d'emploi*, Documentation Française, 1987.

5. Hegel, *Leçons sur l'Histoire de la Philosophie*, Idées, Gallimard.

6. Aristote, *Analytiques* : plus le nombre d'éléments que désigne un concept est grand, plus sa compréhension (son contenu, ses ingrédients) est étroite. A l'inverse, plus sa compréhension est développée, plus son extension est limitée.

7. *Cf.* Thévenet, *Audit de la Culture d'entreprise*, 1986.

8. Hegel, *Phénoménologie de l'Esprit*, Le moment de la Force : tome I.

9. Nietzsche, *Généalogie de la Morale*, Première dissertation § 13.

10. Spinoza, *l'Éthique*, 2e partie, Proposition 49, scolie.

11. Recherche effectuée par Nicole Feynerol et financée par le ministère de la Recherche et de la Technologie, Programme *Vie sociale dans l'entreprise*.

12. Ce fut du moins le cas à l'occasion d'une démarche ethnographique du Centre de recherche en gestion de l'École polytechnique effectuée par M. Girin, avec pour objet *La communication dans la Tour Elf*.

13. Nous avons également rencontré de nombreux contre-exemples : chez Darty, ou à l'UAP, la proposition du recours à un ethnologue a été du pire effet.

14. C'était le cas par exemple dans l'expérience menée chez Sodexho : l'entreprise acceptait de servir de terrain d'enquête mais considérait par principe qu'elle n'avait rien à attendre de la thèse effectuée en son sein.

15. *Cf.* le rapport du colloque tenu à Blois en 1985, *Mémoire d'avenir*, Éd. Economica, 1987.

16. La Compagnie de Saint-Gobain offre sans doute l'exemple le plus achevé d'investissement en matière historique avec la construction du bâtiment d'archives de Blois et la politique menée sous la direction de Maurice Hamon (chartiste) à la tête du service historique de l'entreprise.

17. C'est une restriction très souvent imposée aux chercheurs dans le cas où l'objet de l'étude historique est bien la stratégie de l'entreprise.

18. Il faut noter que, d'un point de vue universitaire, la première chaire d'histoire de l'entreprise a été créée à l'École des hautes études en Sciences sociales en 1986 (M. Friedanson).

19. Il va de soi qu'une approche scientifique coûte cher dans la mesure où elle suppose l'utilisation d'un ou plusieurs chercheurs pendant une durée assez longue (un à deux ans ou plus suivant le passé de l'entreprise). On signalera, outre les activités de SHS-Consultants, l'initiative prise par G. Malaurie et F. Torrès avec la création de *Public Histoire*, association 1901 qui a pour but la promotion de l'histoire d'entreprise.

20. *Cf. La politique de l'entreprise*, PUF, 1985. Ouvrage majeur sur cette question, notamment le chapitre « *Identité* » et la bibliographie qui y est annexée.

21. *Cf.* différentes études réalisées dans le cadre de SHS-Consultants.

22. *Cf.* B. Ramanantsoa. *Op. cit.*

23. Lucrèce, *De Natura Rerum.*

24. *Cf.* aussi Marcel Conche, *Lucrèce,* chez Seghers.

25. *Cf.* Spinoza, Infra, *Désirs.*

26. *Cf.* l'exemple du « plus vite » cité plus haut.

27. Lacan, *Écrits 1*, chapitres sur *L'instance de la lettre dans l'inconscient* et sur *La Lettre volée* d'Edgar Poe.

28. D'où les choix organisationnels effectués par les entreprises qui choisissent une direction de la communication déconnectée de la DRH, y compris pour la communication interne. Le principe en est que celui-là même qui négocie ne peut pas communiquer de façon libre, saine et distanciée ; et que par ailleurs la fonction RH tient irréversiblement éloigné de toute communication externe alors réservée à des spécialistes de communication.

29. *Cf.* Hegel, *Phénoménologie de l'Esprit*, tome 1.

30. Dans *l'Entendement Humain*, Leibniz exprime par là le fait que l'âme est à la fois expression et perception ; en tant qu'elle perçoit, elle est sollicitée par une infinité de petites perceptions inconscientes.

31. *Cf.* Antoine Riboud. *Op. cit.*

32. *Cf.* Bernard Ramanantsoa. *Op. cit.*

33. *Cf.* travaux effectués sur Calor par Claudet et Pierzo, ainsi que le *Séminaire d'ethnographie des organisations*, Michel Berry, Centre de recherche en gestion de l'École polytechnique, et plus généralement les travaux ethnologiques de Levi-Strauss, Godelier ou Condominas.

34. *Cf.* travaux de V. Degot dans le cadre du Laboratoire de Michel Berry à l'École polytechnique.

35. *Cf.* Henri Savall, *Les coûts cachés*, PUF, 1987.

36. *Cf.* l'utilisation progressive du minitel à cette fin et notamment la politique menée par des entreprises comme BSN mais surtout Accor en matière de mobilité.

37. Claude Bernard, *Principes de la Science expérimentale.*

38. Je pense notamment au fameux Gislebertus d'Autun.

2. Communication et âme de l'entreprise

Dès qu'il est question d'âme de l'entreprise, c'est toute l'entreprise qui est en jeu. En soutenant cette position, je ne veux pas minimiser le rôle du dirigeant, mais je crois qu'il est important que celui-ci prenne la mesure d'une limite essentielle à sa position même. C'est pourquoi l'âme de l'entreprise ne peut se maintenir que dans une diffusion permanente, ce qu'on appelle de nos jours la « communication ». Je dirai même que l'âme est ce qu'il y a à communiquer, tous les messages émis demeurant sous sa dépendance. L'âme de l'entreprise donne le contenu stratégique de la communication, les problèmes de supports étant des problèmes tactiques. Cette affirmation nécessite une réflexion spécifique sur le concept de communication lui-même afin que l'âme n'y trépasse pas.

Il est clair cependant que l'âme et la communication ont une parenté étroite car l'une et l'autre doivent se fonder sur une connaissance intime de l'entreprise, dans la mesure où la communication atteint sa pleine efficacité si elle se fonde sur une connaissance de ceux qui sont, dans certaines phases, des récepteurs. L'exigence de connaissance croît encore si l'on souhaite qu'ils soient, dans d'autres phases, des émetteurs pertinents de messages utiles.

Le concept de communication

La notion de communication est maintenant sur toutes les lèvres et donc dans tous les organigrammes. Elle fait partie de l'évaluation des individus (« Communique-t-il bien ? ») comme de la stratégie des entreprises. La conviction se partage à hauteur des budgets significatifs qui lui sont consacrés dans toute organisation. Le phénomène n'est pas de mode. Il est étayé sur des analyses de l'entreprise qui sont aujourd'hui incontestables : à bien des égards la communication apparaît aujourd'hui comme la condition de possibilité de l'entreprise elle-même. L'entreprise survit et vit parce qu'elle communique avec ses clients comme avec son personnel. Ainsi les agences de publicité ont-elles perdu ce qui faisait leur spécificité et qui leur donnait un quasi-monopole du discours sur la communication. Cette valorisation nouvelle de la communication se fonde sur plusieurs considérations scientifique, technique et organisationnelle.

1. La communication est condition de vie et condition de la vie. En écrivant cela, je risque soit de dire une grande banalité soit de confondre l'information et la communication. Cette confusion est d'origine scientifique[1]. Shannon et Weaver assimilent volontiers les deux concepts. L'information est néguentropie, elle est donc condition de tout ce qui tourne le principe de Carnot ; or, pour qu'il y ait information, il faut un canal de communication.

L'information se paie, le bruit s'en mêle, la communication est parasitée. D'où une certaine confusion dans les usages des deux concepts eux-mêmes parasités dès lors qu'ils se diffusent, ce qui est pour le moins le cas en ces temps où la « com » envahit l'espace social.

La banalité consiste à faire de la communication une condition de vie : certes, tout être est pris dans des réseaux et traversé par des flux d'informations, élément d'un système ou d'une pluralité de systèmes qu'il ne peut nier sous peine d'une schizophrénie, ce qu'on appelle un « trouble de la communication ».

Depuis Brillouin et Szilard[2], on sait que la communication est condition de la vie. Cette valorisation de la communication n'est donc pas pur effet de mode, elle s'inscrit dans le développement scientifique lui-même. Mais ces remarques, qui sont comme une métaphore de la théorie physique, doivent s'arrêter au seuil de la confusion conceptuelle entre information et communication. L'information produit de l'ordre ; la communication rend quelque chose commun. L'information donne de l'ordre ; étymologiquement et chez Aristote, elle désigne l'action d'in-former un chaos. L'information donne de l'ordre, c'est-à-dire donne des ordres, comme l'indique la significative asymétrie de la langue française : les concepts d'ordre et de désordre n'ont pas des ingrédients symétriques ; en effet, la dimension jussive (ou impérative) de l'ordre est absente de son contraire : on donne un ordre, on ne donne pas un désordre. La langue rejoint là le principe de Carnot : le désordre est spontané, déjà là, sans intervention humaine ; tandis que l'ordre a besoin d'un grand ordonnateur, d'un flux d'énergie, d'un démon de Maxwell[3].

On voit donc que les concepts d'information et de communication correspondent à des représentations très différentes : l'information est d'un usage autoritaire, vertical, hiérarchique. L'informateur est prêt à payer de sa personne, à dépenser de l'énergie pour ordonner la réalité qu'il informe et y dispenser l'ordre qu'il conçoit. Un ministère de l'information est toujours un ministère de la propagande. Au contraire, la communication affirme en son concept l'existence d'un canal sans préciser l'orientation des flux d'informations. La communication est *action de rendre commun*, communauté (d'idées, de pensées, de pratiques d'information même) en marche.

Or, cette communication est bien condition de la vie. Elle est le vecteur désorienté des informations internes et externes. L'entropie y est contrariée mais demeure essentielle puisqu'elle s'associe à tout message et parasite tout canal. Il ne faut pas prétendre l'annuler, car on tombe alors dans les stratégies d'informations[4]. Affirmer une volonté de communication, c'est penser avant tout que les termes de la communication, l'émetteur et le récepteur, sont interchangeables et que chacun ne peut vivre que de cette interlocution.

C'est, d'un point de vue physique, la seule et unique condition pour que l'information ne s'épuise pas et soit sans cesse renouvelée. C'est, d'un point de vue pratique, la seule condition pour que l'ordre soit effet d'autorité et non seul impact de pouvoir.

C'est pourquoi, la « vogue » de la communication concerne bien l'essence même des choses. Elle s'ancre dans la science, dans les techniques, dans notre nouveau concept de la vie, jusque dans notre mode de vie. De l'information à la communication, on est passé d'une entreprise dont l'âme était conçue en termes d'*animus* à une entreprise dont l'âme est *anima*.

Tout ceci se dit naturellement en droit, et non pas en fait. Les exemples sont nombreux qui disent le simple maquillage d'une notion par une autre. La communication ne saurait être en droit un nom de baptême opportuniste pour l'information. Elle l'est souvent en fait, car savoir informer, et surtout vouloir informer, c'est souvent ne pas savoir communiquer.

2. La théorie de la communication s'est immédiatement déployée dans des objets techniques. Ils mettent en œuvre des techniques dont le caractère essentiellement nouveau est d'être très rapidement diffusable. Il s'agit de tous les « x-tiques » qui font la vie des entreprises d'aujourd'hui. Mais ces nouveaux objets ne portent pas en eux-mêmes le pouvoir magique de la communication. Ce sont avant tout des outils : l'utilisation fait la communication ; et de ce point de vue, cette utilisation révèle souvent l'âme de l'entreprise. Prenons l'exemple de la micro-informatique.

C'est, à l'évidence, un outil de communication. Par les connexions, les réseaux, les messageries, les transferts de disquettes, la micro-édition, la PAO, la micro-informatique porte en elle des virtualités fantastiques. Or, on en reste souvent à ces virtualités ou aux généralités du discours enthousiasmé par les nouvelles technologies. De ce fait, l'introduction de la micro-informatique, loin d'être vécue dans le cadre d'un projet de communication, provoque l'angoisse et la peur. Si une majorité de Français se situe du côté du progrès technique[5], une autre majorité se constitue pour craindre l'introduction des nouvelles technologies. Il est vrai que, dans bien des cas, les entreprises sont loin d'y voir un « supplément d'âme »[6].

3. Au-delà des concepts issus de la science et des outils engendrés par la technique, la communication s'est étayée sur la ressource humaine désormais conçue comme problème à résoudre. C'est d'ailleurs là un retournement de l'histoire qui peut laisser sceptique, ou du moins porter au soupçon.

Les dirigeants d'entreprises, aiguillonnés par maints consultants — quelquefois cupides —, semblent découvrir le problème de la ressource humaine et par là-même la nécessité d'une communication qui associe le personnel à la vie de l'entreprise. Il s'agit d'un retournement car depuis bien des années, ici et là, les syndicats demandaient des « heures d'information » ou une « liberté d'expression », et il faut se souvenir du tollé provoqué par certaines des dispositions des lois Auroux en cette matière.

Là se joue sans doute le débat entre information et communication. Sous ce dernier vocable, il arrive qu'on dissimule le premier. Or, la communication, en son concept même, dit bien quelque chose de « commun ». Dans l'idée de bien « communiquer », on retient trop l'idée de bien « faire passer », de « bien passer » soi-même et, en somme, de « persuader ». J'en reviens là au débat antique toujours recommencé qui opposait « convaincre » à « persuader ». Socrate a tout dit sur cette question. Persuader est l'affaire des rhéteurs ou sophistes, habiles praticiens d'un monologue suspect. Certes, on pourra déjà arguer d'un progrès : les deux verbes désignent bien l'action d'amener autrui sur ses positions, mais sans usage de la force. Seule la persuasion considère l'autre, le récepteur, comme un réceptacle passif, qui se laisse persuader, c'est-à-dire traverser complètement (ce qu'exprime le *per* latin) par l'influence de l'émetteur.

Au contraire, convaincre est un mot hautement significatif : on vainc car il y a bataille, débat, échange d'idées ou de perceptions ; l'autre y est actif, c'est un objecteur. Dans l'acte de convaincre, si je veux vaincre je prends le risque de perdre, mais je convaincs, la victoire est en quelque sorte commune (*cum*-vaincre). La persuasion est réservée à une communication informative et monologuée. La conviction est gagnée par une communication commune et dialoguée.

On pourra remarquer que cette analyse fait échapper du ressort de la communication tout le champ de la publicité. Et il est vrai que la publicité cherche avant tout à persuader. C'est que la publicité a pour charge, avant tout, une démarche informative (faire connaître) et séductrice (amener à soi, détourner vers soi), sans que pour autant il y ait dialogue ni comparaison possibles. L'image publicitaire n'est pas interactive et notre législation interdit des comparaisons qui pourraient susciter l'embryon d'un débat.

Dans l'entreprise, la communication ne saurait donc être seulement flux d'informations. Il n'existe pas de communication, au sens plein et efficace du terme, qui ne permette un va-et-vient des informations et des argumentations. L'expression de l'autre n'est pas un danger, c'est une condition de la communication. Qu'est-ce qu'une communication qui esquiverait sans cesse le risque d'être conflictuelle ? Ce serait un masque de la réalité. Et c'est en ce sens, par ces usages pervers, que le concept de communication a pu susciter les pires méfiances.

Car enfin, une communication n'est conforme à son propre concept que si elle rend commune, durablement, des enjeux ou des décisions décisifs. La persuasion met les hommes sous influence ; on sait que les influences sont contradictoires : c'est pourquoi les mauvaises stratégies de communication méritent la versatilité qu'elles déplorent.

On en déduit aisément qu'il n'existe pas une stratégie de communication efficace qui ne s'appuie en même temps sur une intelligente politique de ressources humaines. Alors cette stratégie s'intègre elle-même dans cette politique. La cohérence est la première loi de la communication.

Les livres de recettes

Socrate, lui encore, dénonçait dans la rhétorique, « ouvrière de persuasion », le livre des recettes : il comparait en effet cette forme de communication à la cuisine[7]. De fait, la communication rhétorique est pleine de recettes, d'effets de manche sophistiqués, de figures souriantes. C'est là l'envers de la préoccupation communicationnelle, surtout en matière de communication interne dans l'entreprise. Ces recettes vont d'éléments psychologiques permettant de devenir un bon communicateur à des outils tactiques de gestion permettant de « réussir » sa communication.

Or, qu'est-ce qu'une recette ? C'est un raccourci, un effet de l'expérience qui a pour but d'économiser le temps qu'il serait nécessaire de prendre pour retrouver, à tâtons, tous les ingrédients et les dosages d'un plat. Il est vrai que le temps manque souvent aux dirigeants d'entreprise. Il est vrai qu'il est souvent aisé, pour le consultant extérieur, de pointer quelque défaut de communication — dont il prend conscience dès leur énoncé —, ce qui lui donne l'aura du spécialiste. Il est vrai encore que la communication suppose des outils, des techniques que l'entreprise ne développe pas en interne. Le consultant extérieur est donc souvent utile : parce qu'il est extérieur et apporte un regard neuf ; parce qu'aussi il dispose d'un « créneau de spécialité » qui correspond à un manque dans la majeure partie des entreprises. Il parle, il écoute, il est entendu.

Mais le conseil extérieur n'a d'efficacité que s'il devient en même temps intérieur. Les recettes culinaires échouent souvent car le grand chef qui a rédigé le livre ignore tout de vos instruments de cuisine, de l'espace de travail, de votre alimentation en énergie, de votre coup de main. Il en est de même pour l'entreprise. L'heure n'est plus aux recettes : les techniques de la rhétorique commencent à s'éventer et les ficelles finissent par céder.

La communication n'est pas « un art, tout d'exécution ». Le concept le dit assez : pour que quelque chose de commun soit au terme de la communication, pour qu'il perdure et alimente les activités communes de tous dans l'entreprise, il y a un prix à payer. C'est le prix de la connaissance de l'autre, c'est-à-dire de la connaissance de soi, c'est-à-dire de la connaissance que l'autre a de soi.

Le principe de connaissance

Toute communication passe par la connaissance du récepteur. Il ne s'agit pas ici de cette connaissance qui fera de lui l'élément d'une classe, « décentré », « décalé », « sensualiste », etc. Pas de cette connaissance qui s'acharnera sur ses péchés mignons, ses points faibles, ses angles d'attaque possible. La connaissance nécessaire à la communication est connaissance de l'autre en tant qu'il est capable d'objecter, de répondre, en somme de devenir un inter-locuteur. Communiquer, c'est avant tout travailler sur un champ de bataille commun pour que la bataille devienne commune.

Le chef croit toujours connaître ses troupes en tapotant les joues des grognards ou en proposant quelque baume salvateur

— encore est-ce peut-être le meilleur des cas ! Le dirigeant d'entreprise oublie qu'il oublie sans cesse, que sa fonction même — dans la tradition de notre management français — est d'oublier. La communication avortée commence par cet « acte manqué » que constitue l'oubli[8]. Je dirai même que plus l'entreprise marche et croît, plus le risque d'oubli menace, comme j'ai essayé de le montrer sur les cas Vuitton et Sodexho. Il faut donc inaugurer l'acte de communiquer par un processus de connaissance et en prendre les moyens. Or cette connaissance vaut le détour de la connaissance.

En effet, la communication commence par la pénétration dans l'âme de l'entreprise. Deux raisons majeures imposent cette procédure : a) pour communiquer il faut connaître l'autre et l'image que l'autre a de l'entreprise — ce qu'on appelle l'image interne ; b) ce qu'il faut ensuite communiquer, c'est précisément cette âme de l'entreprise qui se développe et se construit en partie dans la communication elle-même.

Ce n'est pas là un cercle logique. De toute façon, dans toute stratégie de communication, la première parole vient de la direction qui est donc naturellement l'émetteur. Et il faut mettre le récepteur en condition de devenir lui-même émetteur et passer ainsi soi-même d'émetteur à récepteur. Or l'entreprise n'a pas « les moyens de faire parler », dans un tel processus, si elle n'a pas pris les moyens de connaître les conditions nécessaires pour que ce discours, de *refoulé*, devienne *autorisé*.

L'âme de l'entreprise est précisément ce principe décisif qui intègre et la connaissance du lieu d'où l'on parle, et la connaissance de ceux à qui l'on parle. Autrement dit, une stratégie de communication sérieuse doit prendre les moyens d'une recherche amont sur ce qu'est cette âme partagée. Cette recherche doit s'inspirer d'une démarche quasi-ethnologique et naturellement effectuée par un regard extérieur, comme c'est toujours le cas dans l'analyse de type ethnologique[9].

C'est pourquoi la communication d'entreprise ne peut être confiée à des commandos de rhéteurs. « Interroger, interpréter, évaluer[10] » sont les trois concepts essentiels de toute communication. Le premier renvoie à la nécessité de la connaissance ; le second à l'analyse ; le troisième aborde la question des plans d'action.

Certaines actions réussissent pourtant, qui sont effectuées

dans le cadre des recettes susmentionnées et ne s'embarrassent pas de procédures complexes. On ne peut le contester. Cela tient à la situation de maintes entreprises françaises : le néant de communication est toujours plus petit que l'amorce d'une communication quelconque. Il convient surtout de ne jamais déconnecter l'étude amont de plans d'actions possibles. C'est toute la différence avec la démarche ethnographique. Celle-ci suppose, à strictement parler, le principe d'une non-intervention, d'un désintéressement, d'un détachement par rapport à des fins financières possibles. D'où la difficulté d'effectuer un travail de type ethnographique sur commande patronale. Mais il ne faut pas refuser cette difficulté. Par contre, il faut quelquefois refuser des contrats.

L'ambiguïté réside surtout dans la confusion partagée autour du concept de communication. Faire de la communication, c'est toujours possible si on la réduit à la communication informative. Avec force maquettes, slogans, jeux, arbres de Noël, concours, journaux internes, on peut diffuser un certain nombre d'informations, mais pas nécessairement faire de la communication.

L'information en tant que telle ne doit d'ailleurs pas être discréditée ; mais elle est seulement une des voies de la communication, ou plutôt un des éléments de l'« agir communicationnel » en tant qu'elle est un contenu possible de la discussion. Dans une stratégie de communication, les informations diffusées doivent faire partie des conditions qui rendent possible la communication. En effet, rien n'est commun si les informations sont trop inégales, voire inexistantes. Mais l'information doit être effectuée en fonction de cette préoccupation. Son contenu doit être marqué par ce souci.

Là encore la connaissance de l'entreprise est nécessaire. Elle ne doit pas être partagée par la direction seule. Elle doit être diffusée largement. Par exemple, il est indispensable que les salariés aient quelque notion de l'histoire de l'entreprise[11] et en connaissent les dirigeants. Le savoir acquis sur l'entreprise crée les conditions du débat, de l'échange et donc de la communication. Agir ainsi, c'est éviter de confondre la tactique (diffusion de l'information) et la stratégie (communication) comme l'on fait souvent en faisant de l'information l'axe stratégique.

Le débat sur la communication globale

Le débat sur la « communication globale » peut se résumer sur deux grands axes : un axe stratégique et un axe organisationnel. A ces axes correspondent des questions : La communication externe doit-elle être conçue en fonction de ses effets internes ? La direction de la communication doit-elle relever de la direction des ressources humaines, ou doit-elle trouver une place autonome dans l'entreprise comme direction de la communication (interne et externe) ? Le problème se pose en ces termes car on n'a jamais songé rattacher la communication externe aux ressources humaines. Là encore, il est difficile de livrer des recettes.

Il semble que la thèse de la communication globale ait quelque peu le vent en poupe. Les arguments sont multiples, d'ordres logique, fonctionnel et technique. Dans l'ordre logique, cette communication globale garantit une cohérence des discours interne et externe. Dans l'ordre fonctionnel, il est difficile de mélanger les fonctions de négociations collectives avec des fonctions de communication qui exigent une certaine liberté, un certain jeu par rapport aux positions officielles de la direction des ressources humaines. Dans l'ordre technique, les hommes de la communication externe seraient plus aptes à manipuler les supports de communication ; ils seraient d'authentiques professionnels de la communication et non des artisans de la relation sociale.

A l'inverse, la thèse de la séparation fonctionnelle s'étaye sur l'idée que les hommes, « ressources humaines » de l'entreprise, ont une meilleure connaissance de l'entreprise, dans sa chair collective. L'habitude de la négociation les rendrait plus aptes à faire « passer des messages ».

En fait, chaque choix présente avantages et inconvénients. Il ne peut se faire qu'en fonction des traditions de l'entreprise, de son histoire et du projet de communication qui anime réellement la direction de l'entreprise. L'entreprise suppose tant de contraintes qu'il serait illusoire de proposer ici une recette particulière. Et pourtant, dans une entreprise, ce choix est tout à fait décisif.

Là encore, il faut s'en tenir à quelques règles élémentaires. S'il n'existe pas de recettes pertinentes pour la communication interne, il reste quelques principes qui sont théoriques et qui ne concernent pas directement les outils de la communication. Ces outils sont connus ; chaque consultant dispose d'une boîte à outils qu'il a constitué empiriquement en observant diverses entreprises. Il ne peut faire la différence sur ce stock, même s'il peut parfois impressionner un dirigeant, dans la mesure où celui-ci est complètement absorbé par des questions de stratégie ou de marketing.

La différence est dans la déontologie et l'analyse qui en découle. La déontologie commande la durée de l'analyse, la nécessité de l'investissement. Seul le travail en amont permet d'entamer le conseil, y compris sur des questions générales d'organisation ; c'est pourquoi aucun principe général ne peut dicter l'organisation de la communication et le choix de la communication globale.

Le principe essentiel reste celui de la cohérence. Cohérence dans la continuité des messages, dans les techniques de communication et dans les messages divers envoyés vers l'interne et vers l'externe. Le principe de cohérence se déduit de l'âme de l'entreprise. En effet, la cohérence concerne en amont la relation entre l'âme de l'entreprise et le contenu des messages. Ce principe est un principe *a priori* ou transcendental au sens kantien. Il concerne l'espace et le temps, le sens interne et le sens externe. Il est condition de possibilité de la communication elle-même.

Certes, toutes les communications ne portent pas en elles-mêmes cette cohérence. Les effets se font sentir quelquefois sur le long terme, et parfois même sur le très court terme[12]. De ce principe se déduisent quelques règles pratiques d'organisation et de contenu. Mais ces règles demeurent très générales, liées elles-mêmes au principe ou à l'âme de l'entreprise.

Règle 1 : la cohérence suppose une certaine implication du personnel dans la stratégie de communication externe. Non pas dans la définition même qui est affaire de spécialistes, mais dans la vérification de la pertinence interne.

La cohérence entre la communication interne et la communication externe se lit dans la reconnaissance que le personnel a du contenu de la publicité. Cela suppose quelquefois un processus d'explication, voire des démonstrations.

Mais il est essentiel que les hommes et les femmes de

l'entreprise ne vivent pas la communication externe comme une étrangeté. On a vu bien des exemples où l'intégration du personnel à l'élaboration partielle de cette communication a produit des effets d'identification exceptionnels[13]. Ces remarques valent évidemment pour toutes les formes de communication externe : publicité, mécénat, sponsoring institutionnel. Autrement dit, la communication commence par la communication sur la communication elle-même.

Règle 2 : la communication ne doit pas subir les à-coups de la politique de ressources humaines. Elle doit laisser une place importante à une certaine liberté d'expression et de pensée chez les acteurs mêmes de la communication[14]. Ceci est très souvent difficile à obtenir dans la plupart des entreprises, dans la mesure où la confusion entre information et communication demeure.

Règle 3 : la communication doit intégrer dans son processus et son contenu l'ensemble des acteurs de l'entreprise, y compris les dirigeants de l'entreprise. En effet, on élabore souvent une communication personnelle du président. Celle-ci est nécessaire et passe par des procédures particulières[15]. Mais la communication ne doit pas rester l'affaire d'une cellule ni être l'appendice de la communication personnelle du président. Celle-ci a d'autant plus d'impact qu'elle s'intègre dans un tout qu'il ne contrôle pas directement. La limite essentielle à cette autonomie réside toujours dans le principe de cohérence.

C'est dire que la communication, comme les ressources humaines, sont élevées au rang de la stratégie dans des conditions particulières.

La première parce que la présidence affirme le principe d'autonomie de la communication dans le cadre de la stratégie qui a été définie plus haut ; la seconde parce que la présidence fait des ressources humaines une question qui relève pleinement de la stratégie et qui n'est pas évacuée du comité exécutif. La politique de ressources humaines est intégrée directement dans la stratégie, et la politique de communication est stratégiquement porteuse d'une autonomie qui lui laisse dans son contenu une liberté plus franche, quoique les grands axes relèvent bien de la stratégie.

C'est l'âme de l'entreprise qui constitue l'intégration et la cohérence de l'ensemble.

La communication conflictuelle

L'harmonie est le rêve des communicateurs. Elle était déjà le paradigme de toutes les utopies[16]. Je pense qu'il revient à la communication de gérer la plupart des antagonismes dans l'entreprise. La cohérence est refus de la contradiction, mais elle est en même temps subsomption des antagonismes. Ceci se déduit logiquement du concept développé sur l'âme de l'entreprise.

Or l'on reconnaît bien souvent le caractère explicite — ou du moins implicite — de l'antagonisme dans la communication externe, dans la mesure où celle-ci se situe dans un espace de concurrence. Au contraire, la communication interne est souvent conçue comme une technique de management destinée à faire « avaler » des informations difficiles ou à contourner les partenaires sociaux. Il est vrai que l'harmonie peut être perçue comme un effet. Elle ne doit pas être conçue comme une fin.

C'est toute la question des objectifs de la communication qui est en cause à travers son concept même. Or l'on peut reconnaître une communication réussie au signe suivant : elle est capable d'afficher ses objectifs explicites.

Relevons quelques objectifs constatés auprès de directions générales :

1. Améliorer le climat social de l'entreprise ;
2. Faire partager la stratégie de l'entreprise, ses succès, ses échecs ;
3. Contrer le flux d'informations syndicales ;
4. Développer le sentiment d'appartenance ou l'identification à l'entreprise ;
5. Faire circuler les innovations ;
6. Accroître la connaissance de l'entreprise — ou de la concurrence — qu'ont les salariés ;
7. Développer les compétences ;
8. Savoir transmettre aux salariés le sentiment qu'on s'intéresse à eux ;
9. Faire passer « l'esprit de conquête » (ou à l'inverse, inquiéter, dans certains cas) ;
10. Expliquer les décisions douloureuses ;
11 Valoriser les décisions courageuses ;
12. Valoriser les réussites locales ;

13. Favoriser l'expression des salariés par des médias de communication.

En eux-mêmes ces objectifs ont une certaine pertinence. Mais tous ne peuvent être affichés avec la même candeur. Le principe de l'affichage est, quant aux objectifs, le critère de leur pertinence réelle en matière de communication. Qu'on ne voie pas ici l'éloge vertueux de la sincérité et de la franchise. C'est bien plutôt un principe pratique de communication qui est à l'œuvre.

La communication n'a d'efficacité que si le discours et son émetteur sont crédibles. Les politiques en font ou en ont fait l'expérience, qui ont cru que l'existence et la présence des messages et visages suffisaient à convaincre des masses abruties : c'est une stratégie qu'on pourrait nommer plus justement « stratégie du massage » que du message.

La communication ne peut éviter le moment conflictuel. De ce point de vue, la dissociation de la communication et des ressources humaines repose quelquefois sur une illusion néfaste : la communication serait censée gommer, maquiller, adoucir, enjoliver, amortir, détourner, divertir, distraire, canaliser, aiguiller...

Or le conflit doit bien plutôt apparaître dans toute sa vérité, et quelquefois même se déclarer alors qu'il sourd, qu'il incube ou couve sous la cendre d'une communication rompue. L'élément conflictuel est lui-même un agent de communication. L'erreur est grande qui consiste à vouloir régler le conflit par des techniques qui énervent les mécontents. La communication doit pleinement intégrer la dimension conflictuelle en lui donnant toute sa place. Elle doit renoncer au K.O. verbal qui est le propre du discours polémique[17]. En effet, la polémique ne respecte aucune éthique de communication. Elle vise une efficacité à très court terme et des humiliations toujours nuisibles. C'est pourquoi la communication ne peut être conçue comme une stratégie de contournement des instances représentatives.

Afin d'opérer un tri parmi ces objectifs, il me semble nécessaire de faire un détour théorique qui fonde en droit et en fait la cohérence des objectifs et de la pratique.

L'éthique de la communication.

Je n'ai, pour le moment, abordé la question de la communication que par le biais de son efficacité. Mais dans cet abord, il est implicite que l'efficacité même de la communication dans l'entreprise repose sur une éthique[18]. Il ne s'agit pas ici d'une éthique posée en termes de devoir-être et qui se superposerait aux fins légitimes poursuivies par l'entreprise. C'est une éthique propre à la communication qui est en jeu.

Cette affirmation peut paraître contradictoire dans la mesure où le milieu et les pratiques diverses de la communication, ses acceptions péjoratives (propagande, bourrage de crâne, aliénation, etc.) conspirent à en donner une image très peu morale, voire dénuée de tout scrupule. Il faut donc démontrer cette affirmation, ce que je tenterai de faire en ayant admis les éléments d'efficacité exposés plus haut.

Il faut, de ce point de vue, distinguer nettement la communication comme pratique continue de l'entreprise et la négociation d'un compromis. Dans ce dernier cas, les négociateurs essaient de mettre en œuvre une péréquation d'intérêts particuliers et divergents. C'est l'objet de réunions diverses en des temps et des lieux codifiés par le processus de négociation lui-même.

La communication est, sans aucun doute, une condition de félicité pour toutes les négociations, mais elle ne relève ni de la même logique ni de la même éthique. En effet, la négociation est entamée sur la base d'un rapport de forces et elle s'organise autour des catégories du possible, du souhaitable et du réel.

Au contraire, la communication est un agir spécifique. Elle se situe dans la durée et se met en œuvre sans relations directes avec un problème ou une revendication particuliers. A ce titre, elle renvoie très généralement à cette « éthique de la discussion » dont a débattu Habermas avec Apel ou Tugendhat par exemple. Cette éthique n'est pas importée dans la communication, elle en est la condition de possibilité : soit l'entreprise, conçue comme entité sociale composée de membres divers dont les intérêts sont concrètement très variés ; soit une stratégie de communication efficace — et définie comme indiqué ci-dessus, c'est-à-dire différente d'un transfert d'informations — qui concerne tous les membres de l'entreprise ; soit une direction quelconque qui a en charge la réalisation de cette stratégie. Cette stratégie met en place une série de discussions et d'instances ou d'outils susceptibles de donner vie à ces discussions.

La réussite formelle de cette politique de communication

passe par l'association de tous les membres de l'entreprise à ces discussions. Dans certaines instances ce sont des délégués qui les représentent, dans certains supports chacun peut s'exprimer pour « dire son mot » dans les discussions en cours. Si les discussions ont bien lieu, elles consistent à développer des argumentations de part et d'autre.

Or, le fait même de l'argumentation implique des présupposés implicites qui sont à la fois d'ordre éthique et d'ordre logique. En effet, on peut distinguer trois niveaux d'analyse : la *logique requise*, le *mécanisme d'échange postulé* et l'ensemble des *processus nécessaires pour la validité des échanges* eux-mêmes.

D'un point de vue logique, quelques règles élémentaires sont incontestablement présupposées. Par exemple, les interlocuteurs ne peuvent se contredire dans leurs propres discours ; ou encore, ils doivent utiliser les mêmes expressions dans des sens identiques. Il s'agit là évidemment de règles sans contenu éthique apparent. Mais on pourrait très vite leur donner une dimension comportementale à caractère éthique dans la durée.

Du point de vue de l'échange postulé, la procédure est celle d'un mécanisme d'« intercompréhension ». S'il y a coopération dans la discussion, si l'on cherche des solutions à des problèmes particuliers, cela présuppose que la bonne foi soit reconnue à tous les intervenants. Autrement dit, chaque interlocuteur ne peut affirmer que ce en quoi il croit ; ou encore, toute dérive ou digression dans la communication doit être justifiée par celui qui la commet ; il doit au moins en déclarer la raison. Il ne peut se réfugier dans le dogme ou dans le caprice. Ce point de vue prend une dimension nettement éthique.

Enfin, pour que l'argumentation soit possible, elle doit être « immunisée contre la répression et l'inégalité »[19]. Une certaine symétrie est nécessaire entre tous les intervenants pour que l'ensemble de la communication tienne dans le temps. Des règles pratiques en découlent : elles disent que chacun doit pouvoir prendre part à la discussion en cours, y problématiser les affirmations qu'il souhaite développer, n'en être empêché par aucune pression. Tout ceci signifie une liberté d'expression présupposée par la communication elle-même.

L'ensemble de ces dispositions constitue le présupposé général de toute communication possible. Il peut être formulé de façon quasi kantienne. En effet, l'éthique de la discussion a pour but de fonder en droit la ou les norme(s) qui régissent les rapports sociaux entretenus par un groupe d'individus. Dans le cas d'une entreprise, ces normes reconnues devraient constituer le noyau dur du projet d'entreprise, pour peu qu'il se soit plié à cette éthique de la discussion.

C'est même la seule façon de légitimer ces normes qui constituent l'âme de l'entreprise : « Toute norme valide doit satisfaire la condition selon laquelle les suites et les effets secondaires, qui, de manière prévisible, proviennent du fait que la norme a été *universellement* observée dans le dessein de satisfaire les intérêts de *tout un chacun*, peuvent être acceptés sans contrainte par *toutes* les personnes concernées »[20]. Autrement dit encore, la communication doit mettre à jour ces normes, ce système de valeurs internes, dans le mouvement même où elle est conçue de façon correcte. Les remarques éthiques faites ici ne concernent pas directement le contenu des normes. Elles sont déduites, comme présupposés implicites de toute communication dès lors que le jeu est joué.

La communication est donc un atout essentiel dans la connaissance de l'âme de l'entreprise. Si l'entreprise ne se connaît pas immédiatement elle-même, si son âme se révèle nécessairement dans la durée, ce ne sera possible qu'à partir d'un processus de communication légalement mis en place. Cette légalité est à la fois logique et éthique. C'est-à-dire qu'elle implique des règles pour la direction de la communication[21]. La communication se nourrissant elle-même, au fil du temps, de cette connaissance de l'âme et participant au processus de cette connaissance elle-même, on peut saisir tout l'intérêt d'une démarche fondamentale, située en amont du problème lui-même.

On perçoit alors toute l'importance qu'il convient de donner à cette communication, par-delà le bien et le mal énoncés par les modes envahissantes. La communication, de marginale qu'elle était dans les philosophies pratiques de la conscience individuelle, devient centrale et cruciale dans la philosophie pratique de l'agir collectif.

Le kantisme énonçait un impératif catégorique : faire subir l'épreuve de l'universalité et de la nécessité à toute maxime pour en vérifier la légalité morale. Mais cette épreuve demeurait autocentrée sur une conscience individuelle admise principiellement comme essentiellement morale. Le sujet était en soi compétent moralement : il avait capacité à discerner, dans un solipsisme éthique fondamental, le bien et le mal pour tout être raisonnable. Son discours intérieur n'avait nul besoin d'être confronté aux autres discours puisque, par définition, ce discours était, en fait et en droit, le discours que tiendrait, consubstantiellement, tout autre être raisonnable affirmant l'autonomie de sa volonté.

L'éthique de la communication fait sienne l'exigence d'universalité et de nécessité. Mais elle ne présuppose guère tous les postulats liés à l'architectonique du système kantien. En effet, l'éthique des *Fondements de la métaphysique des mœurs* obligeait au passage par l'ensemble du criticisme : tous les concepts mis en place dès la première Critique exigeaient une présentation préalable qui légitime leur usage dans le discours éthique. L'enseignant le sait bien, qui doit opérer un long détour par la théorie des facultés pour justifier l'usage de ces concepts. Ce n'est plus le cas ici. Une théorie éthique semble possible sans cet appareil lourd et daté. Elle se fonde sur les exigences qui posent les conditions de possibilité de toute discussion. La Raison pratique se constitue dans le langage lui-même, en ce qu'il permet cet agir communicationnel. Les normes demandent à être validées par la discussion elle-même.

La conséquence dans l'entreprise est double. En premier lieu, on imposera bien à la communication des règles qui relèvent de cette éthique. Ces règles restent formelles et ne préjugent nullement du contenu de la discussion, ni du système de valeurs qui sera avéré par la communication elle-même. En second lieu, il s'agit du système de valeur, de l'éthique qui habite telle ou telle entreprise. Cette éthique régit les mouvements de l'âme et traverse les individus qui y participent. Le système axiologique n'est pas universel et nécessaire, mais au contraire contribue à identifier l'âme elle-même. Son devoir-être réside dans l'universalité et la nécessité insulaires. C'est la communication elle-même, fondée sur une éthique de la discussion, qui peut dévoiler, révéler, voire déclarer les valeurs de l'entreprise.

Certes, ces valeurs sont souvent énoncées par la direction de l'entreprise, par celui qui se donne spontanément et hiérarchiquement comme l'animateur de l'âme. Mais leur reconnaissance passe par une validation éprouvée dans la communication elle-même. Elles ne sont rien sans cette communication. On mesure alors mieux toute la différence qui se fait jour entre une politique d'information pompeusement baptisée stratégie de communication et une stratégie de communication proprement dite. Sans revenir sur les distinctions établies plus haut, on voit bien que *l'enjeu de la communication est également de connaissance*, et l'on en déduit à nouveau l'inadéquation des recettes.

C'est pourquoi l'épreuve de l'affichage, proposée pour évaluer les objectifs de la communication d'entreprise, apparaît pertinente. Elle ne doit pas être mise en œuvre comme un objectif unilatéral. Par ailleurs, la formulation même de l'éthique de la communication peut apparaître trop abstraite pour être affichée et diffusée comme telle. On peut douter de l'efficacité produite par l'explicitation des présupposés implicites si cette explicitation n'a qu'une source hiérarchique. Souvent l'origine peut ainsi la disqualifier, dans la mesure où elle fait, peu ou prou, appel à une universalité et une nécessité qui peuvent être par principe soupçonnées si elles apparaissent comme une volonté de masquer ou de maquiller les antagonismes effectifs des intérêts particuliers. Or, j'y insiste, des antagonismes ne doivent pas être niés. Ils sont là, dans le processus de production lui-même, dans les tactiques établies sur le court terme.

Ainsi, ce qui doit essentiellement apparaître comme objectif de la communication, c'est sa procédure elle-même : *l'intercompréhension*. Encore ce mot ne doit-il pas, à son tour, être suspecté. Or notre société dispose d'un mot qui est à l'origine même de toute théorie de la communication et qui s'impose à tous les acteurs de l'entreprise, en dépit de leurs intérêts localement et temporellement antagonistes : c'est le concept socratique du *dialogue*. Ce concept dit à la fois le va-et-vient des propositions (*dia*) et la rationalité implicite qu'il présuppose (*logos*). Le concept socratique est en même temps condition de la connaissance et épreuve sans merci pour toutes les assertions qui ne supportent pas le dialogue car elles sont contraires à l'éthique même de la communication.

Certes il est toujours possible de fuir le dialogue, de s'esquiver lorsque les raisons chancèlent, de quitter la table dans la mauvaise foi la plus complète. Mais j'ai assez dit qu'il ne fallait pas confondre la négociation des compromis et l'éthique même de la discussion. De plus, la mise en place d'une communication de qualité révèle progressivement l'éthique implicite qui la fonde. La communication, en développant la connaissance de l'âme, en se déployant sur cette connaissance et en mettant en acte l'éthique implicite, diffuse dans l'ensemble de l'entreprise des règles qui seront progressivement applicables au processus de négociation. Mais ceci prend du temps ; il faut laisser le temps au temps, attendre que le sucre fonde, que l'âme se communique elle-même.

On aurait tort, évidemment, de penser que ces exigences sont d'une coercition univoque. Les contraintes éthiques de la communication se distribuent également dans toutes les parties de l'entreprise.

Au premier chef, elles concernent l'émetteur, c'est-à-dire la direction de l'entreprise. La chiquenaude initiale est décisive et implique une réflexion fondamentale. De ce point de vue, les recettes proposées par des professionnels de la communication sont souvent catastrophiques car elles enseignent les techniques de séduction et font l'impasse sur la versatilité des acteurs. Quelquefois efficaces dans le court terme, elles refusent de mettre en place une communication qui soit en même temps un procès de connaissance ; la tactique est logique puisque, par définition, ces recettes font l'impasse, *a priori*, sur la connaissance elle-même et se réfèrent à un « créneau de spécialité », c'est-à-dire à la routine, à l'empirisme et à la flatterie.

Gorgias et Polos fuient depuis toujours un dialogue qu'ils ne peuvent supporter.

Éthique et efficacité de la communication

Ces dernières remarques concernant l'éthique de la communication peuvent sembler sombrer dans un angélisme qui n'est guère de mise. On pourrait paraphraser la formule assassine prononcée contre Kant : « C'est une communication qui a les mains pures mais qui n'a pas de mains » ! Sans revenir sur l'impertinence de cette formule à l'encontre de Kant, il convient de bien préciser le statut de cette éthique.

Il s'agit bien d'une éthique de la communication efficace.

Certes, elle n'est pas congruente avec les discours très critiques qui dénoncent l'invasion des médias et leurs cortèges de manipulations sophistiquées. C'est que je me situe spécifiquement dans l'entreprise. Certes, il ne saurait être question d'ignorer les rapports de pouvoir qui traversent et structurent l'entreprise, ni même de feindre l'ignorance quant aux usages souvent manipulatoires de la communication.

Nous sommes une fois encore renvoyés aux finalités de la communication elle-même. Les fins subjectives poursuivies par des acteurs particuliers peuvent effectivement tenter de réduire la communication à ce qui n'est pas son concept. La communication peut « faire croire », « faire penser » et se situer du côté d'une persuasion hypnotique. Mais, outre qu'elle est bien vite démasquée par ceux-là mêmes qui, gavés de communication, y sont bientôt rompus et la rompent heureusement, cette communication manipulatoire ne parvient provisoirement qu'à ses propres fins qui sont très éloignées d'une conception stratégique de la communication.

Cette conception stratégique voit dans le procès de communication une procédure de connaissance de soi-même qui donne à l'entreprise les meilleurs atouts pour ses orientations stratégiques ; elle fait le pari que la communication est la voie royale pour la diffusion des innovations internes ; ce pari est d'ordre pascalien : tout est à perdre dans l'absence du pari. Elle a pour ambition de valoriser les compétences et de détecter les éléments porteurs d'avenir, les individus à haut potentiel qui se manifesteront inévitablement dans une communication ainsi orchestrée. Car elle sait que la communication n'est pas un gadget fait de gadgets mais une garantie d'efficacité pour l'entreprise. Elle organise également toutes les conditions de la qualité, car la non-qualité ne résiste pas à l'épreuve de la communication.

Prenons l'exemple d'un groupe industriel ou d'un groupe prestataire de services. Si la communication n'y est pas conçue dans les termes éthiques que nous avons indiqués, les innovations restent enclavées dans des unités qui souhaitent en profiter pour marquer leurs différences et obtenir des résultats dont la comparaison sera avantageuse au regard d'autres unités de production ou de prestation.

Il est vrai que ce concept de la communication n'est pas la

chose du monde la mieux partagée. Les rapports de pouvoir y font les obstacles les plus quotidiens. Il faut donc les intégrer dans le processus et les cerner de contraintes qui ne sauraient les effacer, mais, telle une ruse de la raison dirigeante, amènent les acteurs les plus égoïstes et les plus individualistes à se valoriser par la communication elle-même.

Ceci revient à dire que la communication, développée ici, ne peut être que l'œuvre du stratège. C'est en ce sens aussi qu'elle est dite stratégique. Le président doit être l'homme qui met en place et affiche ouvertement une communication dont l'éthique peut rester provisoirement implicite. Dès lors que la communication est l'œuvre d'un service ou d'une direction laissés à leur autonomie et à leurs initiatives propres, elle doit se trouver une légitimité qu'elle ne devrait pas chercher.

Que l'efficacité se conjugue avec une certaine éthique n'est guère regrettable. Il est peut-être dommage que cela soit inouï. Il serait pernicieux qu'en rire devînt communicatif. S'il est des entreprises sans âme, ce sont sans doute les plus cyniques.

NOTES

1. Le grand ouvrage sur la théorie de l'information s'intitule lui-même : *La Théorie mathématique de la communication.*

2. *Cf.* leurs travaux résolvant le problème posé par le démon de Maxwell. Léon Brillouin montre que le démon de Maxwell doit, pour tourner le principe de Carnot, consommer de l'énergie sous la forme des informations qu'il reçoit. Tout être vivant agit comme un démon de Maxwell. *Cf.* aussi Bergson, Monod, Jacob ou encore Schrödinger.

3. Rappelons les faits scientifiques qui servent ici de références : en 1824, Carnot formule ce qui deviendra le 2e principe de la thermodynamique, principe de dégradation qualitative de l'énergie ou principe d'augmentation de l'entropie. Complété mathématiquement par Clausius, puis par Boltzmann en termes stochastiques (1899), ce principe est désormais associé à l'idée du désordre d'un système. En 1871, Maxwell avait suggéré dans sa *Theory of Heat* qu'un petit démon fictif, animant des clapets, pourrait trier les molécules d'un gaz et tourner ainsi la loi du désordre croissant dans tout système énergétiquement isolé. C'est sur cette hypothèse imaginaire que spéculèrent par la suite Szilard et surtout Léon Brillouin. Ce dernier montra que le démon

consommait nécessairement de l'énergie pour disposer de l'information nécessaire au tri des molécules.

4. *Cf.* Michel Serres. *Les Hermès.* L'œuvre de Michel Serres est de bout en bout consacrée à la communication.

5. *Cf.* Rapport Riboud : *Modernisation, Mode d'emploi.*

6. Beaucoup d'entreprises sont largement coupables de ne pas introduire un souffle nouveau à l'occasion de l'introduction de nouvelles technologies. Celle-ci semble trop souvent liée à une préoccupation exclusive de réduction d'emplois alors que les nouvelles technologies ne portent nullement en elles-mêmes cette fatalité désastreuse.

7. *Cf.* Gorgias, 464-466.

8. Définition freudienne de l'oubli. *Passim.*

9. C'est la définition que Levi-Strauss donne de l'ethnologie : « La science de l'ailleurs ».

10. *Cf.* article de Hugues Robert in *Le Temps de l'Analyse* n°5.

11. Seules quelques entreprises « éclairées » semblent avoir pleinement intégré la présentation historique de l'entreprise dans leurs formules d'accueil.

12. *Cf.* l'exemple de Air Inter cité dans *Les entreprises ont-elles une âme ?*

13. Un des meilleurs exemples est sans doute celui de la campagne des ronds rouges lancée au moment de la création du groupe Elf-Aquitaine

14. C'est sans doute une des exigences les plus difficiles à faire passer dans l'entreprise. Passe encore que des salariés s'expriment avec une certaine vigueur ; mais il est très difficilement admis qu'une direction soit effectivement porteuse d'une liberté de ton et d'expression originale dans l'entreprise. On a vu récemment le responsable d'un journal interne d'une grande administration primé pour la qualité de son travail par l'UJEFF et en même temps réprimandé par sa propre direction.

15. *Cf.* plus loin : « La communication du patron ».

16. Il est frappant que la plupart des utopies aient beaucoup plus l'idéal de l'harmonie que l'idéal de la liberté. C'est qu'elles sont sans doute totalitaires par essence.

17. *Cf.* l'ouvrage de Windish : *La communication conflictuelle, ou le K.O. verbal.*

18. Dans tout ce paragraphe je me réfère explicitement et implicitement aux thèses développées par Habermas, thèses qui reprennent, en les explicitant sur le plan éthique, les fondements du dialogue socratique.

19. Habermas. *Op. cit.*

20. Habermas. *Op. cit.*

21. Comme Descartes parlait des *regulae ad directionnem ingenii.*

3. Le projet d'entreprise : approche conceptuelle

Le concept de projet d'entreprise

D'ou vient que les projets d'entreprise plongent souvent lecteurs et salariés dans un grand scepticisme ? D'où vient que leurs contenus se ressemblent si fort ? D'où vient l'itération de valeurs, non pas nouvelles, mais maintenant affichées, qui scandent les désirs de gagneurs, de vainqueurs au rythme de métaphores sportives démultipliées ? D'où vient qu'ils ne servent pas, dans les faits, de référence normative ?

Là encore, on aurait tôt fait de parler de « mode » et de disqualifier textes et procédures de façon méprisante. L'expression « projet d'entreprise » est donnée ici et maintenant ; il faut en rendre compte et la fonder en droit, c'est-à-dire en justifier l'énoncé en en développant les strictes conséquences. Les mauvais projets ne disqualifient pas le concept même ; ils naissent d'erreurs de procédures, de rédaction et d'utilisation. Mais ces erreurs elles-mêmes peuvent être déduites, en amont, de confusions conceptuelles et d'illusions communicationnelles.

Examinons d'abord le concept lui-même. Lorsque le dirigeant pense « projet d'entreprise » et en décide la mise en œuvre, comprend-il le génitif comme subjectif ou objectif ? A n'en pas douter, la spontanéité du chef d'entreprise le porte au génitif objectif. La langue ne trompe pas : on ne dit jamais « projet de l'entreprise » qui serait plus clair. Considérons le paradigme latin de ces génitifs : *metus inimicorum* = la crainte des ennemis. Sont-ce les ennemis qui craignent (*génitif subjectif*) ou craint-on les ennemis (*génitif objectif*) ? De même, s'agit-il du projet que l'on a d'une entreprise (*génitif objectif*) ou du projet que porte l'entreprise (*génitif subjectif*) ? Tout créateur a un projet d'entreprise, comme tout dirigeant a un projet d'entreprise dans la mesure où il a des projets. On entre là dans le vocabulaire habituel de la « stratégie[1] par objectifs » ou des « orientations stratégiques ».

Si l'on situe les projets d'entreprise dans le cadre tactique ou, dans le meilleur des cas, stratégique, c'est-à-dire dans le cadre d'une politique de communication, le concept de projet d'entreprise ne peut être pensé dans le sens du génitif objectif. Certes, le contenu même du projet, c'est-à-dire le texte qui sera diffusé et censé jouer un rôle référentiel, constituera bien un projet d'entreprise en ce sens. Mais il s'agit là d'un résultat et non d'un commencement, d'un effet et non d'une cause.

Or, l'idée spontanée d'un dirigeant consiste à partir d'un projet déjà là, déjà donné. Le projet d'entreprise doit devenir le projet de l'entreprise. Cette attitude consiste à prendre ses désirs pour des réalités, son désir pour la réalité, c'est-à-dire encore son projet pour celui de toute l'entreprise au bout du processus. On fait alors appel à des spécialistes de la communication chargés de l'explication, de l'écriture, de la rédaction, de la maquette, puis de l'utilisation. Paradoxalement, le projet d'entreprise devient un *objet* de communication au lieu d'être un *outil* de la communication ; il devient quelque chose à faire passer au lieu d'être quelque chose qui se passe, un communiqué au lieu d'un « agir communicationnel ». Cette démarche relève d'une illusion préalable concernant ce qu'est l'efficacité réelle d'une politique de communication.

En fait, tout se joue effectivement dans les commencements, et il est vrai que la situation initiale est paradoxale. En effet, la décision de se lancer dans un « projet d'entreprise » est une décision du chef d'entreprise. A ce titre, elle révèle bien quelque chose de ce qui est pour lui un projet d'entreprise, dans la mesure où, faisant ce choix, il déploie une stratégie de communication originale qui repose sur des convictions essentielles. Mais ce quelque chose doit demeurer une simple forme pour constituer un contenu effectif. La décision est un risque qui renvoie directement au risque essentiel à toute entreprise. Si ce risque n'est pas pris, si le projet est déjà, en pensée, prêt-à-porter pour l'ensemble de l'entreprise, le projet de projet n'est plus un projet nouveau et il relève seulement de la propagande subtile.

Je fais toujours l'hypothèse que le concept même du projet d'entreprise s'intègre dans une véritable stratégie de communication. Il va de soi que le cas susmentionné n'est pas en lui-même contradictoire : l'idée de faire passer ses idées dans l'entreprise[2] n'est pas nouvelle et certainement pas inutile. Je dirai seulement qu'il ne s'agit pas là d'un projet d'entreprise conçu comme opération d'agir communicationnel. De ce fait la plus-value apportée par cette pratique inversée du projet d'entreprise sera faible en termes de communication : il s'agira d'utiliser de la communication et non pas d'en mettre en place.

Le concept du projet d'entreprise implique donc que ce projet soit d'abord œuvre de l'entreprise (*génitif subjectif*) pour devenir projet d'entreprise (*génitif objectif*). Ce point de départ est décisif, mais il est souvent très loin d'être clair dans les esprits. Il oriente toutes les considérations suivantes et toutes les pratiques qui découlent du concept lui-même.

Il va de soi qu'il ne s'agit nullement de mettre à l'écart du processus la direction de l'entreprise, car ce serait procédure niaise. Mais il faut préciser son rôle et son mode d'intervention dans le processus. Or elle ne se limite pas à une chiquenaude initiale : tel que nous en analysons le concept, le projet d'entreprise s'intègre dans la stratégie de communication qui est elle-même un élément important de la stratégie. La décision initiale requiert donc une réflexion très précise et très développée sur le concept de communication qui est retenu par le chef d'entreprise. La décision initiale ne peut être prise à la légère, dans la confusion, car l'enjeu du projet d'entreprise, c'est bien sûr la communication mais, à travers elle, la motivation, la stratégie, la référence et donc l'avenir même de l'entreprise. Je veux dire par là que je prends au sérieux le concept de projet d'entreprise.

Et puisque je situe le projet dans le procès même de la communication, puisque son résultat est toujours un texte et que son élaboration passe par des échanges linguistiques, je me propose de le considérer dans le cadre général de la théorie des actes de langage.

Projets d'entreprise et actes de langages

Le projet d'entreprise multiplie les actes de langage et se donne lui-même comme un acte de langage. On entend par ce terme le fait que le langage constitue en lui-même un acte. C'est-à-dire que je ne veux pas aborder le projet d'entreprise par le biais de son langage formel, de sa langue, mais par la parole qu'il met en œuvre[3].

Référons-nous pour cela aux distinctions communément admises[4] : un acte de langage peut comprendre en lui-même trois actes spécifiques : *locutoire, illocutoire et perlocutoire*. Soit l'exemple suivant. Un chef d'entreprise annonce à sa société : « Nous allons élaborer un projet d'entreprise ».

Par **acte locutoire**, on entend un acte phonétique, phatique et rhétique : il articule des paroles (phonétique), il respecte des règles de syntaxe (phatique) et il opère un choix de significations (rhétique). Par **acte illocutoire**, on entend le fait que cet acte de langage a des objectifs illocutoires. C'est-à-dire qu'il doit provoquer une action qui est une réponse à sa déclaration. Par exemple, l'interrogation est toujours affectée d'une dimension illocutoire alors qu'un énoncé purement constatif (« Il fait bon aujourd'hui ») pourrait ne poursuivre aucun objectif illocutoire. Or, dans le cas présent, il est manifeste que la déclaration du chef d'entreprise doit causer du mouvement, faire mettre au travail les différents acteurs de l'entreprise. Par **acte perlocutoire**, on entend le fait que l'acte de langage peut produire des effets qu'il recherche sur le long terme ou qui ne sont pas directement déductibles de la signification d'un énoncé. Par exemple, si un professeur pose une question à un élève, l'objectif illocutoire est bien qu'il réponde ; mais l'acte perlocutoire peut consister à l'humilier pour qu'il prenne conscience de son ignorance et passe sa soirée à travailler la question posée à laquelle il n'a pu répondre. Austin résume ainsi l'ordre de ces actes : *dire quelque chose ; agir en disant quelque chose ; causer quelque chose du fait qu'on agit en disant quelque chose.*

Par ailleurs, on remarquera qu'il est une classe d'actes de langage très particulière qui consiste à rendre simultanés le dire et l'acte, c'est ce qu'on appelle les **énoncés performatifs**. Si le chef d'entreprise réunit son personnel et commence par : « Je déclare cette séance ouverte », l'acte même de déclarer effectue l'acte d'ouvrir. Comme le maire qui déclare X et Y unis par les liens du mariage, les unit par sa seule déclaration. Ces actes de langage performatifs ont toujours une acception impérative et manifestent le pouvoir d'un fondé de pouvoir ou la parole d'un porte-parole[5]. L'action vient du pouvoir lui-même et le pouvoir des mots n'est que le mot du pouvoir[6]. Si dans la même salle, un ouvrier prononce la même phrase, il est clair que la séance ne sera pas ouverte ; les conditions de félicité de son acte de langage ne sont pas remplies car son dire n'est pas un dire autorisé[7].

Ces remarques peuvent nous aider à bien caractériser l'essence même du discours qui correspond au projet d'entreprise intégré dans une stratégie de communication. Se pose alors la question suivante : à quelles conditions les actes de langage qui parcourent le projet d'entreprise, et en particulier l'acte fondateur qui initie le processus, peuvent-ils constituer un authentique « agir communicationnel » ? Nous nous contenterons provisoirement d'insister sur la parole initiale du chef d'entreprise dans la mesure où elle révèle l'intention du locuteur, c'est-à-dire du chef d'entreprise.

Pour répondre à cette question, il importe évidemment d'éclaircir cette notion d'agir communicationnel[8].

L'agir communicationnel du projet d'entreprise

Si communiquer c'est bien rendre commun, au-delà de la simple information[9] dans la communication doit apparaître un agir propre aux différents interlocuteurs. Cet agir se situe dans l'élément de la rationalité : chacun doit être convaincu par l'autre de la validité de ce qu'il dit. Chaque énoncé suppose donc une prétention à la validité vérifiable.

Cette validité peut porter sur plusieurs aspects d'un énoncé. Elle peut concerner l'expression même de l'énoncé : dit-il ce qu'il pense, ou cache-t-il quelque chose en disant ce qu'il dit ? Poursuit-il des buts inavouables ? Elle peut concerner les normes morales communément admises : cet énoncé est-il cohérent avec tel ou tel principe moral que nous reconnaissons tous les deux ? Elle peut enfin s'éprouver sur les conditions mêmes de possibilité de la réalisation de l'énoncé : l'environnement, les conditions matérielles sont-elles compatibles avec l'énoncé ? On dira donc que cet énoncé devra respectivement être jugé **véridique, juste et vrai**[10]. Si les réponses sont toutes positives, alors nous pourrons parvenir à un accord sur la base d'une discussion rationnelle.

Revenons donc à l'énoncé initial du chef d'entreprise : « Nous allons élaborer un projet d'entreprise. »

Le fait qu'un tel énoncé soit son œuvre n'est pas contestable : il est effectivement autorisé à formuler cet énoncé. Mais l'impératif implicite doit cesser dès que cette phrase est achevée. Cet effacement de l'impératif est en cohérence avec le « nous » affirmé. Toute la procédure du projet d'entreprise va être orientée par les conditions même de l'agir communicationnel qui se situent en amont de la prétention à la validité vérifiable. En effet, pour que le projet d'entreprise soit bien un « agir communicationnel », il faut **et la fin de l'impératif et l'absence du perlocutoire**. En tant que ces deux caractéristiques de l'acte de langage empêchent ou inhibent la prétention à la validité vérifiable, ils sonnent le glas de tout agir communicationnel.

L'impératif d'abord. L'autorité est assortie de sanctions, récompenses et punitions. Ces sanctions permettent effectivement la mise en œuvre et donnent du poids au caractère illocutoire de l'énoncé : face à l'impératif autorisé, l'auditeur n'a pas à discuter, ou alors il disparaît en tant qu'interlocuteur. Il est rayé du discours. Dans le projet d'entreprise, le pouvoir doit s'effacer. Le pouvoir annule la nécessité de rationalité : on exécute sans discuter. Si le contenu du projet est signifié, le projet n'est plus communicationnel.

Le perlocutoire enfin. C'est l'affaire la plus difficile. En effet, l'objectif perlocutoire est d'autant plus facile à atteindre qu'il reste dissimulé. Il s'avance masqué. Si un chef d'entreprise annonce sa décision de faire élaborer un projet d'entreprise, il peut avoir comme objectif perlocutoire d'affaiblir les syndicats, de détourner les salariés des antagonismes de classes, de donner des illusions d'harmonie. Nous savons bien que le perlocutoire traverse maints discours, notamment de ce type. Or l'objectif perlocutoire n'a aucune prétention à la validité vérifiable. C'est pour cela qu'il se cache.

Il se crée dans ces deux cas une asymétrie non communicationnelle. Dans le premier cas parce que l'auditeur sait qu'il ne peut discuter ; dans le second cas parce que l'auditeur ne peut discuter, puisqu'il ignore cet objectif perlocutionnaire. Ainsi les rôles ne peuvent plus être échangés en droit. Or, l'échange des rôles est un principe premier de l'agir communicationnel. Il est condition virtuelle du test de validité, signe de la communication effective. Dans le premier cas, le locuteur avance à découvert, mais armé d'arguments dissuasifs qui éliminent toute rationalité objectante ; dans le second cas, le locuteur avance masqué, avant d'être démasqué dans une rupture radicale de toute communication possible.

Si l'on résume donc ces premières conclusions : le projet d'entreprise doit être et apparaître comme un acte locutoire affecté d'objectifs illocutoires, à l'exclusion des impératifs et des perlocutoires. Dans ces conditions, le projet d'entreprise est un merveilleux processus de communication.

On objectera sans doute que jamais un projet d'entreprise n'est lancé sans avoir une dimension qui ne porte pas sur le contenu, mais qui porte sur le processus lui-même ; ainsi, à ce titre, le projet d'entreprise comprendrait toujours un acte perlocutoire. Je pense que les objectifs doivent tous être transparents afin de créer une situation de communication et un souci permanent de validation des énoncés. En effet, tout au long du procès d'élaboration, les énoncés doivent pouvoir être validés comme tels ; or il est évident que maints énoncés viendront de la direction elle-même. Mais celle-ci doit précisément les soumettre à validation et recueillir d'autres énoncés qu'elle aura à valider. Car tout le processus mis en place par le projet d'entreprise est un processus de validations continues en fonction des critères dégagés plus haut : juste, vrai, véridique. Cela seul peut permettre de donner un contenu effectif et original au projet d'entreprise d'une entreprise singulière.

Si la plupart des projets d'entreprises se ressemblent tant, c'est essentiellement parce que leurs énoncés ne sont pas soumis à validation en ce qu'ils procèdent d'objectifs perlocutoires ou d'impératifs plus ou moins latents. Or il faut bien ici différencier les genres, comme nous y invite Habermas : le perlocutoire et l'impératif ont bien leurs places dans l'entreprise. Ils relèvent directement de ce qu'il appelle l'« action stratégique[11] ». Cette action est bien nécessaire, mais elle ne poursuit pas des fins de communication. La distinction qu'il propose est assez claire sur ce point :

« Nous nommons stratégique une action orientée vers le succès, lorsque nous la considérons sous l'aspect d'une poursuite de règles de choix rationnelles et que nous évaluons le degré d'efficience de l'influence prise sur les décisions d'un partenaire rationnel. »

Et par ailleurs :

« Nous parlons d'actions communicationnelles, lorsque les plans d'action des acteurs participants ne sont pas coordonnés par des calculs de succès égocentriques mais par des actes d'intercompréhension. »

Et précisément, un projet d'entreprise doit d'abord se concevoir comme un acte d'intercompréhension, c'est-à-dire comme « un procès d'entente entre des sujets capables de parler et d'agir ».

Certes, quand il écrit ces phrases, Habermas est bien loin d'évoquer le concept de projet d'entreprise, mais ses analyses nous situent d'emblée dans le procès de communication dont nous avons fait l'enjeu essentiel du projet d'entreprise. Les conditions ainsi posées sont donc bien les conditions du passage du génitif subjectif au génitif objectif dans l'expression « projet d'entreprise ».

Le contenu du projet se joue dès ces préalables. Si les objectifs perlocutoires sont massifs, on comprend que le contenu soit pauvre : on considérera alors que le projet a le mérite d'exister comme projet, qu'il a permis à l'entreprise d'échanger sur le projet et de se reconnaître dans le projet. Mais il s'agit là d'une illusion dangereuse. La vacuité du projet lui retire son rôle de référence, et le résultat proposé efface la réalité de l'entreprise qui aurait pu s'y déposer.

Il n'y a pas de communication sans intercompréhension, sans ce mouvement qui vise un accord qui, lui-même, satisfasse aux conditions d'un assentiment rationnellement motivé aux contenus des expressions de l'entreprise elle-même. Il importe de bien distinguer ce qui relève ici de la communication et ce qui relève de la négociation. Ce sont des procédures assez différentes qui ne sauraient développer les mêmes contenus. En fait la négociation n'est pas orientée vers l'intercompréhension ; elle vise un accord qui est un compromis entre intérêts particuliers. Sa validation n'est pas d'ordre rationnel : elle manifeste un rapport des forces.

Quelques principes d'élaboration

Ces quelques remarques assez théoriques permettent de concevoir les principes d'élaboration d'un projet d'entreprise. Résumons celles qui sont opératoires dans ce cadre :

1. Le projet doit être projet **de l'**entreprise pour devenir projet **d'**entreprise.

2. Les actes perlocutoires et les impératifs, en tant qu'actes stratégiques, doivent être évacués de l'élaboration du projet d'entreprise.

Ces deux principes fondamentaux doivent être dits et pour cela traduits en des termes dont la force illocutoire est telle qu'elle doit donner une authentique impulsion au projet à constituer.

Cependant, avant de songer à l'élaboration du projet, il faut indiquer une troisième condition principielle :

3. La connaissance de l'entreprise et en particulier de son âme, ou du moins d'éléments essentiels de cette âme, car le projet d'entreprise est en même temps un moyen de connaissance de l'âme elle-même.

En effet, dans le processus de communication, la direction de l'entreprise n'est évidemment pas privée de la parole. C'est même sa parole qui va orienter les réflexions sur le contenu du projet. Si donc sa parole est bien un acte de langage qui a une prétention à la validité vérifiable, elle doit s'étayer sur une connaissance approfondie de l'entreprise. Par exemple, la connaissance des valeurs dominantes, qui ne sont souvent pas pensées comme telles, est un élément décisif de deux points de vue : d'abord parce que ces valeurs vont largement constituer le cadre normatif dans lequel seront validés ou invalidés des énoncés divers. Ensuite parce que ces valeurs constitueront un moment essentiel du projet d'entreprise lui-même. C'est pourquoi il ne faut pas s'en tenir à un simple transfert de valeurs supposées[12].

Il ne saurait donc être question de rejeter en bloc la notion de projet d'entreprise sous prétexte que certains projets ont été mal rédigés ou gadgétisés. L'existence même d'un projet peut remuer et mobiliser une entreprise plongée dans une certaine léthargie.

Prenons ici le cas du projet d'entreprise annoncé par

Jean-Paul Huchon lorsqu'il dirigeait la Caisse nationale du Crédit agricole : l'annonce solennelle d'un projet, qui ne devait finalement pas voir le jour du fait des événements politiques, fut un événement considérable. Tous les salariés de la CNCA, quel que soit leur niveau hiérarchique, évoquent encore ce moment historique qu'ils ont vécu comme un choc bienfaisant et excessivement positif.

Les arguments opposés à la notion de projet d'entreprise sont fondés, soit sur de mauvais exemples, soit sur l'idée que la notion de projet dissimule des conflits réels et joue un rôle de masque[13]. Le mot importe peu, ce qui compte, c'est avant tout que les hommes et femmes de cette société que constitue l'entreprise en perçoivent les finalités et le fonctionnement.

NOTES

1. Tout au long de ce texte je me réfère explicitement et implicitement au livre de Jürgen Habermas : *Théorie de l'agir communicationnel* Fayard. 1986.

2. Le problème est le même s'il s'agit d'un groupe de cadres et plus seulement du chef d'entreprise lui-même.

3. C'est à ce titre que j'utiliserai des notions tirées de la linguistique pragmatique et non d'une linguistique de type saussurien.

4. Ces distinctions sont bien admises par les pragmaticiens comme Austin, Searle ou Habermas. *Cf.* par exemple Habermas : « Les actes perlocutoires forment cette sous-classe d'actions téléologiques qui peuvent être produites à l'aide d'actions langagières à condition que l'auteur ne déclare pas ou ne concède pas comme tel l'objectif d'action. »

5. Je renvoie ici au livre de Pierre Bourdieu : *Ce que parler veut dire*. Minuit. 1984.

6. Bourdieu. *Idem*. In chap. *Le pouvoir symbolique*.

7. *Cf.* la formule déjà énoncée par Austin à propos des performatifs in *Que dire, c'est faire*. Seuil.

8. *Cf.* Habermas. *Op. cit.* Introduction et Première remarque intermédiaire.

9. *Cf.* Chap. 4. 2.

10. *Cf.* Habermas formulant Austin, in *op. cit.*

11. Ici le terme de stratégie n'est pas un terme du vocabulaire de la gestion.

12. C'est la tentation à laquelle cèdent des cabinets qui opèrent dans le

champ macro-social. Même si l'on admettait que leurs analyses dans ce champ avaient quelque pertinence, il n'en resterait pas moins qu'une telle méthode, trop couramment acceptée, revient à nier radicalement les spécificités de culture, d'histoire et de métiers.

13. On lira avec intérêt le remarquable livre qu'a écrit Jacques Gautrat (Daniel Mothé) à propos du travail de recherche effectué chez Thomson. Les conclusions qu'il en tire en ce qui concerne la démarche sociologique elle-même mettent le doigt sur l'effet consensuel de nouvelles pratiques de communication. Par exemple : « Pourtant, au départ nous étions polarisés nous aussi sur les conflits de pouvoir que pourrait entraîner le participatif », « L'imaginaire sociologique est-il si pauvre ou devenu si rigide qu'il lui serait interdit de chercher d'autres hypothèses de travail que le conflit ? »

TROISIÈME PARTIE

MANAGEMENT, PHILOSOPHIE ET SCIENCES HUMAINES

1. Littérature des managers et livre de management

Peut-on écrire sur l'entreprise, sans donner dans la rhétorique décriée par Platon, *empirisme, routine et flatterie* ? Peut-on écrire de façon utile et utilisable par les entreprises elles-mêmes ? Cette question traverse tout mon propos tant est grande la rupture patente qui existe entre le monde de l'entreprise et le monde de la réflexion philosophique, et se lit aussi bien dans les ouvrages de management que dans les œuvres de philosophie.

Sans doute les intellectuels français ont-ils leur part de responsabilité en désertant une entité, l'entreprise, qui produit notre richesse, crée nos emplois et déploie une forme de l'action qui n'est jamais analysée. Considérons la philosophie : l'action qu'elle réfléchit, l'action sur laquelle elle se norme est soit individuelle — et nous avons la morale — soit collective — et nous avons la philosophie politique. Nous en sommes seulement aux balbutiements d'une réflexion conceptuelle qui prend en compte cette réalité que constitue l'entreprise. C'est pourquoi le champ libre est laissé à l'idéologie la plus arbitraire et la seule préoccupation de notre temps est d'ordre axiologique ou éthique : d'où les discours multiples qui vantent la reconnaissance et la revalorisation de l'entreprise. La philosophie contemporaine déserte l'opinion. Pour parler franchement, elle affiche le même mépris pour l'entrepreneur que les philosophes grecs pour les esclaves, pour l'animateur de l'outil que pour l'« outil animé » (Aristote). De ce fait les sophistes, Mistofóroi, ont la part belle : ils enseignent tout ce qu'on n'apprend pas à Harvard et tout ce qu'on y apprend mal.

Mais d'un autre côté, le monde de l'entreprise n'est pas toujours des plus disponibles ; l'urgence de l'action est aux entreprises ce que la distance réflexive est aux philosophes. Or, cette distance est souvent perçue comme insupportable. Je fais ici le pari d'une réflexion théorique nécessairement couplée avec la stratégie. Le pari ne sera gagné qu'à l'épreuve des faits.

Un livre de management

Depuis Descartes nous vivons une scission douloureuse entre la connaissance et l'action. Seul Marx a refusé de collaborer à cette partition catastrophique. Il ne faut pas « tuer Descartes » comme le demandait un industriel fameux, il faut le dépasser sans jeter le bébé avec l'eau du bain. La rationalité est toujours une force lorsqu'elle n'est pas caricaturée ou réduite comme l'ont été les règles de la méthode dans les manuels qui ont bercé tous les organisateurs d'entreprise ; les éloges excessifs et exclusifs de l'intuition sont une promotion tactique du handicap intellectuel : le mépris pour la femme s'est toujours nourri d'une concession hautaine pour l'intuition féminine. On attend toujours que *Femme Théorique* remplace dans les kiosques *Femme Pratique* !

Pour connaître quelques chefs d'entreprise, je suis persuadé qu'ils ne peuvent se contenter de la multiplication des tableaux infantilisants dont on dit qu'ils sont tellement « plus parlants ». Flèches, diagrammes, *slides* et le tour est habituellement joué. Le graphe et l'image se substituent fâcheusement au concept. **Un livre en partie théorique peut être un livre de management et de manager : il faut cesser de donner des hochets en désignant l'État, en dénigrant Descartes et en distribuant des prix, fussent-ils d'excellence.**

J'ai voulu par exemple insister, par principe, sur une des plus grandes thèses de la philosophie, la thèse que soutient Spinoza sur la liberté. L'enjeu n'est pas mince, car le concept de libre entreprise est porteur des illusions qu'analyse l'auteur de l'*Éthique*. Pourquoi répète-t-on à l'envi « libre entreprise » ? A y bien regarder, on se contente d'une substitution adroite :

« libre » remplace « privée » ; la même opération de caractère idéologique avait été parfaitement réussie sur l'école « libre ».

Comme l'écrivait Valéry, *le mot liberté a plus de valeur que de sens*, c'est bien un maître mot. En effet, quiconque s'attaque à la liberté ne le fait qu'au nom d'un autre concept de la liberté ; il en est ainsi des libéraux qui critiquent la licence ou des marxistes qui opposent la liberté réelle à la liberté formelle. La vraie question qui se pose alors est : Qui est donc libre dans la libre entreprise ? Je n'aborde cette question que pour examiner la liberté de l'entrepreneur, puisque c'est à lui qu'est référée implicitement la notion de libre entreprise, voire le concept même d'entreprise.

Or, qu'affirme Spinoza ? *Les hommes se croient libres parce qu'ils ont conscience de leurs actions et qu'ils ignorent les causes par lesquelles ils sont déterminés.* Parataxe décisive : c'est la conjonction de cette conscience de l'action et de cette ignorance des causes qui produit l'illusion de la liberté. Et il s'agit bien d'une illusion beaucoup plus que d'une erreur, car l'illusion demeure même si l'erreur est corrigée : au seuil même de l'action, nous avons toujours le sentiment d'être libre au point de ne pas douter que telle décision — de bouger les doigts qui frappent ce texte ou de signer tel contrat dont notre liberté est condition de validité — soit effectivement libre.

L'idée de Spinoza que nous voudrions présenter ici comme notre approche de la culture d'entreprise revient donc à ceci : plus l'on connaît ce qui nous fait agir, plus la connaissance de nos déterminations est grande, plus notre liberté s'accroît. Il faut en déduire que l'entreprise n'est une libre entreprise que si elle est capable d'investir en connaissance de soi-même. D'où cette assertion toujours recommencée : pour être libre il faut connaître, et pour connaître il faut entamer un aveu d'ignorance.

On ne commande à la nature qu'en lui obéissant : si l'homme a pu s'envoler, il lui a d'abord fallu connaître tout ce qui l'empêchait de voler et pénétrer les mystères de la gravitation. L'homme n'est libre, l'entreprise n'est libre que si elle connaît ce qui la fait agir, ce qui la détermine, ce qui fait qu'elle est ce qu'elle est, et qu'elle n'est pas ce qu'elle n'est pas.

Il faut donc essayer de penser la relation de cette acception spinoziste de la liberté et la notion de libre entreprise. Cette dernière est avant tout pensée comme l'absence de contraintes extérieures : le contrôle de l'État est cette contrainte implicitement désignée. Je pense que cette vision de la liberté, si elle relève bien d'usages idéologiques et tactiques, n'a pas la profondeur suffisante. Chacun sait que l'État n'est qu'une contrainte externe parmi tant d'autres : le marché, la sous-traitance, la concurrence, la consommation tracent des chemins qui limitent considérablement cet espace de prétendue liberté. En admettant qu'il y a bien, dans la restriction maximale des contraintes externes, un usage possible de la liberté, encore faut-il qu'au commencement, face à ces limitations diverses, il y ait, en soi, une liberté à exercer dans l'extériorité. Or une entreprise est tout entière faite de déterminations internes qui balisent son champ d'action. La conviction essentielle qui anime ma démarche est la suivante : plus l'entreprise prend conscience, par la connaissance, de ces déterminations, plus elle se dote d'une liberté nouvelle et efficace pour passer aux actes.

Il s'agit là d'un principe fondamental de management ; il ne saurait être le seul. La relation à autrui, à ce qui nous entoure doit être aussi approfondie. Le marché, l'environnement, la concurrence ne sauraient être oubliés dans la mesure où la lutte pour la reconnaissance est un élément du processus de connaissance.

Néanmoins, j'ai voulu aborder essentiellement ici la question de la connaissance de soi, et ne fais intervenir la connaissance de l'autre que comme la médiation par laquelle s'opère cette connaissance, réservant à plus tard de nouveaux développements sur cette connaissance de l'autre.

Or l'illusion est tenace, qui fait croire à maints chefs d'entreprise qu'ils connaissent leur entreprise et leurs hommes. La notion de libre entreprise est dommageable si elle sévit dans les consciences dirigeantes au point de donner l'illusion de l'autonomie de toute décision. Le cas le plus dangereux est le cas de ceux qui ont créé et fait croître eux-mêmes une belle entreprise : le « gagneur » tout-puissant a connu les affres de la base et croit ainsi conjurer et l'oubli et la distance sociale. Les syndicats vont parfois dans le même sens : *Notre patron qui êtes aux cieux... Restez-y !* Conséquence pratique immédiate ; **il n'existe pas de recettes en communication interne : on ne communique bien que si l'on connaît le mieux possible le récepteur au point d'en faire un interlocuteur.**

L'hypothèse générale de mon propos est donc de nature philosophique : la liberté de l'entreprise n'est pas immédiate, elle se conquiert au terme d'un processus et ce processus est, pour une grande part, un mouvement de connaissance. Pour reprendre des formules célèbres, la liberté est « nécessité comprise » ou « intellection de la nécessité ».

Pour donner un exemple de livre de management, je voudrais citer ce qui est peut-être pour moi l'ouvrage majeur de ces dernières années en la matière, le rapport présenté par Antoine Riboud, intitulé *Modernisation, Mode d'emploi*. D'une certaine manière ce rapport puise largement dans les acquis des sciences de l'homme et de la société et, même s'il ne peut aborder toutes les dimensions du problème qu'il avait mission de traiter, il aborde de front des questions essentielles auxquelles sont confrontées les entreprises contemporaines.

L'exemple du rapport Riboud

La mission était plus d'analyse que de proposition. Le traitement proposé par le rapport est plus de proposition que d'analyse. Mais ces propositions consistent plus en des indications de méthodologie qu'en des mesures relevant du politique. En effet, l'analyse est adroitement synthétisée dans une introduction très efficace ; elle réapparaît par la suite au fil des propositions et recommandations, mais plus en se fondant sur des exemples précis qu'en développant des considérations quantitatives, au demeurant assez inutiles et stériles.

Nous avons donc là un document remarquable qui est **un authentique ouvrage de management**. La seule concession qu'il fasse à la mode, c'est son titre qui donne dans le genre « recettes ». Or son objet est sans doute l'objet essentiel du management pour les années qui viennent : aucune entreprise ne pourra échapper à l'introduction des nouvelles technologies. Mais nos filières d'enseignement préparent très mal à cette mutation économique et sociale : la gestion et la technologie ne se recoupent encore qu'en des enseignements quasi expérimentaux.

Pourtant il est à craindre, malheureusement, que le rapport Riboud ne soit pas passé pour un livre de management. Les entreprises françaises sont trop habituées à acheter par dizaines, pour leurs cadres, des ouvrages sensibles aux effets de mode et au contenu théorique exsangue. Or nous avons, avec ce rapport, un ouvrage qui n'est pas, comme tant d'autres, méprisant de fait avec les dirigeants de nos entreprises : il présuppose enfin une intelligence qui ne s'appuie pas sur des fascinations anglo-saxonnes et qui ne consiste pas en une simple distribution des prix, fussent-ils d'excellence. Enfin cet ouvrage est d'une très grande lisibilité, ce qui lui donne un avantage considérable sur des travaux de chercheurs aboutissant aux mêmes conclusions, mais à lire par... d'autres chercheurs. L'écriture de ce texte enlève tout prétexte.

Plaidoyer pour l'intelligence

Pour dégager quelques idées essentielles, sans prétendre à l'exhaustivité, nous pouvons insister sur les conclusions suivantes dont le caractère méthodologique est patent, ainsi que l'indique le sous-titre du rapport *Mode d'emploi* :

— Le texte est d'abord un appel à **la réflexion,** comme l'indique l'itération de toute une constellation sémantique : ***repenser***, ***préparer***, ***anticiper***, ***élaborer***, ***apprendre à comprendre*** etc... *Ainsi est-il conseillé de toujours penser une introduction de technologie non seulement dans la relation directe et mécanique aux travailleurs directement affectés, dans leurs postes, par ces mutations, mais encore beaucoup plus généralement dans l'organisation même de l'entreprise et jusqu'à la formation des cadres chargés de diriger désormais un personnel qui change, et de qualification, et de modalité de travail.*

— Le texte est ensuite une incitation à **l'invention**. A un problème que pose l'innovation technologique, il n'y a pas une solution, il y en a de multiples que l'on peut aborder et inventer en suivant une méthode rigoureuse. L'invention n'est pas ici, comme trop souvent ailleurs, connectée à on ne sait quelle intuition fumeuse, mais toujours à une méthodologie rigoureuse. *Ainsi ne faut-il pas associer automatiquement introduction de nouvelles technologies et dégraissage pour amortir l'investissement productif. Cette association, outre qu'elle perturbe* *gravement l'acceptabilité des nouvelles technologies par les salariés, relève d'une vision à très court terme qui revient à s'interdire tout raisonnement inventif en matière de formation.*

— Ce texte conduit enfin, plus implicitement — car le mot y est très peu présent — à **la communication**. L'importance accordée aux généralistes, à la mobilisation, au développement de l'information, au refus des exclusions induit nécessairement à la maîtrise encore rare d'une communication tous azimuts (avec les salariés, avec la veille technologique, avec les ressources publiques, etc.) *Ainsi conseille-t-on de créer sans cesse de nouveaux modes de relation avec les informations disponibles en dehors de l'entreprise ou encore d'utiliser l'introduction des nouvelles technologies pour améliorer la qualité du dialogue social.*

Les limites imposées au rapport Riboud

A notre sens, les défauts minimes de ce rapport tiennent plus à sa nature qu'à son contenu. Et ils sont de deux ordres : sa diffusion et son traitement du troisième point évoqué par la lettre de mission.

Quant à sa diffusion, la difficulté était insurmontable. En effet, ce rapport est, dans son existence même, destiné à l'État puisqu'il s'agit d'une lettre de mission de Matignon. Mais, outre quelques aspects très particuliers comme l'offre d'informations économiques par les grands organismes publics, **ce rapport doit d'abord être lu par les chefs ou cadres dirigeants d'entreprise.** On pensera peut-être que la multiplicité des références à BSN le fera passer pour quelque peu narcissique ou pour une démarche de prosélytisme.

Mais le contenu demeure, incontestable. Or, étant donné le destinataire du rapport, il eût sans doute mieux valu que quelques propositions politiques un peu provocantes agitassent un peu les médias de façon à mieux faire connaître l'existence même du rapport auprès des entreprises. Et Antoine Riboud n'y peut rien si c'est plutôt le gouvernement que le CNPF qui le charge d'une telle mission. Néanmoins, pour être efficace, ce rapport devrait prendre les moyens de sa diffusion, par des journées d'étude décentralisées, par des colloques, par des émissions télévisées, par des formes nouvelles de médiatisation. Il serait dommage qu'un tel ouvrage connût le sort habituellement réservé aux rapports de recherche.

Quant à la troisième question posée par la lettre de mission, elle est presque totalement passée sous silence, nécessairement. A y bien regarder, cette question concerne les raisons mêmes pour lesquelles le rapport court le risque de n'avoir aucune efficacité. Les freins, les obstacles, les pesanteurs ne jouent pas seulement par rapport à l'introduction des nouvelles technologies, ils jouent naturellement aussi par rapport à un aveuglement ou une surdité aux discours tels que celui que tient Riboud. La troisième question est la raison d'être même du rapport. De ce point de vue, les analyses de la Cofremca tombent dans leur travers habituel : car le macro-social n'explique pas le micro-social, la Société n'explique pas le fonctionnement ni l'être de la société spécifique qu'est une entreprise singulière, et les représentations recensées quantitativement sont nécessairement différentes, voire contradictoires avec les attitudes constatées localement.

La force de ce rapport, c'est d'indiquer des méthodes qui peuvent balayer des résistances ; **mais les résistances, les obstacles sont toujours locaux ; ils dépendent de l'histoire d'une entreprise, de son âme, de sa culture.** Dans l'espace contraignant qui était le sien, il était impossible de traiter en détail tous les obstacles spécifiques. Dans l'action, tout commence par là. Aucun discours ne peut passer s'il n'analyse d'abord tout ce qui va l'empêcher de passer. Il ne suffit pas de montrer la — ou plutôt les — voies royales de la modernisation, il faut également exhiber les obstacles pour qu'ils puissent être franchis. Il ne suffit pas d'indiquer l'erreur, il faut aussi démontrer l'illusion.

L'écriture Riboud

Le rapport Riboud, c'est aussi un style, une écriture. Les réactions qu'a pu provoquer ce texte dans le monde de la recherche sont ainsi très variables. Certains chercheurs disent en privé leur mécontentement : on leur aurait pillé leurs idées ; ils ont été auditionnés par l'équipe de Riboud, ils ont tout dit et le rapport est publié, sous le nom d'un chef d'entreprise, sans qu'il soit vraiment fait mention du travail des chercheurs.

Cette réaction manifeste un aveuglement évident. Effectivement, le contenu même du rapport n'ajoute pas grand-chose aux travaux de recherche réalisés depuis une dizaine d'années. Mais ces travaux restaient enfouis, ensevelis sous des formes peu appétissantes. De plus aucun chercheur, ni aucun responsable de la recherche publique, n'a pris sur lui de mettre au point une véritable synthèse des recherches financées par l'État.

En ce sens le rapport Riboud constitue un travail indispensable : tout un pan du rapport est de la vulgarisation heureuse. Nous ne nous en plaindrons pas car l'initiative ne serait jamais venue des chercheurs eux-mêmes. L'idée même d'une synthèse est suicidaire au CNRS. Quant à la vulgarisation, il faut déjà être au plus loin dans la carrière pour pouvoir se le permettre.

En effet la recherche française dispose d'un potentiel fantastique de chercheurs qui ont étudié et étudient encore par le menu les processus décrits dans le rapport Riboud. Ils arrivent en général aux mêmes conclusions méthodologiques. La plupart de ces chercheurs seraient des auxiliaires décisifs pour des chefs d'entreprise éclairés. Mais ils ne peuvent faire le rapport Riboud. Cette carence tient à plusieurs facteurs qui font la réussite du rapport lui-même : sa concision, son langage, son écriture et sa réussite dans l'abstraction.

La concision d'abord : car un ouvrage d'une centaine de pages n'est guère digne d'un chercheur ; la norme reste la thèse ; mais surtout, le chercheur français éprouve une jouissance toute particulière dans l'exposé méthodologique. Un exposé de chercheur au CRIN[1], c'est parfois 95 % du temps consacré à la méthodologie et 5 % à des résultats présentés avec la plus grande prudence, en général sous formes d'hypothèses qui restent à vérifier. Pendant ce temps, des consultants moins scrupuleux séduisent les entreprises à grands renforts de transparents éloquents et de schémas synthétiques. C'est que le chercheur français est tout empêtré dans une lutte perpétuelle pour la reconnaissance. Or la reconnaissance ne s'obtient qu'auprès des chercheurs eux-mêmes : les plus gradés pour la carrière, les collègues de même rang pour l'estime nécessaire. Ainsi la plupart des chercheurs gardent-ils frileusement leur identité dans une différence inutilisable.

Le langage. C'est un thème un peu rebattu mais qui garde un certain degré de vérité. L'épistémologie bachelardienne n'a pas fini de faire des ravages : sa prescription du régionalisme scientifique oblige déontologiquement chaque discipline à se doter de concepts spécifiques, appelés abstractions scientifiques. Tout en concevant l'intérêt épistémologique de l'activité rationaliste, nous sommes bien obligé de constater que la norme disciplinaire empêche souvent l'émergence d'un langage communicable et d'une approche susceptible d'embrasser l'ensemble d'un problème posé par l'entreprise. C'est là que réside essentiellement le problème du langage, dans la raison scientifique qui, loin de se déployer dans une éthique de la discussion ou une théorie concrète de l'argumentation, ne parvient à embrasser par ses concepts, et donc par son discours, qu'un aspect trop limitatif de la réalité des choses.

L'écriture. Le problème du langage se double d'un problème d'écriture qui est très loin d'être négligeable. Les facultés ne sont plus de lettres, elles sont uniquement de sciences humaines. Comme si le scientifique des sciences humaines et sociales trouvait de la scientificité dans l'écriture maladroite et soporifique. « Soyez ennuyeux comme Coulomb, et vous serez scientifique », rapporte Michel Serres. L'éthique bachelardienne sévit encore et toujours. Quand les sociologues avaient une formation philosophique et, partant, littéraire, le problème était différent. Or l'écriture est décisive dans la relation avec les entreprises : un rapport d'étude ou de recherche peut être commenté oralement mais il circule sous une forme écrite. On ne peut se défausser sur une mauvaise foi supposée des dirigeants rebutés.

L'abstraction enfin. Le coup de force du rapport Riboud, c'est sa capacité à dégager une méthode d'une multiplicité d'exemples simples à comprendre. L'abstraction n'est pas ici une opération de complexité croissante, mais au contraire la capacité à se dégager de la monographie pour dégager des conseils essentiels. C'est aussi une difficulté propre à la plupart des chercheurs.

Loin de moi l'idée de discréditer la recherche française par de tels propos. Il ne s'agit pas de disqualifier des travaux de qualité mais de déplorer au contraire amèrement leur valorisation insuffisante. Seuls quelques individus émergent du lot, et ils vivent très bien ! En effet la qualité de la recherche, la finesse d'analyse que procure le séjour prolongé sur des terrains cruciaux sont largement appréciées et rétribuées par les entreprises.

Le rapport Riboud vient mettre un accent tout particulier sur cette difficulté qui nuit, sans aucun doute, à l'économie et aux entreprises françaises. Ceci est d'autant plus regrettable que les chercheurs concernés ont largement abandonné les préventions qui les ont tenus longtemps à l'écart des enjeux et des séductions de l'entreprise[5]. Il serait d'ailleurs tout à fait injuste de blanchir les entreprises en accusant les chercheurs d'incompétence notoire.

Ce sera sans doute un effet secondaire du rapport Riboud : À quel signe reconnaît-on un dirigeant moderne, adapté à notre temps ? A ses résistances, à son indifférence face au texte de Riboud. Déjà on peut compter ceux qui sont contre et ceux qui sont pour. Ceux qui sont contre parce que c'est Riboud, l'homme du discours de Marseille, donneur de leçons et brebis galeuse du patronat français ; et ceux qui sont contre parce que le contenu d'un tel rapport porte en lui-même quelque chose d'insupportable.

Pourtant le ton du rapport n'est pas magistral. Certes, il a des côtés « séminaire de formation pour cadres dirigeants », mais c'était bien le but de la mission proposée par Chirac. Le ton du rapport est parfois didactique mais c'est l'envers de l'effort de synthèse qu'il manifeste.

Que restera-t-il de cette mission ? Les efforts vertueux d'un missionnaire ou une foule de convertis ? Il manque une église pour rassembler les fidèles. La rue Pierre-Ier-de-Serbie s'y prête peu : elle a beau multiplier les commissions de travail pour occuper ses permanents, son silence en cette occurrence n'est pas de recueillement. Matignon a remercié poliment le missionnaire, mais on ne sème pas le doute en ses troupes à l'heure de la guerre électorale. Les chercheurs eux-mêmes jalousent un succès qu'ils auraient mérité.

En tout cas, ce rapport montre une voie, me semble-t-il : il doit se constituer une littérature de management qui prenne en compte les avancées des sciences humaines et sociales et plus généralement de la réflexion, même théorique, qui peut être menée sur l'entreprise.

NOTE

1. Comité des Relations industrielles du C.N.R.S.

2. Analyses dans l'entreprise

Pour le crépuscule des magiciens (L'irrationnel dans l'entreprise)

La montée de l'irrationalisme

A en croire quelques événements récents, le savoir serait très superflu pour l'entreprise. Du moins pour le chef d'entreprise. Du charisme incontestable qui fait le pouvoir de certains d'entre eux, on serait passé à une conception quasi magique de la direction de l'entreprise. Les techniques les plus irrationnelles interviennent ainsi à tous les stades du fonctionnement de l'entreprise : formation, direction des hommes, décisions stratégiques. Quelques publications et manifestations se sont fait l'écho de ce courant nouveau.

Ainsi Descartes est-il pris pour cible : il est à la décision ce que Colbert est au libéralisme. Tuez-les tous, l'entreprise reconnaîtra les siens. Il existerait des hommes, tourneurs de table devant les esprits éternels, qui auraient par là même la capacité ensorcelée de diriger des entreprises. Ils n'ont alors plus de prix ; déconventionnées, leurs prestations relèvent de la consultation hors normes car l'aide des esprits malins n'a pas de prix. De malins génies — Descartes rentre par la fenêtre ! — nous feraient ainsi douter de tout et notamment de cette raison franchouillarde censée inhiber nos potentiels de créativité.

Les patrons seraient des mages guidés par l'étoile de l'innovation. Il ne resterait plus aux cadres qu'à en tirer les conséquences et à s'initier progressivement par la voie royale de la métaphore. Le modèle devient le « para ». Para-chutisme et para-psychologie. Le treillis se substitue au sombre costume, la table tournante à la table de conférence, l'horoscope à la planification.

Para-chutisme d'abord. Nous baignons dans la métaphore. Le chef d'entreprise est un baroudeur. Il marche sur des braises, joue au cow-boy dans les bois et dévisse dans le vide. Traduction du trope : le danger n'est pas où l'on croit, la vie est une jungle, la décision un grand saut. Les gagneurs se battent en « rangers ». Dans tous ces cas les risques sont inutiles mais ce sont des risques. Fais-toi peur et les autres auront peur de toi, de cette peur admirative qui ressemble à l'*aidos* grecque, crainte respectueuse : il a fait ce que je n'aurais pas osé faire. Je fais ce que d'autres n'oseraient pas faire. Dur avec les autres mais dur avec lui-même. Fais ton service, mon garçon, si tu veux être un homme. Rien de très nouveau dans cela, sinon le développement de la métaphore : le chef d'entreprise était entreprenant, il est maintenant un sauteur. Il a des couilles.

Ce bel enseignement a pénétré nos écoles de gestion. Observons HEC : « option entrepreneur ». Stage de parachutisme improvisé : deux blessées. Tant mieux : la métaphore continue, il y a des entreprises qui se cassent la gueule. Il faut continuer. C'est la sélection naturelle. D'ailleurs ces filles n'en ont pas, justement. CQFD.

Parallèlement, l'astrologie. Le thème astral est important pour recruter dans cette option « entrepreneur ». Etre né sous une bonne étoile. Astrologie et numérologie conspirent à l'abrutissement. Etre un bon numéro, faire un bon numéro, avoir tiré le gros lot.

Ces pratiques ont un seul point commun : l'irrationalité avouée, proclamée, revendiquée. Dès lors tout est possible : si la raison n'existe pas, tout est permis. Plus rien n'a besoin de se justifier si ce n'est par le recours à l'ouï-dire ou à l'expérience vague : l'expérience nous a montré que...

Ainsi le recrutement emprunte des voies dans lesquelles l'avait subrepticement engagé la graphologie. Encore celle-ci étudie-t-elle un symptôme, car l'écriture est un symptôme. Le problème c'est la validation des analyses.

Dans tous ces cas, il s'agit avant tout de refuser toute intercompréhension. C'est la conséquence logique de l'irrationalité puisque celle-ci ne se déploie pas dans un discours qui prétend à une validité vérifiable. La communication doit être quelque part du côté des esprits frappeurs et tourneurs de table.

Il faut chercher le sens de cette introduction de l'irrationnel. Il est sans nul doute du côté du pouvoir. La magie a toujours été un pouvoir. L'irrationnel fonde une légitimité phantasmatique. On dira que, précisément, la raison n'en peut rendre compte. Ce qui est le dernier « para », le para-logisme. La raison ne peut prétendre que tous les comportements soient rationnels, cela va de soi. Mais le discours articulé, qui perd naïveté et innocence, se déploie dans l'espace d'un pouvoir qui a perdu sa légitimité. Le pouvoir qui ne parvient plus à être autorité décide de se multiplier, il devient pluriel : les pouvoirs pragmatico-magiques sont des pouvoirs occultes. Montesquieu disait déjà bien que l'absence de raison est le caprice du tyran : caprice des dieux perdus se perdant dans une fumée fumeuse qui fait écran à toute raison.

Et puis, pour résumer, il suffit de simplifier : chaque pratique irrationnelle consiste à sacraliser une expression du sens commun :

Astrologie = être né sous une bonne étoile ;
Numérologie = avoir tiré le bon numéro ;
Morphopsychologie = avoir la gueule de l'emploi.

L'argument « made in US »

Curieusement, les États-Unis sont sollicités pour argument d'autorité. L'irrationnel serait produit d'importation. Descartes en meurt : il résistait, Maisonrouge veut l'assassiner. C'est que l'argument américain reproduit la même ignorance. Il est certes difficile de porter des jugements rapides sur l'ensemble d'une si vaste économie où chacun peut trouver son bien. Mais des études montrent rigoureusement que les plus grandes entreprises américaines recourent plus volontiers à des analyses de type rationaliste. On confond un peu vite les exemples légendaires de réussite non diplômées avec un discours irrationaliste revendiqué. Bien au contraire, les entreprises américaines que nous connaissons n'hésitent pas à exhiber leurs contacts avec les sciences de l'homme et de la société. Ceux-ci sont plus naturels et plus immédiats qu'en France.

Prenons quelques exemples qui ne soient pas dérisoires : Exxon, General Motors, American Express, ATT, Philip Morris. Les comportements irrationnels sont plutôt pourchassés qu'encouragés. Le génial fondateur de Apple est évincé s'il croit en quelque étoile propre.

Il est vrai cependant que l'irrationnel, transmué en intuition, n'est pas l'objet d'un mépris aussi radical qu'en France. Mais ce n'est pas par souci d'obscurantisme, c'est bien plutôt par volonté d'expliquer ce qui se passe effectivement dans une entreprise.

Irrationnel et Irrationalisme

Il s'agit là de deux démarches opposées : souligner le rôle de l'irrationnel dans l'entreprise n'a rien d'irrationaliste, au contraire. La logique des acteurs dans un système quelconque ne saurait jamais être analysée à la seule lumière de la rationalité. Leurs stratégies sont beaucoup plus complexes qu'on le pense toujours en première analyse. La raison est toujours parasitée, objet de multiples ruses même si les argumentaires sont présentés avec une raison suffisante.

Si tout était rationnel dans l'entreprise, si tout s'exposait explicitement en raison, bien des études seraient inutiles et les stratégies des acteurs seraient transparentes. Il est sans doute temps de préciser ici ces notions d'irrationnel et de rationnel. On entendra désormais par rationnelle une démarche qui consiste à intégrer consciemment et explicitement une bonne maîtrise des causes et des effets dans les actions entreprises et qui peut supporter l'épreuve d'une argumentation rigoureuse. Par irrationnelle, on entendra une démarche qui ne peut expliquer ni s'expliquer elle-même au moyen d'une argumentation transmissible.

L'irrationalité est donc un constat, ce n'est pas une revendication. Le jeu des acteurs, la présence des mythes, le rôle des rites et des tabous sont autant d'objets qui ne relèvent pas d'une stricte rationalité. Ces objets sont tout naturellement objets des sciences de l'homme et de la société en tant qu'il constituent l'âme même de l'entreprise, ils la font vivre ou quelquefois la font résister au changement.

L'irrationnel comme objet d'étude

Il faut bien noter que cette irrationalité peut n'apparaître comme telle que parce que l'argumentation ne peut être tenue dans l'entreprise. C'est-à-dire que cette irrationalité recouvre la plupart du temps des logiques implicites, des stratégies d'acteurs qui ne peuvent exactement se dire, soit qu'elles soient contradictoires avec les intérêts objectifs de l'entreprise, soit qu'elles ne puissent vivre heureusement qu'en vivant cachées. La méconnaissance de ces logiques est ignorance de l'entreprise elle-même. La reconstruction de ces logiques constitue un pas en avant pour l'entreprise.

C'est dire que l'enquête d'entreprise doit prendre pour objet pertinent beaucoup plus ces logiques que des opinions vagues et toutes déconnectées. En effet, les sondages quantitatifs qui sont effectués sur la base de questionnaires ont une portée très limitée. Même si les questionnaires sont bien faits — et cela arrive quelquefois —, ils ne restituent qu'une mosaïque d'opinions diverses et, au mieux, les hypothèses de travail des directions commanditaires. On a trop vite fait d'ironiser sur des réponses contradictoires ou sur l'incohérence des désirs apparents du personnel en passant au traitement des questionnaires. Un questionnaire ne vaut jamais une immersion. Les ethnologues le savent bien, qui privilégient la pénétration dans la durée. Tout au plus, le questionnaire permet-il d'indiquer quelques pistes. Mais le travail commence après le traitement des réponses.

On ne peut se contenter sérieusement d'une collection de symptômes. Expliquer, c'est d'abord éliminer le hasard ; c'est rejeter l'hypothèse de la fantaisie individuelle. En effet, l'entreprise est un réseau de logiques diverses. Ces logiques peuvent être d'affrontement, mais ce n'est pas le cas le plus courant. Des logiques diverses peuvent être des éléments d'intégration, mais elles bloquent souvent la communication, car, inconnues, elles inhibent tout mécanisme d'intercompréhension. Sans doute des conduites individuelles ne peuvent-elles subsumer sous ces différentes logiques ; ces conduites relèvent alors de la psychologie individuelle. Celle-ci a naturellement ses droits dans l'entreprise, mais dans la mesure où elle ne s'intègre à aucune logique de groupe, de fonction, de grade ou autres, la conduite individuelle doit échapper aux moyens d'appréhension dont dispose l'entreprise par le recours aux analyses des sciences humaines et sociales. Le contraire serait d'ailleurs inquiétant car il réduirait ces sciences au rôle policier de l'enquêteur. Seul un point de vue totalitaire refuserait la part d'irréductible.

L'irrationnel ne peut d'ailleurs être posé en principe lors d'une recherche effectuée en entreprise. Il se dévoile au fil des entretiens et de la recherche elle-même. C'est alors qu'il faut construire des scénarios logiques et rechercher, en les testant, les principales connexions qui aident à comprendre la stratégie des différents acteurs et la logique de leurs représentations.

C'est évidemment tout le contraire de l'irrationalisme, car c'est une approche explicative puis compréhensive. Elle est seule à pouvoir bien connecter les attentes du personnel ou à envisager des attentes possibles, ou encore à entreprendre des actions dont on sait qu'elles s'intégreront bien dans des logiques spécifiques.

Mais là encore je pense que la connaissance est chose très nécessaire. La révolution de l'intelligence n'a pas lieu seulement dans la sphère technologique. Il serait inquiétant qu'elle épargnât l'analyse de l'entreprise.

Abstraction et stratégie

Ces quelques éléments un peu polémiques signifient que l'irrationnel ne doit jamais être un choix délibéré, mais plutôt un cas de force majeure. Si l'on cantonne le rôle de l'irrationnel dans la prise de décision au sein de l'incertitude, il en reste bien essentiellement à un niveau tactique. La stratégie doit tenter de limiter l'irrationnel au minimum. Si des éléments irrationnels comptent dans la vie d'une entreprise, il convient de les considérer comme supplémentaires et non comme essentiels. Le charisme d'un chef ne peut se substituer à la rationalité stratégique : sur ce point, il faut balayer la flagornerie qui envahit même des cercles réputés progressistes du patronat. Tout ne repose pas et tout ne doit pas reposer sur les joggings psychologiques, physiques ou métaphysiques du patron. La tendance qui consiste à substituer le chef à la stratégie est excessivement dangereuse, car elle repose sur un narcissisme préoccupant.

La stratégie doit se penser dans les termes les plus militaires qui ont fait le succès de son concept. Elle doit être à la fois très concrète et très abstraite. Très concrète parce qu'elle tient compte des rapports de forces, des jeux belliqueux de la confrontation économique. Très abstraite car elle passe par la médiation de la connaissance. On a toujours tort d'avoir une approche monodisciplinaire de cette connaissance. Un excellent juriste peut faire le succès d'un Bernard Arnault, un excellent financier peut tripler les résultats de la Thomson, mais il ne s'agit pas de stratégie à long terme, pas de management au sens le plus noble du terme.

En matière de stratégie, il faut toujours être certain que l'armée se batte, qu'elle aille à la bataille sans soupçonner l'incurie des dirigeants ou leur perversité. Le chef qui ramène le gain de la bataille à sa propre personne est un menteur, et cela se sait très vite. C'est pourquoi l'entreprise doit en revenir à la stratégie des grands chefs militaires, toujours soucieux du moral et de l'équipement de leurs troupes, sachant avec certitude où se situe le nerf de la guerre.

Aussi l'abstraction est-elle nécessaire. Connaître son entreprise est le fondement de toute stratégie. Les pages écrites par Bernard Ramanantsoa sur ce thème sont incontestables, et je ne mégoterai pas sur la différence entre identité et âme pour les contester. J'ajouterai seulement qu'il faut une médiation quelquefois difficile et longue entre le concept d'identité ou d'âme et le processus de connaissance qui permet de les appréhender. Il faut se méfier des premiers sentiments, des intuitions vécues, car la place de l'observateur perturbe la connaissance.

Je crois que les meilleures approches ne rechignent pas devant l'abstraction car il faut prendre le temps de comprendre l'entreprise et d'en penser les fondements.

Il faut de l'abstraction car il faut penser l'entreprise dans ce qui fait son unité, sa singularité. Ceci exige un effort très spécifique car il faut parvenir à dépasser la multiplicité des discours, voire leurs contradictions. On dira que c'est peut-être impossible, qu'il s'agit là d'une unité fictive située dans un discours unanimiste à finalité consensuelle. Je pense que les contradictions se déduisent assez bien d'une âme bien identifiée et qu'elles n'y disparaissent pas. Les Bibs, les Peugeot, les Renault participent d'un même esprit qui, sans être le lot de tous les individus, est bien un lot commun.

La stratégie doit s'accrocher à cette unité de l'âme et se faire porter par elle. Quand bien même elle voudrait la contrarier, elle devrait la connaître pour savoir comment s'y prendre sans incidents ni accidents.

La notion d'indicateur dans le cadre d'une stratégie définie par objectifs

Pour expliquer en quoi l'abstraction conceptuelle peut être utile à l'entreprise, je prendrai ici l'exemple d'une analyse conceptuelle précise. J'étais un jour confronté à une discussion visant à déterminer, lors d'un séminaire de cadres dirigeants, les indicateurs pertinents pour mesurer l'efficacité de l'entreprise dans la poursuite de ces objectifs. J'ai été amené à intervenir sur un plan purement conceptuel car les débats restaient confus du fait même d'une confusion sur la notion d'indicateur.

La définition des objectifs pour les orientations stratégiques devient une pratique courante dans les entreprises françaises. Sans revenir sur les avantages de cette méthode stratégique, il importe de souligner qu'un de ses effets internes consiste dans la relation directe entre l'intéressement des cadres et la réalisation des objectifs. Cependant ces objectifs ne sont pas toujours quantitatifs dans la mesure où ils sont souvent distribués en objectifs économiques et en objectifs sociaux. D'où la nécessité de la *détermination simultanée d'un indicateur affecté à chaque objectif*. Or, la notion d'indicateur pose des problèmes conceptuels non négligeables, dans la mesure où cet indicateur doit être opérationnel et quantitatif pour servir en quelque sorte de mesure à l'avancement dans la réalisation des objectifs. La tendance est grande qui consiste à confondre l'*indicateur* et le *résultat*.

L'indicateur est là précisément pour quantifier du qualitatif : c'est un instrument de mesure. Il doit pour cela obéir à quelques conditions tout à fait essentielles.

La première condition nécessaire, c'est qu'*il ne doit pas pouvoir être atteint par d'autres voies que celles qui sont censées mener à la réalisation des objectifs*. Cette proposition est tout à fait primordiale : elle permet de déduire le fait que l'indicateur doit être un effet de surface du résultat.

Il doit s'instaurer une relation de causalité entre l'objectif et l'indicateur telle, qu'il est impossible d'utiliser des voies plus courtes pour parvenir à une bonne tenue de l'indicateur. Autrement dit, même si l'identification de l'indicateur semble toujours quelque peu arbitraire, il convient de s'assurer que l'objectif est le passage obligé pour la croissance quantitative de l'indicateur retenu. La précaution doit être longuement méditée car l'un des effets de l'intéressement sera, à court terme, la volonté de court-circuiter les chemins qui mènent à la présentation d'un indicateur optimal.

— *Exemple* : soit l'objectif (a) de l'entreprise (x) : *développer l'expression du personnel.* L'objectif est difficilement mesurable. Il faut donc recourir à un indicateur. Or, il ne peut logiquement se situer de telle sorte que la relation à l'indicateur puisse être effectuée par une voie courte. Si l'on prend comme indicateur *le nombre de réunions organisées dans chaque service à cette fin*, on conçoit bien qu'une voie plus courte consisterait à accumuler les réunions, à les raccourcir et à en négliger le contenu.

La deuxième condition consiste en la *non-confusion de l'indicateur et du résultat*, c'est-à-dire qu'*il faut choisir un indicateur qui ne soit pas directement l'objectif lui-même*. C'est ici qu'un texte de Rousseau propose une analyse conceptuelle tout à fait utile. En effet, dans *le Contrat social* (C.S.III, chap.IX), Rousseau pose la question : *Qu'est-ce qu'un bon gouvernement ? voire quel est le meilleur des gouvernements ?* La question, écrit-il, est mal posée ; il s'agit d'un problème *indéterminé*, au sens mathématique du terme.

En effet, la définition du bon gouvernement va varier suivant les valeurs que l'on privilégie et donc la réponse donnée sera, en fait, antérieure même au constat du pouvoir effectif. Il faut donc poser la question : Quel est **le signe** d'un bon gouvernement ? Le signe, c'est pour lui l'indicateur. C'est la marque, l'indice, le critère. Il a une exigence d'objectivité et exclut tout jugement subjectif. Pour cela, il doit être quantifiable et, d'une certaine façon, les gouvernants ne doivent pas avoir de prise directe sur l'indicateur ; l'indicateur n'est pas manipulable : « Calculateurs, c'est maintenant votre affaire ; comptez, mesurez, comparez. » Il n'est pas question de discuter ici l'indicateur de la croissance démographique que retient Rousseau au regard de l'idée qu'il a de la fin d'une association politique (*la conservation et la prospérité de ses membres*). Il faut simplement en déduire que l'indicateur n'est pas lui-même directement politique, et c'est en ce sens que le politique n'a pas de prise directe sur lui (*sans naturalisations, sans colonies, sans moyens étrangers*).

Ce détour par Rousseau vise simplement à montrer que le concept d'indicateur, pour être opératoire dans une politique définie par objectifs, doit être pensé dans ces strictes limites. Il va de soi que le problème ne se pose que lorsque les objectifs ne sont pas eux-mêmes immédiatement quantifiables, ce qui est la plupart du temps le cas lorsqu'il s'agit de les répercuter sur l'ensemble de l'entreprise et d'en faire la clef d'un intéressement sélectif pour chaque individu.

— *Exemple* : soit l'objectif (b) de l'entreprise (y) : *promouvoir la qualité au sein de l'entreprise*. La qualité est elle-même susceptible de jugements et partis pris très divers comme le montrent les pratiques très différentes des cercles de qualité introduits en France. L'indicateur ne peut donc porter sur l'un des termes du débat (procédures d'introduction de la préoccupation qualité, qualité des conditions de travail, qualité du travail, qualité du climat, qualité des produits). Il ne devra être défini que dans le champ des conséquences prévisibles d'une meilleure gestion de la qualité, quelque part dans le champ de la relation au client, ce lieu étant variable suivant la nature de l'entreprise : industrielle, commerciale ou prestataire de services. Si l'on prend l'exemple d'une société prestataire, l'indicateur pourrait être — en l'absence de toute modification de la politique tarifaire — le maintien ou la conservation des contrats obtenus.

La troisième condition est plus naturelle mais non moins essentielle : *l'indicateur doit avoir un caractère d'évidence, de transparence et d'universalité dans l'entreprise*. Certes, il est toujours quelque peu arbitraire, car souvent plusieurs indicateurs sont possibles et la définition d'un seul indicateur semble partielle. C'est le rôle de la *communic*ation de rendre *commune* la pertinence de l'indicateur en dépit de cet arbitraire. De ce point de vue, un bon indicateur est un indicateur qui pourrait être jugé tel, également d'un point de vue extérieur à l'entreprise, et c'est là que réside une part de son objectivité (comme c'est d'ailleurs le cas de l'indicateur retenu par Rousseau).

— *Exemple* : soit l'objectif (c) de l'entreprise (z) : *valoriser les savoir-faire internes à l'entreprise.* L'indicateur devra avoir la généralité suffisante pour s'appliquer à tous avec la même évidence et jouir de la même transparence. Il peut consister, par exemple, en *la quantité d'innovations transmissibles* produites en interne par des unités de production ou des ateliers.

Ces quelques remarques un peu rapides ont une conséquence fondamentale : **la définition de l'*indicateur* rejaillit sur la définition même de l'*objectif* auquel il est annexé.** Rousseau parlait de problème indéterminé lorsqu'une question était mal posée politiquement. Il en est de même ici : **un objectif pour lequel on ne parvient pas à définir un indicateur pertinent n'est pas un bon objectif.** Il peut être un but, mais pas un objectif au sens impliqué par l'expression *stratégie par objectifs.* Certes, il faut passer quelque temps à cette définition. Mais si elle échoue, c'est qu'il faut changer l'objectif, du moins quand on raisonne dans les termes d'une stratégie définie par objectifs et non pas trop généralement dans les termes toujours un peu vagues d'un projet d'entreprise. En effet, maints objectifs peuvent être plausibles, souhaitables pour l'entreprise. Mais ils ne peuvent tous être réintégrés dans le cadre d'une *stratégie par objectifs,* sauf à se payer de mots. Cette stratégie doit être systématique : ***l'indicateur et l'objectif font système*** ; l'un n'est pas le sous-produit de l'autre. On peut sans doute faire preuve de souplesse et moduler le jugement sur les personnes car l'indicateur, une fois défini, est rarement susceptible d'une justesse totalement homogène pour tous les secteurs de l'entreprise. L'essentiel, selon moi, demeure : *la stratégie par objectifs exige d'abord un travail et une réflexion conceptuels sur le couple objectif / indicateur.* Les notions d'objectif et d'indicateur ne prennent sens que dans la totalité systématique qu'ils constituent, et c'est en cela que l'objectif se distingue du dessein, du projet ou de la finalité.

3. L'entreprise comme objet de la réflexion pour la philosophie et les sciences humaines

A quoi un philosophe peut-il servir dans l'entreprise ? A quoi l'entreprise peut-elle servir à la réflexion philosophique ? Il ne suffit pas de montrer quelques analyses et de se contenter ainsi d'une approche effective de l'entreprise. Partagé entre l'élément de l'entreprise et un souci certain de prosélytisme en philosophie, je voudrais ici répondre à ces deux questions, quoiqu'elles méritent certainement des développements beaucoup plus profonds. Cette réflexion revient à davantage préciser le projet qui m'anime. L'ordre était difficile à choisir : la philosophie et l'entreprise me passionnent également. Mais il m'a fallu la médiation de la philosophie pour tenter de penser l'entreprise et la médiation de l'entreprise pour reculer encore les limites du champ de l'investigation philosophique.

Chaque entreprise est une découverte : la philosophie en entreprise est également fille de Thaumas, l'étonnement, comme la désignait Platon. Je suis souvent très étonné qu'on puisse « conseiller » des entreprises *ex abrupto*. Certains en font un métier. Or, les différences entre chaque entreprise sont telles que seule l'immersion peut permettre de donner des conseils pertinents. Les stratèges « en trois jours » appliquent toujours des schémas sectoriels et, auréolés de leur seule extériorité, ils se permettent des indications fort présomptueuses. Le conseil en stratégie, communication ou ressources humaines ne peut que succéder à l'étude longue. La précipitation nie l'âme de l'entreprise. En effet, chaque entreprise est parcourue par des logiques de comportement et de représentation qu'il faut élucider. Cela prend du temps au conseiller-chercheur, cela prend aussi de l'argent au commanditaire. Mais l'analyse et l'approche rationnelle sont à ce prix : dans le temps court, on enfonce des portes ouvertes. L'extériorité ne se suffit pas à elle-même. Face à une entreprise donnée, j'ai souvent le sentiment d'être face à un système philosophique et, méthodologiquement, je dois me mettre dans la position de celui qui va enseigner ce système. Pour enseigner Kant, Hegel ou Marx, il faut demeurer un moment kantien, hégélien ou marxiste. Il faut séjourner dans le système, en saisir les cohérences, en comprendre les subtilités, établir des liaisons incongrues entre des concepts élaborés séparément. Après seulement peut venir la critique. La démarche est la même en entreprise : sans présupposer qu'il s'agit d'un système aussi bien déduit d'une axiomatique, ni même d'un système simple, chaque entreprise exige qu'on s'y attarde. Le discours des dirigeants est loin d'épuiser l'entreprise et la communication ne vise pas à faire connaître. Ici et là apparaissent des éléments qu'il faut relier, des contradictions qu'il faut penser.

Certes, il ne s'agit pas de toujours valider le réel. Certaines entreprises n'ont pas d'âme fédératrice et s'agitent en tous sens sans qu'il soit possible d'exhiber la cohérence animatrice. Elles vivent de purs rapports de force, elles survivent en s'adaptant au marché, presque sans foi ni loi, ou elles épuisent leurs acquis comme on épuise son capital : c'est d'ailleurs le danger de la référence au passé ou à la culture. Celles-ci peuvent être très nuisibles pour l'entreprise et inhiber son développement. Sans doute a-t-on exagérément valorisé la culture d'entreprise. Il faut en tenir compte pour transformer l'existant mais il ne faut pas s'y accrocher comme à des racines sacrées, et nous reviendrons sur ce point.

Il importe pour le moment d'insister sur le type de réflexion philosophique dont l'entreprise peut être l'objet. Pour cela il sera nécessaire de bien distinguer les moyens et les fins de la recherche. De ce fait, je serai amené à subordonner les sciences humaines et sociales à la fin de la réflexion philosophique et stratégique. Restera à savoir pourquoi je tiens à la précision « philosophique ». En un premier temps, il me semble nécessaire d'inscrire la réflexion sur l'entreprise dans le cadre de la réflexion philosophique en général.

La philosophie de l'action

Il faut d'abord partir de ce constat simple et naïf, qui se double immédiatement d'une interrogation : Comment des entreprises parviennent-elles à fonctionner, à marcher ? Les contraintes violentes ayant disparu, peut-on penser que seule la nécessité vitale pousse au labeur et à l'action en entreprise ? Certes non. Je conviendrai aisément qu'il existe des entreprises de mercenaires et qui font tout pour cela ; qu'il existe également de purs financiers qui achètent et revendent.

A quoi marchent les entreprises ? Comment expliquer qu'on puisse se plaire dans l'entreprise, voire se battre pour l'entreprise ou pour son chef ? C'est toute l'action qui est en cause. L'action individuelle du travailleur et l'action collective des travailleurs. Il faut bien que chacun finisse par s'y retrouver pour qu'en ces temps originaux l'entreprise soit finalement réhabilitée ou, du moins, acceptée comme telle. La réflexion philosophique, telle la chouette de Minerve, doit suivre le mouvement et spéculer sur cette donnée immédiate de l'action.

Si l'entreprise fonctionne, c'est certainement qu'une part de l'identité s'y joue et que d'autres éléments viennent surdéterminer le paiement de la force de travail. L'entreprise est un lieu de profit dans le meilleur des cas, qui est aussi une part de son essence. Mais elle est aussi investissement, projet, satisfaction, plaisir, convivialité et tous leurs contraires quelquefois. On peut la fuir et l'on peut s'y attarder. On peut y sommeiller, on peut y innover.

L'entreprise qui a une âme est toujours animée d'une logique de représentations et de comportements. Elle est sans doute totalitaire ; c'est dire qu'elle a des envers et des endroits. L'âme de l'entreprise subsume les forces qui s'y développent. On peut parler du « système Michelin », du « système BSN », du « système Vuitton ». Ceux-ci renvoient des images inégales, contrastées, retravaillées par les discours et intérêts extérieurs. La philosophie comprend et analyse les systèmes et les logiques qui sont à l'œuvre par-delà les représentations. Elle peut restituer des cohérences et permettre de comprendre les déterminations.

En effet, une entreprise qui marche et qui a une âme est une entreprise déterminée. Quoi qu'il en dise, son chef n'est pas libre d'une liberté arbitraire ou d'indifférence. Toute son action est balisée par le déterminisme qu'il doit sans cesse comprendre. D'où le rôle de la connaissance, de l'histoire. Dans l'entreprise, la philosophie me semble être au croisement des apports divers des sciences humaines : leurs apports sont décisifs, mais il reste à penser l'âme de l'entreprise elle-même.

On ne peut réduire l'entreprise au charisme ou à d'autres éléments irrationnels. Il ne s'agit là que de « boîtes noires » qui dédoublent la cause et l'effet. L'histoire, la stratégie valent bien le pouvoir des individus. Si l'on assiste à la montée en puissance de la « communication interne », c'est qu'il naît une nouvelle exigence et que l'âme excède la magie de l'animateur.

L'entreprise produit des objets qui peuplent notre espace, l'enlaidissent ou l'embellissent. Elle crée les nouvelles images mythiques que sont les marques et qui, d'une certaine manière, occupent l'imaginaire collectif. Barthes est certainement le premier analyste qui a tenté de percer ces nouvelles mythologies en en développant plus l'efficacité que la genèse. L'entreprise est une société qui croit en certaines choses et qui parfois communique cette croyance pour mieux produire ou pour provoquer le réflexe d'achat. Je ne développerai pas cette question dans son objectivation sociétale, mais j'ai essayé de montrer sur le cas de Vuitton sa construction conceptuelle et le rôle du rêve dans l'élaboration du produit comme dans le fonctionnement de l'entreprise.

Une société humaine qui « marche »

En tant que société humaine, l'entreprise mérite largement d'être un objet de réflexion. Certes, elle a ses propres critères de réussite et ses sanctions qui semblent laisser peu de marge à la réflexion aléatoire. D'ordinaire la philosophie se complaît plutôt dans des objets dont l'efficacité ou l'évaluation sont difficiles, comme si le corps politique, par exemple, ouvrait un espace de réflexion par le débat même qui l'agite, tant sur les moyens que sur les fins.

Et il ne suffit pas de faire de l'entreprise un analogon du système politique parce qu'on y trouve autorité et pouvoir. En effet, l'entreprise occupe le temps des hommes et fonctionne, marche avec eux. En tant que telle, elle ne devrait pas laisser indifférent le philosophe. Dira-t-on qu'elle même n'en a cure ? Mais ce cercle vicieux n'a pas été envisagé pour l'État, dont les philosophes se sont préoccupés avant même que tout prince pense en tirer un profit.

Par ailleurs, la réflexion sur l'entreprise met en jeu des opérations qui relèvent bien de la philosophie. La stratégie à moyen ou long terme ouvre cet espace de réflexion ; la montée de la communication manque de concepts ; l'éthique peut n'être pas seulement une préoccupation d'efficacité. De son côté, le philosophe a appris à transformer les questions en problèmes afin de les poser correctement ; il pratique une abstraction utilisable et dispose d'une culture générale dont le besoin croît dans les entreprises. Car l'entreprise ne marche pas seulement à coup d'intéressement et de stimulants financiers. Les problèmes qui s'y posent ne sont pas seulement techniques.

La philosophie et la « doxa »

Reste une objection qui est de taille car elle sourd dans toute une partie de la philosophie contemporaine. En effet la notion de rupture épistémologique a beaucoup nui à la pensée, et notamment à la pensée française. Trop rapidement et implicitement appliquée à la philosophie, cette notion de rupture tend à justifier toutes les distances et tous les sarcasmes. Les philosophes ont oublié la doxa. La leçon de Socrate est pourtant indépassable : la philosophie ne peut se développer que si elle accepte la confrontation avec l'opinion (doxa).

Il faut savoir y perdre sa langue, recevoir les questions naïves — c'est-à-dire auxquelles on ne parvient pas à répondre. En s'isolant dans l'écriture obscure, les philosophes ne se disculpent pas à coups de signatures au bas de pétitions toujours recommencées. La séparation s'est d'ailleurs faite de plus en plus radicale entre les enseignants de philosophie, sans cesse soumis à la pression de la doxa, et les « grands » philosophes qui demandent d'abord à être lus, et ensuite à être éventuellement compris. Ce hiatus est récent, il marque la philosophie de notre temps, au point que la philosophie s'enferme réversiblement dans un monde qui n'est plus le nôtre, auquel elle a renoncé et qui, par sa négation, contribue frauduleusement à la définir.

La doxa est au cœur de ma démarche. Elle est respiration de la pensée, sauvegarde nécessaire. La philosophie ne doit pas renoncer à l'action. La philosophie est avant tout prosélytisme. Elle se réduit trop souvent à des cercles d'épigones qui se constituent dans un processus de distinction qui, pour n'être pas assumé, n'en constitue pas moins le cœur. Le philosophe doit passer son temps à faire des philosophes, à défendre la philosophie en montrant et démontrant sa pertinence. Son silence est aveu d'impuissance ou dogmatisme muet.

La démagogie consisterait à sacraliser la doxa ou à la flatter. La philosophie consiste à la recevoir dans l'élément de la réflexion, ce qui suppose l'éviction de la polémique. Outre que l'expérience des hommes se doit d'être un souci permanent du philosophe, l'expérience de l'entreprise est, à l'évidence, une expérience parmi les plus empiriques. Le mot « pragmatique » y est de mise, et le vocabulaire de l'action obnubile le discours des dirigeants. Je pense que le discours des entreprises repose dans la doxa et constitue un type très particulier de doxa. En effet, celle-ci est sans cesse sanctionnée, elle est bien peu gratuite. Elle a ses modes d'évaluation immédiats. Cette situation rend difficile le dialogue car la sanction des faits est argument d'autorité. Il reste que c'est, à mon sens, une priorité de la philosophie que de s'exposer ainsi dans ses opérations élémentaires. Son discours doit supporter les turbulences et ne pas s'enfermer dans un langage sécurisant parce que fermé. L'irruption de la doxa doit être un remue-méninges permanent. L'entreprise est elle-même subversive et provocante ; la fille de Thaumas ne saurait s'en offusquer dans un mépris hautain.

Souvent la doxa véhicule des logiques rigoureuses. Il serait paradoxal que l'ethnologue s'acharnât à reconstruire les structures mythologiques de populations dites « primitives », tandis que le philosophe renoncerait à penser des opinions qui, en subissant les épreuves de l'analyse conceptuelle, permettraient d'expliquer les logiques de comportements et les logiques de représentations.

Je ne pense pas cependant qu'il faille en rester à la doxa. C'est une tentation dans beaucoup d'entreprises qui multiplient des sondages internes et, jouant des statistiques, tentent de déterminer une opinion publique, une doxa partagée. On appelle cela de la « veille sociale », de l'« écoute interne » ou encore de l'« image interne ». Dans une entreprise, la collection des opinions passe à côté de l'essentiel car elle reste descriptive et se refuse à toute étiologie sérieuse. L'analyse doit aller beaucoup plus loin, elle doit être qualitative et logique. Ainsi l'on peut concevoir que les logiques singulières définissent la spécificité de chaque entreprise. La philosophie ne peut rester dans la fascination du chiffre et la construction de nuages statistiques. Elle ne photographie pas la doxa, elle engage avec elle une réflexion, un échange qui accroissent le savoir et donnent la vraie liberté qui consiste en l'intellection de la nécessité, ou, si l'on préfère, en la connaissance des logiques qui, seule, permet de jouer sur les logiques elles-mêmes : la réflexion sur l'entreprise Évian donne la mesure de l'organisation générale de l'action et des représentations d'une population spécifique, les Chablaisiens.

4. Les sciences humaines et sociales et l'entreprise

Sans entrer dans un débat souvent répété qui consiste à fixer des frontières entre la philosophie et les sciences humaines, je pense qu'il faut comprendre ce qui a fait obstacle à l'utilisation des sciences humaines par les entreprises, dans la France contemporaine. Pour cela, il me semble utile, d'une part de bien comprendre les causes complexes qui déterminent ces relations difficiles, et d'autre part d'examiner dans quelles conditions ces relations ont pu être facilitées aux États-Unis.

Par ailleurs, il me semble que la notion de « veille sociale », qui préoccupe actuellement maintes entreprises, fournit un terrain privilégié pour l'intervention des sciences humaines, et qu'elle mérite d'être très étroitement reliée à l'âme de l'entreprise.

Un constat

Au sein de toutes les sciences qui relèvent de la recherche scientifique, les sciences de l'homme et de la société occupent une position quelque peu aberrante. D'abord, *ce sont les sciences de l'Homme et de la Société qui sont les moins utilisées par l'homme et la société.* Paradoxe dommageable, car tout un pan du savoir accumulé par la recherche française est ainsi inutilisé. Cette situation peut s'expliquer par des facteurs très divers. Mais il faut commencer par le face à face des interlocuteurs et l'incompréhension qui les caractérise bizarrement. D'un côté, nos entreprises sont massivement dirigées par des ingénieurs qui savent ce que les mots de science et de technique veulent dire. De l'autre, des chercheurs dont la connaissance n'apparaît jamais vraiment comme scientifique. Or, le débat sur la scientificité doit être très vite clos : si les SHS ont un degré de scientificité inférieur aux sciences dites« dures », ou un degré de vulnérabilité plus grand si l'on préfère, il n'en reste pas moins que ces sciences constituent la meilleure connaissance dont on dispose actuellement sur les objets qui leur sont propres, les hommes et leurs sociétés.

Le bilan assez catastrophique de cette distance se mesure à l'écart qui existe entre les *best-sellers* de la gestion ou du marketing et la recherche en SHS. Qu'il s'agisse d'un côté des entreprises du énième type, des prix d'excellence, ou d'un autre des modèles macro-sociaux du CCA et de la Cofremca, la recherche en SHS est quasiment absente des problématiques en vue et en mode.

Jusque dans les enquêtes d'entreprises, les chercheurs sont toujours devancés par des cabinets privés dont le faire-savoir est bien supérieur au savoir-faire.

Je voudrais donc analyser ici ce qui, jusqu'à ce jour, a inhibé le dialogue de la recherche en SHS et des entreprises, et démontrer toute l'utilité de ces connaissances pour les sociétés françaises. J'insisterai sur quelques points concernant l'histoire récente de la recherche scientifique.

La tradition de la distance

Hiatus idéologique

Longtemps, on a pu mettre sur le compte de problèmes idéologiques et politiques la coupure existant entre la recherche en SHS et les entreprises. Il est vrai que les chercheurs français étaient essentiellement préoccupés par les conflits et, pour la plupart, avaient clairement choisi leur camp. De ce fait, l'entreprise n'était pas considérée comme un objet social mais bien plutôt comme un des champs de bataille du corps social. Dès lors, les entreprises qui étaient effectivement objets d'investigations étaient très limitées. Elles étaient d'emblée « progressistes », « laboratoires ». Pour les autres, la recherche prenait d'autres voies et, en tout état de cause, préférait des approches sectorielles ou professionnelles à l'approche directe de l'entreprise elle-même. Les entreprises n'usaient guère de la recherche et, quand c'était (rarement) le cas, y avaient recours sur des questions très décentrées par rapport à l'activité de l'entreprise elle-même.

On peut dire, sans exagérer mais aussi sans universaliser cette affirmation, que ces problèmes se sont progressivement évanouis durant les années 80. Du moins ont-ils perdu leur statut d'obstacle épistémologique interdisant l'accès de la recherche à l'objet « entreprise ». Mais il faut du temps pour rattraper le temps, et les chercheurs ont souvent gardé des approches très abstraites et irréalistes de l'entreprise, ce qui se voyait à la manière même qu'ils avaient d'y pénétrer ou de négocier avec elle. Ces problèmes ont disparu dans le cadre d'une revalorisation générale de l'entreprise, revalorisation dont il ne faut pas négliger les effets, y compris dans un milieu aussi fermé que celui de la recherche. Mais, surtout, la découverte d'un monde nouveau a provoqué un certain enthousiasme en termes de recherche. La recherche française est donc passée par plusieurs stades successifs : recherche *sur* l'entreprise, *dans* l'entreprise puis *pour* l'entreprise. Le passage par ces stades successifs est progressif, et le mouvement est loin d'être achevé. Il est cependant très important et très significatif car il peut permettre à la France de rattraper un retard culturel considérable en cette matière. De plus nous disposons d'une recherche en SHS qui est de qualité, qui est importante en quantité et par la diversité des objets étudiés, qui constitue en somme un stock de compétences, de connaissances et de savoir-faire qui doit être utilisé pour que le pays y retrouve ses investissements, que les chercheurs aient l'occasion de tester leurs savoirs et que les entreprises disposent des meilleures connaissances.

Une tradition de logiques divergentes

Une fois les obstacles idéologiques franchis, il convient d'insister sur les difficultés qui relèvent des logiques profondément différentes de la recherche et de l'entreprise. Ces différences peuvent être surmontées, et le sont dans un certain nombre de cas, mais il faut en analyser les racines.

On peut distinguer plusieurs aspects :

1. La carrière des chercheurs ;
2. La logique disciplinaire de la recherche ;
3. La concurrence des cabinets de consultants et la préférence des entreprises pour ceux-ci ;
4. La question de la durée ;
5. Le problème du langage ;
6. L'insuffisante valorisation des chercheurs ;
7. Les plans d'action.

Je les examinerai dans l'ordre en insistant particulièrement sur les inflexions possibles de part et d'autre.

1. La carrière des chercheurs

Tout le processus des carrières, c'est-à-dire des promotions et nominations, au CNRS comme à l'Université, est fondé sur la reconnaissance par les pairs. C'est-à-dire que le chercheur qui n'est pas encore au sommet ni à la fin agit et cherche avec l'unique préoccupation de satisfaire d'autres chercheurs. S'il écrit de façon commune ou s'il distrait trop de temps en dehors de sa recherche officielle, il court un risque considérable.

En effet, en dépit de maints discours officiels, les critères d'évaluation n'ont guère changé et il reste plutôt négatif pour un chercheur d'avoir collaboré avec des entreprises. On voit ainsi fonctionner une éthique mandarinale tout à fait soupçonnable. Elle s'appuie sur deux arguments principaux et explicites : le chercheur est payé pour faire de la recherche (argument professionnel) ; par ailleurs il n'est pas bon qu'un chercheur soit guidé par l'appât du gain en allant consulter auprès de bons payeurs (argument moralisateur). Une autre raison, jamais explicitée, me semble également forte : dès le moment où un chercheur a quelque succès auprès d'entreprises, que celles-ci en redemandent, les mandarins voient dans ce phénomène une sorte d'évaluation parallèle, par l'extérieur, qui les contourne dangereusement ; leur pouvoir risque de s'étioler, et les réunions du comité national du CNRS sont une bonne occasion de remettre les choses à leur place. De fait, on peut compter sur les doigts d'une seule main les patrons de la recherche qui encouragent les chercheurs à sortir de leur labo et à aller au devant des agents économiques. Tout chercheur qui travaille avec des entreprises court donc un risque réel.

2. *La logique disciplinaire de la recherche*

Par ailleurs, l'évaluation des chercheurs se fait dans le cadre d'une logique strictement disciplinaire. Il faut être soit historien, soit sociologue, soit ethnologue, soit linguiste, soit économiste, soit politologue, soit géographe. Dès que l'on donne dans l'interdisciplinarité, on est facilement renvoyé de commission en commission, chacune se déclarant incompétente et reprochant ainsi en fait au chercheur d'avoir travaillé sur les marges. Nous passons ici sur le débat proprement scientifique et épistémologique qui sous-tend cette attitude. Il reste que les questions des entreprises ne sont jamais posées dans des termes qui permettent de se cantonner dans une démarche disciplinaire. Au contraire, un problème revêt toujours des dimensions très diverses et doit mobiliser des compétences aussi bien juridiques que sociologiques, etc.

3. *La concurrence des consultants*

On comprend alors que les entreprises se tournent spontanément vers des cabinets de consultants qui offrent plusieurs compétences à la fois. Travailler avec un chercheur semble un risque parce que l'intercompréhension est souvent difficile, mais aussi parce que le chercheur connaît moins de cas, moins d'entreprises que la plupart des cabinets connus sur la place. De plus, ces cabinets harcèlent les entreprises et multiplient les démarches pour arriver à leurs fins, tandis que les chercheurs vivent heureux en vivant cachés.

4. *La question de la durée*

Les rythmes de la recherche et de l'entreprise sont pour le moins déphasés. Souvent les délais et retards poussent les entreprises à renoncer à l'usage de la recherche. Les chercheurs ont quelquefois du mal à bien concevoir la nature de leur intervention et à la confondre avec le temps de la recherche.

5. Le problème du langage

Lorsque les dirigeants d'entreprise lisent une revue scientifique, ils admettent bien ne pas tout comprendre et vivent plutôt comme une carence la difficulté à saisir le sens de certains termes. A l'inverse, ce phénomène leur semble aberrant et scandaleux lorsqu'il s'agit des SHS. C'est qu'on admet facilement ne pas savoir, à propos de connaissances scientifiques (« dures »), tandis qu'on est facilement persuadé de connaître l'objet étudié par le chercheur. De façon générale, le combat contre ce pseudo-savoir spontané est sans relâche. S'il est vrai que certains écrits sont désespérément et inutilement obscurs, c'est que les chercheurs ont assez peu l'habitude de communiquer leur savoir. Le CNRS est un des derniers établissements de la recherche dans le monde où il n'est pas obligatoire d'enseigner, donc d'expliciter pour tous ce que l'on pense implicitement, qui sera d'ailleurs compris du directeur de thèse, ce qui est le principal...

Mais le problème du langage se double la plupart du temps d'un problème d'écriture. Beaucoup de chercheurs n'ont jamais reçu la moindre formation littéraire supérieure. De ce fait, les textes diffusés peuvent être ennuyeux, mal écrits ou présentés sous une forme qui relève beaucoup plus de la logique de la recherche que de celle de l'entreprise. Comme nous l'avons vu, un des cas les plus fréquents consiste dans la disproportion courante entre la partie d'un texte produit qui concerne la méthodologie et celle qui concerne les conclusions de l'étude.

6. L'insuffisante valorisation de la recherche

La recherche française se vend mal d'abord parce qu'elle ne sait guère se vendre. Cette constatation nous semble véridique de deux points de vue. En premier lieu, la recherche en SHS reste confidentielle en dépit des efforts qui ont été faits (*cf.* infra). Les chercheurs n'ont pas une bonne image ; ils semblent inutiles et grands consommateurs d'argent public. Cette situation provient sans nul doute d'une mauvaise valorisation de cas exemplaires et de la discrétion des chercheurs qui réussissent. On retombe là sur le problème des carrières et sur le financement des équipes : une équipe qui ferait apparaître devant le comité national un nombre significatif de ressources privées courrait le risque de voir ses crédits publics amputés. Or, les équipes de recherche en ont besoin pour continuer leurs recherches fondamentales et pour assurer la couverture des frais afférents aux travaux individuels des chercheurs. En second lieu, le CNRS a négligé complètement tout processus d'identification en son sein. Tout semble fait pour ignorer le sentiment d'appartenance. Ainsi voit-on des scientifiques éminents de toutes disciplines — cette remarque excède effectivement de beaucoup le seul secteur des SHS — passer dans les médias, y apparaître avec leurs succès sans que jamais il soit fait mention de leur appartenance au CNRS. On oublie trop que les meilleurs chercheurs de l'Institut Pasteur sont des chercheurs CNRS, ou que les historiens que les médias cajolent en font également partie, parfois à la tête d'une équipe. Le CNRS a ainsi le tort de n'apparaître qu'à l'occasion de débats budgétaires...

7. Les plans d'action

Enfin, il convient d'ajouter que la carrière de chercheur prédispose peu à la connexion de la recherche et de l'action. Les entreprises n'ont pas seulement besoin de recherches fondamentales ou d'études de bonne qualité : il faut que l'étude ou la recherche suggèrent des plans d'action. Nous dirons même plus : une étude dans une entreprise doit être commandée avec un souci d'intervention sur l'objet de façon à finaliser suffisamment le processus même de la recherche. Tout un apprentissage est donc nécessaire, qui passe par la connaissance de l'entreprise et de son management. Par exemple, si une entreprise commande une étude sur sa culture afin de mieux se connaître, il ne s'agit jamais d'une démarche spéculative. Il faut qu'elle aboutisse à des conclusions en termes de communication, de stratégie, de gestion des ressources humaines ou de formation.

L'urgence d'un rapprochement

Cette situation ne peut plus durer. Elle est fondamentalement dérisoire. Nous raisonnons en comptable obtu : dès le moment où une perte n'est pas évaluable, elle semble ne pas exister. Des indices peuvent porter à l'optimisme. Mais il ne faut pas se leurrer, ils sont dus essentiellement à un volontarisme épuisant de quelques individus qui doivent se battre pour valoriser la recherche et courir des risques à l'intérieur même de leur « entreprise » scientifique.

Le manque à gagner

La perte engendrée par la distance décrite s'évalue mal. Elle consiste en une dissipation des énergies et en un bricolage toujours recommencé. Pour forcer le trait, nous sommes dans la situation d'un individu, pressé par le besoin, qui ne parviendrait pas à emprunter sur le marché au taux légal et qui devrait, chaque fois, multiplier les démarches pour emprunter au hasard à des taux usuraires. À côté, non loin de lui, se trouve de l'argent disponible ou plutôt une richesse disponible, mais il l'ignore, méfiant.

Prenons quelques exemples dans des secteurs divers : *connaissance de l'entreprise, introduction de nouvelles technologies, abord des marchés extérieurs*. Dans ces trois cas, la recherche française — qui est bien connectée avec les recherches internationales — dispose à la fois de connaissances et de savoir-faire.

Pour connaître l'entreprise, il faut la saisir dans sa différence et dans son identité, ne pas réduire l'analyse à des approches quantitatives : la connaissance n'est pas une photographie, elle est toujours une analyse logique. Il ne faut pas se contenter d'un sondage d'opinions aussi sophistiqué soit-il. Ce qui importe, c'est de produire des connaissances utiles pour l'action. Or nous prétendons, exemples à l'appui, que la méthode quantitative, si elle est utilisée exclusivement, peut satisfaire des dirigeants en comblant quelques ignorances, mais elle ne donne pas les outils de connaissance sur lesquels il est possible de construire des actions ou des transformations nouvelles. Pour cela, il faut une analyse qualitative qui reconstruise les logiques de comportements et de représentations. Les analyses factorielles n'y font rien : des constantes de succession ne sont pas des relations logiques.

En ce qui concerne l'introduction de nouvelles technologies, la recherche française a, par le biais de nombreux travaux en sociologie et en économie du travail, développé tout un corpus d'analyses qui ne demandent qu'à être valorisées. Des chercheurs ont commencé depuis quelques années à former les cadres des entreprises à cette introduction de technologies. Mais ils restent cantonnés dans des entreprises dites « progressistes » et qui demeurent, d'une certaine manière, non significatives du milieu industriel.

Enfin, le domaine dans lequel les relations sont les plus rares concerne les pays étrangers ou les aires culturelles. La recherche française comprend en son sein des dizaines de chercheurs qui se sont immergés dans des sociétés auxquelles les entreprises souhaitent vendre ou dans lesquelles elles désirent s'installer. Ces chercheurs disposent d'un savoir inégalé tant en matière de mœurs, de coutumes, d'habitudes, qu'en matière de relations personnelles. Pour le moment, ils produisent des articles ou des thèses. Les entreprises se soucient très peu de leurs travaux et leur préfèrent la plupart du temps les approches plus « touristiques » de cabinets beaucoup moins compétents. Pourtant la liste serait longue à faire des erreurs à l'export qui auraient été évitées par quelque recours élémentaire. Sans nul doute, la recherche française est un moyen de pallier notre grande carence à l'international, notre indifférence hautaine vis-à-vis des pays auxquels nous voulons vendre.

Je gage que, dans les prochaines années, le recours à la recherche en SHS dans ces différents domaines sera un élément de compétitivité décisif pour maintes entreprises.

Le manque à savoir

La vision serait bien simpliste qui consisterait à ne déplorer, dans le hiatus constaté, qu'un défaut/carence du côté des entreprises. Je ne me place pas du point de vue des responsabilités mais du point de vue de l'efficacité. Or, à ce titre, les SHS pâtissent également de n'entrer point assez dans l'entreprise. Et c'est toute une conception de la rationalité qui est ici en jeu.

En effet, par nature et par principe, les SHS enveloppent et développent un concept de la rationalité qui est la garantie de leur sérieux, de leur vulnérabilité et de leur transparence (*cf.* chapitre sur l'irrationnel). Mais cette rationalité demeure une rationalité abstraite, de type kantien, transcendantale, c'est-à-dire qu'elle indique seulement les conditions de possibilité de l'appréhension des phénomènes sociaux. Cette rationalité court toujours le risque d'une schizophrénie implicite dans la mesure où, construisant logiquement ses objets à connaître, elle ne connaît que ce qu'elle construit. C'est bien le sens des remarques critiques de Jacques Gautrat, lorsque, reprenant les catégories durkheimiennes du normal et du pathologique, il montre que la sociologie française a défini pendant des lustres une grille d'appréhension de ses objets sociaux qui renvoyait le conflictuel du côté de la normalité et l'harmonieux du côté du pathologique.

Or, les relations nouées et dénouées avec les entreprises peuvent conduire les SHS à développer un type nouveau de rationalité. Notons pour commencer que la rationalité dans les procès de connaissance en SHS est souvent parasitée par les affects liés aux processus institutionnels de la connaissance : dans l'université et la recherche, le poids des choses est très marqué par le conflit des personnes, des mandarins et des épigones. Les conflits sont effectivement vécus comme insolubles car il n'y a pas moyen de régler réellement les comptes. Tous les règlements sont symboliques et, dans l'absence des débats existant outre-Rhin par exemple, l'envie et la jalousie produisent la répétition du Même — comme l'indique si bien Michel Serres dans un article sur l'épistémologie et l'éthique bachelardiennes. Ce serait un tout autre sujet, mais je conjecture parfois que le modèle conflictuel développé par la sociologie depuis quelques décades ne s'ancre pas tant dans un fondement théorique marxiste que dans les inépuisables ressources universitaires en matière de conflit.

Or, dans les entreprises et entre les entreprises, les conflits se résolvent souvent par l'élimination, le règlement de comptes — à l'inverse de l'Université, ici le mot « comptes » prend sens immédiatement — et, de cette manière, s'exténuent objectivement.

C'est donc une nouvelle forme de rationalité qui peut être mise à l'œuvre, dans le processus décrit par Habermas. L'agir communicationnel qui est immédiatement en jeu dans la relation du chercheur et de l'entreprise est une épreuve de l'activité rationaliste. L'intercompréhension est une garantie d'émergence de cette rationalité.

Non que les entreprises et leurs dirigeants soient doués d'une rationalité supérieure, mais, dans la relation des concepts et de la réalité des choses, une nouvelle rationalité se forge qui s'appuie effectivement sur des processus inductifs — pour reprendre là encore la distinction de Durkheim — et qui peuvent se mesurer à l'effectivité. L'universalité et la nécessité des propositions SHS peuvent se constituer dans cette épreuve des faits sociaux de l'entreprise. Il n'existe pas tant d'objets sociaux qui permettent l'expérimentation sociale. L'entreprise en est un, privilégié par son concept même qui est d'entreprendre quelque chose dans la réalité des choses.

Les chercheurs ont donc tout à gagner d'une relation qui peut s'éprouver dans le conseil, les études ou la formation. Plus encore, ils découvrent souvent dans cette activité la reconnaissance même dont ils ont besoin en termes de légitimité. Les propos d'un Bernard Tapie rendant hommage au CNRS ou d'un Pierre Bellon font plus pour la recherche que l'accumulation des succès d'estime. C'est ainsi que, dans une période récente, on a pu entendre, de façon inouïe jusqu'alors, des chefs d'entreprise soutenir la recherche et ses crédits contre des politiques peu scrupuleux qui pensaient, naturellement, que les coupes budgétaires et les sanctions idéologiques dans ce domaine laisseraient de marbre tous les acteurs sociaux dont les avis leur importent

Y a-t-il un retournement des années 80 ?

L'hypothèse d'une revalorisation de l'entreprise

Les chercheurs s'inscrivent-ils tout simplement dans le mouvement très général de revalorisation de l'entreprise ? Pour répondre à cette question, il importe de voir comment un tel mouvement aurait pu les toucher alors qu'ils semblent si insensibles aux mouvements généraux de l'opinion.

En général on entend par revalorisation de l'entreprise la revalorisation du chef d'entreprise. Tel est du moins le sens latent de maintes interventions qui sont en cohérence avec une certaine revalorisation de l'argent gagné et du profit. A droite comme à gauche on semble avoir reconnu la nécessité (au sens philosophique) du profit. La gauche a ainsi fait contre grande fortune bon cœur. En exonérant et l'outil de travail et les œuvres d'art, elle a mis dans le même sac la tradition culturelle qui est la sienne et le respect de la propriété privée des moyens de production. Je ne suis pas persuadé que ces arguments aient été sensibles aux cœurs des chercheurs.

S'il y a eu revalorisation de l'entreprise, c'est sans doute que la période de crise que nous traversons a montré que les gisements d'emplois étaient toujours en dernière instance exploités par les chefs d'entreprise. L'illusion apparue un moment d'un recrutement massif de fonctionnaires a fait long feu.

Par ailleurs, les conflits sociaux ont perdu quantitativement de leur importance et qualitativement de leur caractère exemplaire. Les deux plus grands mouvements sociaux ont été provoqués ces dernières années en dehors de l'entreprise : la manifestation pour l'école libre et le mouvement étudiant de décembre 1986.

Comme le souligne Jacques Gautrat, l'obnubilation sur la dimension conflictuelle de l'entreprise n'est plus de mise. Au conflit de classes, s'est progressivement substituée l'analyse des enjeux de pouvoir dans l'entreprise. D'une certaine manière, la démarche ethnologique a déteint sur la démarche sociologique : savoir comment et pourquoi une société fonctionne devient la question essentielle. On peut certes s'étonner que l'interrogation soit si tardive ; elle l'est essentiellement en France.

La dernière raison me semble liée aux méthodes mêmes qui ont été mises en œuvre dans la recherche. Durant de longues années, la recherche sur l'entreprise n'avait pas eu lieu dans l'entreprise. Elle était toute faite d'entretiens au café d'en-face ou dans le local syndical. Ou alors, elle se cantonnait dans quelques entreprises dites éclairées, dans le style de Renault ou de BSN. Parler de recherches sur l'entreprise est d'ailleurs tout à fait excessif car les travaux portaient toujours sur des problématiques transversales à l'entreprise en tant qu'entité : rapports de production, savoir-faire, processus de déqualification/requalification. Dès lors l'entreprise, loin d'être appréhendée dans sa réalité vivante et ses enjeux effectifs, était considérée uniquement à partir de procès dont la justification était donnée beaucoup plus comme macro-sociale que comme micro-sociale.

Je ne crois donc pas que les chercheurs aient en quelque sorte sacrifié à une mode conjoncturelle. Le doute s'est installé chez les plus sensibles d'entre eux quant aux discours qui n'étaient jusqu'alors qu'extrapolés sur cette réalité sociale.

Travailler sur et dans l'entreprise n'est plus affecté d'une connotation idéologique définitive et décisive. D'une certaine manière, Michel Crozier a essuyé ces plâtres-là. Et ses prises de position politiques personnelles corroboraient les suspicions les plus fortes quant au danger de contamination de tels travaux. Son plus grand mérite est de n'être plus seul. Sans doute le doit-il autant à ses épigones (Thoenig, Dupuy) qu'à ses adversaires.

Très significatif est ainsi le tournant pris par Sainsaulieu dans ses travaux les plus récents. Vigoureusement opposé, scientifiquement et politiquement — on disait à l'époque : « Ce n'est pas un hasard ! » — à Michel Crozier, il est passé insensiblement de la problématique de l'identité dans le travail à celle de la culture d'entreprise et de l'identité dans l'entreprise. Il va même maintenant jusqu'à revendiquer la paternité de cette introduction de la notion d'identité dans la sociologie française.

Il y a fort à parier que l'ensemble de la sociologie française constituera bientôt un réservoir remarquable de connaissances sur l'entreprise. Si l'on suit ainsi les itinéraires de ses meilleurs chercheurs (tel Segrestin ou Baudelot), on mesure le chemin parcouru et l'on a tout lieu d'être optimiste sur les disponibilités nouvelles qui vont se faire jour.

Les lieux de rencontres

Déjà, chercheurs et dirigeants d'entreprises ont l'occasion de se rencontrer en un certain nombre de lieux. Tout en étant assez concis dans l'énumération de ceux-là, nous les indiquerons afin de désigner témoins et épreuves possibles.

Le CRIN

C'est le lieu le plus informel et sans doute le plus efficace. Présidé par Pierre Guillaumat depuis huit années, le comité des relations industrielles du CNRS rassemble onze clubs de sciences humaines. Ces clubs sont de deux ordres : thématiques et géographiques. A l'origine leur objectif est d'orienter la politique scientifique du CNRS en faisant des propositions de recherches à la direction des sciences sociales. Mais cet objectif n'a jamais pu être atteint du fait de l'indifférence toujours recommencée des directeurs successifs.

L'autre objectif est d'organiser des rencontres informelles ; cet objectif a bien été atteint. Des exposés effectués par un chercheur ou un chef d'entreprise sont soumis à discussion générale : l'ensemble donne des résultats tout à fait positifs dans la mesure où les présidents et rapporteurs de ces clubs, missionnaires bénévoles, prennent à cœur leurs responsabilités.

Le CRIN a beaucoup fait pour le rapprochement SHS/entreprises. En situant en dehors de l'espace de pouvoir des directions scientifiques, il a permis à de jeunes chercheurs de créer des synergies nouvelles entre labos, notamment sur des pays qui intéressaient en fait assez peu administrations et mandarins. La personnalité de Pierre Guillaumat a toujours protégé, en quelque sorte, les initiatives qui pouvaient être prises, non pas contre, mais en marge des pouvoirs établis.

Les programmes du MRT (Ministère de la Recherche et de la Technologie)

Le CNRS est toujours assez peu enclin à valoriser directement ses recherches et ses chercheurs. Quelques tentatives ont été faites pour qu'il intègre des dirigeants d'entreprise et des syndicalistes dans ses structures d'évaluation en sciences de l'homme et de la société. Toutes se seraient révélées des échecs si le ministère de la Recherche n'avait pris le relais ou incité financièrement. Ce fut ainsi le cas de l'action de recherches sur « les PME prestataires de services » où, en dépit de la volonté de Pierre Le Baud, alors vice-président de la CGPME, l'action serait morte dans son transfert en 1982 au ministère de la Recherche. C'est encore le cas avec le Pirttem que dirige Alain d'Iribarne, qui ne survit que par les subventions de ce même ministère. En 1986, nous effectuions, avec Jean-Luc Lory, une évaluation de la valorisation sur la commande de Maurice Godelier, directeur des SHS du CNRS, mais nos recommandations en termes de valorisation restèrent lettre morte avec le changement de majorité et de direction. J'ai donné plus haut les raisons que je crois pertinentes pour expliquer cette résistance de l'administration scientifique à la valorisation en direction des entreprises. Il faut ajouter à cela que le CRIN lui-même reste quasiment autonome par rapport à la direction des SHS, qui s'y intéresse peu malgré l'insistance de Pierre Guillaumat.

Les programmes du ministère de la Recherche ont permis également de contourner les habitudes et traditions susdites. Le mouvement a commencé en 1982 avec le programme « Vie sociale dans l'entreprise » et s'est poursuivi avec le Programme mobilisateur dirigé successivement par Philippe Lemoine et Yves Lichtenberger.

Ces programmes ont tenu à associer chercheurs, dirigeants d'entreprise et syndicalistes, dès le processus de sélection des projets de recherche. Un comité d'appel d'offres sélectionne les projets de recherche, suit les recherches et évalue leurs résultats. La plupart des travaux ainsi engagés doivent auparavant s'être assurés les conditions d'accès au terrain, c'est-à-dire avoir engagé une première phase de négociation avec les entreprises étudiées. Cette démarche est ainsi intégrée au processus même de la recherche.

Cette volonté politique était d'une impérieuse nécessité. En effet, je me souviens qu'après le 10 mai 1981, de nombreux chercheurs nous téléphonaient au ministère de la Recherche pour demander que celui-ci intime l'ordre aux entreprises nationales de leur ouvrir les portes. Autant dire que ces chercheurs ignoraient tout du processus de pénétration dans l'entreprise. *A fortiori* ignoraient-ils que l'accord d'un groupe n'est pas l'accord de ses filiales ou de leurs établissements. Ainsi, en 1982, j'avais l'impression que la plupart des chercheurs allaient découvrir l'entreprise.

Qu'on ne s'y méprenne pas : aucune fascination pour l'entreprise ne jouait à cette époque. Mais il fallait une volonté politique pour tourner l'inertie des organismes de recherche et convaincre par des contrats les équipes qu'il fallait aborder ces nouveaux terrains. La revalorisation de l'entreprise dans l'opinion n'a pas précédé ces initiatives, et elle a été très étrangère aux nouveaux processus de recherche.

A la même époque nous lancions, avec le soutien des politiques, des opérations de recherche cofinancées par le ministère et des entreprises : si celles-ci s'engageaient à embaucher un chercheur sur contrat à durée déterminée, nous financions 50 % de la recherche. Ce fut l'occasion d'opérations originales chez Elf-Aquitaine, à la RATP, au Bon Marché ou chez Thomson. Ainsi fut également lancée la première ethnologie de l'entreprise chez Sodexho.

Il faut souligner que la volonté politique n'aurait rien donné si elle n'avait rencontré la pensée latente de chercheurs qui ne trouvaient pas dans leurs administrations les leviers nécessaires à de nouvelles orientations. Le Programme mobilisateur et Yves Lichtenberger continuent à opérer dans ce sens. Au commissariat général du Plan, nous avons initié le même processus avec l'appel d'offres « Modernisation des activités productives ».

Il existe donc maintenant toute une batterie d'équipes de recherche et de chercheurs individuels qui travaillent avec des entreprises, sur des entreprises ou pour des entreprises. Le mouvement est irréversible mais il doit encore être poursuivi et accentué.

Un exemple : le comité Sciences Sociales d'Elf-Aquitaine

En 1983, la direction de la recherche sauvage (relevant de la direction de la recherche et de l'innovation) nous demandait de lui concevoir une structure Sciences sociales. A l'initiative de Bernard Delapalme et de Hélène Bérard, allait se mettre en place un comité qui financerait des études, recherches et formations pour le groupe et ses filiales. Nous suggérions une structure souple rattachée à la DRDI et composée de chercheurs consultants. Ce comité se réunit à peu près quatre fois par an pour analyser des demandes de recherche émanant d'autres directions et monter des recherches *ad hoc*, ou pour évaluer des projets d'études qui sont soumis à ces directions. Le comité dispose d'un levier efficace puisqu'il cofinance les recherches qu'il organise et contribue ainsi à leur lancement au sein d'autres directions.

Les relations clandestines

En créant SHS-Consultants, j'ai abordé les entreprises selon le processus classique d'une démarche commerciale, sans pour autant jamais rien céder sur le contenu et les méthodes qui sont la spécificité des SHS. J'ai alors fait une découverte intéressante : dans plusieurs entreprises, j'étais en concurrence avec des chercheurs ! Quelquefois même leurs noms me surprirent. C'est que, individuellement, de nombreux chercheurs collaborent déjà avec l'entreprise, mais clandestinement : soit qu'ils cachent leurs interventions par ce mouvement bien français qui consiste à dissimuler l'argent gagné, soit qu'ils agissent en *free-lance* pour ne pas faire tomber leurs crédits dans les organismes publics (dont c'est le mouvement immédiat s'ils ont vent de crédits privés qui alimentent les équipes ou laboratoires !).

Il reste que le conseil et les études constituent un complément de salaire bien nécessaire et non négligeable pour la plupart des chercheurs. Il ne faut pas le regretter mais au contraire admirer qu'une aussi simple ruse de la raison fasse que la raison parvienne ainsi à ses fins.

Interprétations politiques

L'histoire récente de la valorisation de La recherche en SHS est celle d'un paradoxe qu'il faut analyser pour montrer en quoi il ne s'agit que d'une contradiction apparente.

C'est sous la gauche que la valorisation et l'utilisation par les entreprises a été la plus marquée ; c'est après le retour de la droite qu'elle a été le plus freinée. Pour bien comprendre cette situation, il faut considérer que chacun de ces grands courants politiques est tiraillé entre deux tendances contradictoires que nous désignerons respectivement par les lettres A et B, A' et B'.

Du côté de la gauche :

A. La recherche doit pouvoir se développer en toute indépendance et ne pas être soumise aux diktats du profit. C'est un métier qui correspond à des savoir-faire et à des savoir-connaître. Je l'appellerai : **logique de la pureté.** Cette pureté est à la fois scientifique et morale : elle relève à la fois d'une épistémologie bachelardienne et d'une ascèse monacale.

B. La recherche en SHS est une recherche utile qui nous

permet de comprendre et d'analyser les mouvements sociaux et les transformations qui s'opèrent dans les micro-sociétés. Le savoir cumulatif et conceptuel est d'une qualité très supérieure à l'accumulation des protocoles désordonnés d'observation. Je l'appellerai : **logique de l'utilité sociale.** Il s'agit de mesurer l'impact des recherches et de se mesurer à quelque critère de falsifiabilité que seule peut donner aux SHS la confrontation avec l'expérimentation sociale.

Du côté de la droite :

A'. La recherche doit être dirigée par des grands patrons qui sont les seuls susceptibles d'évaluer correctement la qualité des travaux de recherche. Il faut donc que ces grands patrons aient le pouvoir dans l'institution de recherche. Je l'appellerai : **logique mandarinale.**

C'est là la logique de la thèse, de la loi Sauvage. A certains égards, il est remarquable, par exemple, en dehors du secteur même de la recherche, que les procédures de jumelage lycée/entreprises aient surtout rencontré l'opposition du SNALC, syndicat des enseignants de droite. C'est la même logique corporatiste : la recherche est l'affaire des patrons de recherche, la pédagogie est l'affaire des professeurs.

B'. Ne doivent être financées que les recherches qui sont utiles à la société, et non pas les recherches dont le seul but est l'analyse critique de cette société et qui correspondent aux préoccupations individuelles et souvent partisanes des chercheurs eux-mêmes. Je l'appellerai : **logique de la finalisation.** C'est là le thème de l'argent gaspillé dans la recherche, qui ne produit jamais rien parce qu'elle reste indifférente aux enjeux et aux acteurs de notre société.

Derrière chacune de ces propositions, il y a des forces sociales et politiques. Mais ces forces sont assez périphériques dans le rapport de forces internes aux forces politiques elles-mêmes. C'est pourquoi ces forces peuvent être **par hasard** représentées au sein des cabinets ou des directions centrales de ministères. Les dirigeants politiques de gauche et de droite se préoccupent assez peu de ces enjeux. Ils choisissent donc, lors des changements ministériels, des hommes pour d'autres raisons que celles-là.

La formulation même de ces quatre logiques montre bien que, par coïncidence, des logiques de droite et de gauche peuvent se rencontrer et trouver un certain consensus. Ainsi deux à deux pour les logiques A et A' et pour les logiques B et B'.

Le jeu des nominations et des rapports de force établis par ces nominations, à Matignon ou dans les ministères compétents, a fait que, durant la période 1981-1986, c'est la logique B qui a été dominante et a donc trouvé un certain écho chez des dirigeants d'entreprise adhérents spontanément à la logique B'. Après mars 1986, c'est la logique mandarinale A' qui a été dominante. Celle-ci aurait pu trouver un certain écho dans la gauche soutenant la logique A, mais comme les crédits de recherche ont été globalement diminués, cette logique A s'est retrouvée également opposée à la logique A', la recherche étant généralement menacée par la droite au pouvoir.

Bien sûr, une logique ne supprime jamais complètement les autres qui attendent des jours meilleurs en des instances qui leur sont naturellement sympathisantes. Ainsi en était-il des logiques A et A' entre 1981 et 1986, réfugiées au CSCU ou au comité national du CNRS. Ainsi en a-t-il été de la logique A', circonscrite au Programme mobilisateur et au Pirttem de 1968 à 1988.

Le jeu de ces logiques est très important pour comprendre les revirements possibles et les discours franchement contradictoires : ainsi s'étonnait-on, en 1982, de voir Jean-Pierre Chevènement défendre la logique A' alors que trois ans auparavant il occupait le siège du CNRS pour protester contre les accords CNRS / Rhône-Poulenc, en tant que président de la commission Recherche de l'Assemblée nationale — il agissait alors au nom de la logique A.

Ce double jeu de deux logiques est sans doute une clef d'interprétation pour des orientations à venir, car le choix de chacune des logiques permet de se faire, en principe, des alliés dans le camp opposé.

5. Sur le « capitalisme populaire » et la « revalorisation de l'entreprise »

Afin de mieux situer mon propos au sein des expressions qui ont eu cours ces dernières années, il me semble nécessaire, parmi elles, d'analyser en quelques mots les notions de **capitalisme populaire** et de **revalorisation de l'entreprise**. Certes ces deux expressions n'ont pas le même statut, mais elles présentent une certaine symétrie dans la mesure où elles sont attribuées respectivement à la droite et à la gauche. L'antériorité de la seconde pourrait laisser penser à un éventuel lien de causalité ; et ce d'autant plus que la seconde provient d'un constat effectué *a posteriori* sur les représentations communes, tandis que l'autre constitue un programme politique, ou mieux un projet politique présenté comme tel. On pourrait ainsi penser qu'en « revalorisant l'entreprise » la gauche faisait le lit d'un « capitalisme populaire » qui pourrait désormais s'inscrire dans les faits après avoir franchi la résistance des mentalités. Dans les deux cas, il s'agit bien d'en finir avec les représentations d'inspiration marxiste qui situent l'antagonisme irréductible au cœur même du processus de production.

Ces deux notions méritent un examen plus approfondi. Nous avons déjà évoqué cette question en abordant l'entrée de la notion d'entreprise en sociologie. Il faut maintenant élargir le champ et interpréter les discours qui se succèdent.

Qu'entend-on par « revalorisation de l'entreprise » ? Dès qu'il s'agit de l'entreprise, les vieux phantasmes resurgissent. L'entreprise ne se réduirait-elle pas à l'entrepreneur ? La menace court toujours d'une métonymie très soupçonnable que l'on voyait déjà à l'œuvre lorsque la libre entreprise s'identifiait au libre entrepreneur. Il faut donc essayer de décomposer le discours pour en analyser les ingrédients.

Qu'est-ce qui est revalorisé dans l'entreprise ?

— L'entrepreneur en tant qu'il accumule du profit ?

— L'entrepreneur en tant qu'il emploie des travailleurs ?

— L'employeur en tant qu'il investit pour l'avenir ?

— L'entreprise en tant qu'elle est le lieu de la création de richesses ?

— L'entreprise en tant qu'elle peut être un lieu d'innovations sociales et techniques ?

— L'entreprise en tant que collectivité de travail ?

— L'entreprise en tant qu'elle est aux prises avec l'administration fiscale et sociale ?

Si l'on se réfère à la situation concrète qui est censée avoir produit cette revalorisation de l'entreprise, on voit que c'est d'abord le discours sur l'entreprise qui a changé. Tout le discours barriste précédent, qui consiste à vouloir améliorer les marges des entreprises, était absolument honni. Ces marges ressemblaient à s'y méprendre à du profit, donc à de la plus-value extorquée. Très vite la gauche a été confrontée aux limites de l'embauche massive de fonctionnaires pour juguler le chômage. Dès 1982, Pierre Mauroy insistait sur le rôle des PME dans la création d'emplois. L'outil de travail, un moment menacé, échappait enfin à l'assiette de l'impôt sur les grandes fortunes : admirons cette expression « outil de travail » qui se substitue à ce qui s'appelle tout naturellement du capital ! Cette décision n'avait pas été prise sans mal ; elle constituait en fait le premier aveu et le premier revirement : il avait fallu changer les mots. Le faisait-on avec impudence ?

Le dialogue avec les chefs d'entreprise, le fait même que plusieurs socialistes le soient devenus par la force des nationalisations, tout cela concourut à la revalorisation progressive de l'entreprise, et notamment aux mesures très incitatives concernant l'initiative économique et la création d'entreprises[1].

Ce trop bref historique a pour but de mettre le doigt sur ce qui peut être devenu consensuel à propos de l'entreprise. Or la panoplie des mesures prises en matière de création, le discours présidentiel plusieurs fois répété sur les « vainqueurs » indiquent nettement ce qui a été revalorisé dans l'entreprise. D'un côté, sur l'IGF devenu ISF, on n'impose ni l'outil de travail ni les œuvres d'art (donc les créations), de l'autre, on met au point tout un dispositif incitatif — du jamais vu ! — qui aura une telle force qu'il résistera même aux attaques menées par la droite après mars 1986[2].

Souvenons-nous de l'ironie qui avait suivi l'apostrophe de Barre aux chômeurs : *Ils n'ont qu'à créer leur entreprise !* Quelques années plus tard, sous la gauche, on décidait de prendre les mesures pour de telles initiatives et ce, à l'unanimité de l'Assemblée nationale. Ce qui a été revalorisé, c'est avant tout la dimension de la création. Le concept de création, double avatar dégradé de la création divine et de la création artistique, garde la force du mot, même s'il s'agit de création d'entreprises, d'emplois ou de richesses.

La revalorisation de l'entreprise est donc passée par une critique du pouvoir de l'État (*Cf.* le discours de politique industrielle prononcé par Laurent Fabius en octobre 1983) et par une exaltation des processus de création. On le savait en matière d'art, on l'avouait en matière économique : l'État ne peut être à lui seul un créateur.

Avant 1981, la gauche pensait que le chômage pouvait être résolu par l'État et par les effets d'entraînement des entreprises nationalisées ; durant une année, certaines d'entre elles commencèrent à rapatrier des services ou activités sous-traitées, jugées qu'elles seraient sur leur niveau d'emploi. Deux ans plus tard, le seul critère retenu serait un retour aux grands équilibres financiers. L'importance de ce mouvement est considérable. Le profit n'était plus condamné en lui-même, mais il ne devenait pas sanctifié pour autant. En témoignent les divergences futures sur la fiscalité des entreprises soumises à l'I.S. La gauche soumettait sa réduction aux bénéfices réinvestis ; la droite supprimait cette clause[3].

Ces événements permettent de préciser encore la notion de revalorisation de l'entreprise. Elle porte essentiellement sur deux axes :

a) le premier concerne **le rôle de l'entreprise dans la résolution des grands problèmes économiques et sociaux**. Le mot d'ordre est désormais que l'État ne peut pas se substituer au rôle des entreprises et qu'il doit se limiter à leur construire un environnement favorable.

b) le second concerne **les valeurs attachées à la notion même d'entreprise**. En valorisant la création, la gauche a cessé de faire front contre les valeurs d'*initiative*, de *risque* et de *responsabilité* qui, auparavant, constituaient à elles trois un sigle réactionnaire (GIR[4]) tenu pour significatif. On se mit alors, à la suite de Rocard, qui prêchait dans le désert depuis plusieurs années, à retrouver les vieilles formules de Jean Jaurès, du moins le Jaurès de *La misère du patronat*. La translation était facile de l'autogestion abandonnée à l'exaltation de la création, car un même système de valeurs pouvait y être investi[5].

Mais la revalorisation de l'entreprise ne va pas plus loin, comme en témoigne la polémique de Laurent Fabius contre Pineau-Valencienne : exhibant sur les écrans TV un organigramme du groupe Schneider, il montrait que seul Creusot-Loire était déficitaire alors que toutes les autres sociétés du groupe étaient bénéficiaires ; le refus de sauver Creusot-Loire à l'aide des résultats acquis ailleurs dans le groupe était vilipendé. DPV n'a pas pu se reconstruire une image depuis. Il en a encore pâti dans l'opération de Merlin-Gérin sur Télémécanique.

Ce qui a été revalorisé, ce n'est pas le capitalisme financier, c'est bien l'entreprise en tant que collectivité de production ou support de création et de réalisation de l'autonomie individuelle.

Sur ces points, les Français se sont bien réconciliés avec l'entreprise comme en témoigne toute une presse nouvelle dans le style de *Défis*. L'entreprise est donc en ce sens l'objet d'un consensus. Et même si la droite est revenue sur quelques mesures d'incitation à la création, la chiquenaude continue à produire ses effets. Après son retour au pouvoir, la gauche relance les incitations abandonnées par la droite. C'est un paradoxe, ce n'est pas une contradiction. En effet, de même que les syndicats protègent naturellement les salariés et se préoccupent peu des chômeurs, de même la droite protège les entreprises en place et goûte peu ces mesures qui favorisent les nouveau-nées et produisent de la « concurrence déloyale ».

C'est pourquoi il y a un grand pas entre cette revalorisation de l'entreprise et le mot d'ordre de « capitalisme populaire » lancé par Edouard Balladur. Sans doute ce dernier le percevait-il assez bien pour jouer remarquablement sur les mots. L'expression « capitalisme populaire » a en effet pour caractéristique de saisir en elle-même, en deux mots, **et le moyen et la fin** d'une politique : le capitalisme populaire, c'est l'actionnariat populaire (sens explicite = le moyen) qui a pour but de rendre le capitalisme populaire (car il est encore trop impopulaire).

Nous touchons là un point essentiel du déphasage qui existe entre la mobilité récente du vocabulaire politique et une certaine inertie du vocabulaire économique, du moins dans leurs représentations respectives. En effet, il y a vingt ans, personne ou presque ne se disait « de droite » : le centre-droit était la limite tolérable dans le discours politique public. Depuis 1982, la droite est réapparue sans fard et s'assume sans honte comme telle. Au contraire, les mots « capitalisme » et « capitaliste » n'ont pas encore passé la rampe. On se dira volontiers chef d'entreprise ou industriel, mais pas « capitaliste ». L'extrême droite elle-même conserve, pour une part, une farouche tradition anticapitaliste.

C'est pourquoi le projet d'Edouard Balladur avait toute sa pertinence : les Français s'étaient réconciliés avec l'entreprise mais pas avec le capital. En parlant d'outil de travail, la gauche avait repris au bond une expression de Gattaz : elle sauvait la face, sans protéger le capital de ses représentations traditionnelles. La vieille définition marxiste du capital, *travail mort*, garde toute son efficacité. Il fallait donc revaloriser à son tour le capitalisme, le rendre « populaire ». On croyait qu'il était possible de pousser le bouchon un peu plus loin. Mais c'était mal comprendre la logique de revalorisation de l'entreprise. L'enjeu débordait évidemment les mots eux-mêmes dans la mesure où, dans notre longue tradition politique, l'antonyme du capitalisme reste le socialisme qui, pour des raisons de linguistique politique, est en même temps l'adversaire politique.

Edouard Balladur a donc bien vu que la revalorisation de l'entreprise était insuffisante et ne remettait pas fondamentalement en cause la gauche elle-même. Il pouvait, dans sa stratégie, s'appuyer sur la conjoncture boursière et les trois millions de nouveaux venus sur le marché.

Il choisit donc l'adhésion par le portefeuille. Suivant en cela un raisonnement très matérialiste, il supposait que la situation d'actionnaire déterminerait une conscience politique et économique d'actionnaire. Sur le plan de l'actionnariat, la stratégie suivie sembla un succès : 16 % des Français possédaient des actions des entreprises privatisées. Autrement dit, en privatisant, il profitait bien de la revalorisation de l'entreprise et, en constituant un actionnariat populaire, il tentait de mener les Français au bout du chemin.

Malheureusement pour lui, le krach boursier retournait contre lui, selon le même raisonnement matérialiste, une partie du « peuple » nouvellement capitaliste. Le capitalisme courait le risque de devenir franchement impopulaire. Mais là n'est pas l'essentiel. En effet, 16 % des Français, surtout si on les réduit aux plus justes proportions des familles — puisque souvent on a acheté des privatisées pour ses propres enfants —, cela ne pouvait suffire à atteindre l'objectif. De plus, la procédure même des privatisations, par la nomination étatique des conseils d'administration, par le rôle joué dans la constitution des noyaux durs, n'était pas de nature à assurer une véritable revalorisation du capitalisme, à l'égal de l'entreprise.

En jouant le jeu inverse, de bonne guerre — puisque c'est la guerre —, François Mitterand a marqué des points lorsqu'il a souligné qu'il avait peu d'amis susceptibles d'entrer dans ces noyaux durs. En se démarquant du capital, il a joué cette non-revalorisation du capitalisme. Le succès d'estime obtenu par les travailleurs de la Télémécanique va dans le même sens. Les élections sont venues trop tôt pour qu'Edouard Balladur soit parvenu à ses fins : le capitalisme n'est toujours pas populaire.

D'ailleurs l'engouement pour la création d'entreprise va dans le même sens. Le créateur d'entreprise est souvent perçu comme un homme sans capital, mais pas sans qualités. Le fait même que le programme socialiste ait réinscrit sans vergogne dans ses projets l'exonération d'impôts sur les bénéfices pour les sociétés nouvellement créées va dans ce sens.

D'une certaine façon, dans les représentations, la revalorisa tion de l'entreprise est contradictoire avec la notion même d'un capitalisme populaire. C'est peut-être parce que le capitalisme (comme possession du capital ou représentation du « capitaliste ») demeure en lui-même impopulaire que l'entreprise est autant valorisée en tant qu'elle figure le mouvement, la création, l'innovation, et l'autonomie de l'individu.

Il faut d'ailleurs insister sur le fait que la revalorisation de l'entreprise n'a pas été un projet mais une leçon tirée de l'expérience, au contraire du capitalisme populaire qui s'est donné dès les commencements comme le contenu d'un projet politique. Notons, en passant, que la formule a disparu du discours des présidentiables les plus enthousiastes qui l'entonnaient quelques mois auparavant.

Ces quelques remarques permettent de mieux situer mes analyses et mon approche de l'entreprise. Sans nul doute, j'ai été porté par la revalorisation de l'entreprise. La volonté de créer, de conseiller et de penser les entreprises est directement liée à cette nouvelle vision de l'entreprise qui s'est beaucoup transformée dans notre génération. L'entreprise est l'objet d'un intérêt nouveau que je partage. Mais cet intérêt ne saurait consister en un alignement sur des thèses économiques et philosophiques générales. Il ne s'agit pas de nier l'objectivité des antagonismes sociaux qui doivent se manifester dans telle ou telle entreprise. L'entreprise vit avec : toute dénégation est pur aveuglement.

La revalorisation de l'entreprise est certainement une chance pour la France et pour les entreprises françaises ; elle n'est pas une réduction de la pensée dans le cadre déjà-là, déjà-prêt-à-porter, d'idéologues libéraux qui exigent l'adhésion inconditionnelle à une métaphysique de l'économie de marché. Pour bien comprendre la différence qui existe fondamentalement, dans les représentations, entre la revalorisation de l'entreprise et le capitalisme, il suffit de se reporter aux premières analyses conceptuelles effectuées par Hélène Vérin en 1982 : il y a étymologiquement et sémantiquement, dans le concept d'entreprise, toujours quelque chose de ce qui faisait un délit d'entreprise. Comme un acte de subversion sociale[6].

Je ne crois pas que l'on revienne fondamentalement sur cette revalorisation. Certes, celle-ci a pris par moments des dehors niais, comme cette nuit ubuesque où les chefs d'entreprise s'intégraient au showbiz. Certes, quelques patrons ont pu en profiter cyniquement, mais le mouvement dépasse largement des excès locaux. On aurait tort, à chaque conflit un peu dur, de présager un retour en arrière. Le socialisme en a fini avec sa préhistoire, même si quelques dinosaures ou éléphants du PS rêvent encore d'une identité perdue qu'ils vivaient essentiellement dans la lutte contre les chefs, les entreprises et les chefs d'entreprises.

Par contre, en dépit des échecs du socialisme de l'Est, le capitalisme est un mot qui ne deviendra jamais populaire. Dans l'ordre de la représentation il restera opposé à l'entreprise : le stock contre le mouvement, la fortune contre les aléas, le patrimoine contre le risque, le travail mort contre l'élan passionné. D'ailleurs, les gigantesques mouvements de capitaux qui animent les marchés financiers lorsqu'ils débouchent sur un krach n'apitoient pas grand monde. L'entreprise n'est pas un casino, et tant pis pour eux si la roulette devient russe.

NOTES

1. Avec les lois Delors et les lois Fabius, la gauche a mis au point un arsenal de mesures sans précédents, comme l'exonération de l'impôt sur les bénéfices pour les entreprises de moins de trois ans ; ou encore la possibilité d'être en congé pour création d'entreprise avec l'assurance de retrouver un emploi au bout d'un an si l'expérience échouait. Cet arsenal a été complété par des décrets souvent passés inaperçus mais à l'efficacité certaine : ainsi en est-il de la mesure prise en mars 1985, permettant à tout créateur d'utiliser son domicile personnel comme siège social durant deux ans par simple lettre recommandée adressée à son propriétaire. Ainsi mettait-on fin au cercle vicieux qui bloquait souvent la création : pour déposer ses statuts, il fallait avoir un siège social. Mais ceci coûtait trop cher avant la moindre rentrée.

2. Ainsi la droite devait supprimer l'exonération mentionnée en note 1. Mais la dynamique avait été créée.

3. Cet exemple est significatif : la gauche admet le profit réalisé s'il est réinvesti, pas s'il est accaparé par les actionnaires.

4. GIR = groupes initiative et responsabilité : création commune de la CGPME de Léon Gingembre et de la CGC de Malterre, dans les années 70.

5. *Cf.* mes analyses sur l'extension du vocabulaire de l'autogestion et de l'autonomie. *Cf.* aussi l'enquête menée par Gérard Althabe, François Lautier, Annick Bouleau et moi-même sur les récits de vie de petits patrons : la première motivation de la création d'entreprise apparaissait dans les discours comme « la haine des patrons ».

6. *Cf.* Hélène Vérin *Entreprises et Entrepreneurs.* PUF.1982.

6. La notion de « veille sociale »

Remarques générales

Depuis quelques années, certaines entreprises ont mis en œuvre des procédures de « veille sociale ». On entend par « veille sociale » d'un côté l'analogon de la veille technologique, d'un autre côté une meilleure écoute des aspirations et attentes des salariés. Il s'agit de préparer l'avenir en collectant des informations. Les objectifs en sont complexes, d'autant plus qu'ils ne sont pas toujours avoués ou avouables. Il s'est créé un véritable marché de la veille sociale et de l'écoute interne sur lequel sont arrivés les instituts de sondage habitués à mesurer l'opinion publique. Le problème essentiel qui se pose dans ce cas est directement lié aux analyses qui traversent cet essai. En effet, après avoir dressé un bilan de l'offre et de la demande sur ce marché, j'en arrive à la remarque suivante, difficile à faire passer dans les entreprises : le problème essentiel que posent la « veille sociale » et l'« écoute interne » est le problème de l'adéquation de la méthodologie aux objectifs assignés par l'entreprise. Les questions de méthodologie sont toujours sous-estimées car elles sont ardues et peu excitantes. La plupart du temps, les donneurs d'ordre que j'ai rencontrés ignoraient tout de la méthodologie mise en œuvre par les cabinets sous-traitants. Or, tout se joue dans la méthodologie qui doit avoir deux objectifs prioritaires et conjoints : donner la connaissance la meilleure, et qu'elle soit utilisable par l'entreprise. La connaissance biaisée est dangereuse ; la connaissance inutilisable est superflue. C'est à la fois question de gestion sociale et de gestion financière. Car toute méthodologie de veille sociale ou d'écoute interne doit satisfaire à un autre impératif : le respect des protocoles de l'entreprise.

En effet, ces questions sont sensibles et l'on ne peut ramasser de l'information n'importe comment. Certes, lors d'une campagne électorale, il est possible de procéder par appels téléphoniques en suivant rigoureusement la méthode des quotas. Ce n'est pas sérieux dans une entreprise. Il y faut suivre un certain nombre de règles qui sont propres à l'entreprise elle-même. On ne peut contourner la hiérarchie sans vergogne : la reconnaissance des protocoles fait partie intégrante du processus d'écoute interne. On ne peut connaître en faisant l'impasse sur le processus de connaissance. Il ne viendrait pas à l'idée d'un chimiste ou d'un physicien d'ignorer le protocole d'observation. Les hommes méritent d'être traités avec plus de tact que les molécules ou les particules. Protocle d'observation, adéquation de la méthodologie aux objectifs et caractère utilisable de la connaissance obtenue sont les trois principes auxquels doit rigoureusement veiller l'entreprise soucieuse d'une veille sociale ou d'une écoute interne.

Pour compléter ces remarques générales, le texte suivant constitue un bilan résumé des différentes pratiques analysées lors d'une enquête effectuée par Luc Chelly, Bernard Ramanantsoa et moi-même.

Analyse de la demande — Objectifs

Le discours des groupes

Quelquefois, le terme même de « veille sociale » est mis en cause et on lui préfère « l'écoute des salariés » ou « l'écoute de l'opinion interne ». A ce stade les mots importent assez peu car l'accord se fait sur des objectifs très généraux et vagues. Mais ces objectifs peuvent être couplés avec une analyse du mouvement social contemporain qui justifie le recours à de nouvelles méthodes. Dans le discours des dirigeants, la veille sociale renvoie aux préoccupations concernant « les hommes » et « la communication ». La veille sociale est un effet de la double valorisation contemporaine de la « ressource humaine » et du « savoir communiquer ». Les deux se croisent dans le désir de connaître les salariés en tant qu'acteurs sur lesquels repose l'avenir de l'entreprise ou en tant que récepteurs (quelquefois également émetteurs) d'une communication déjà là ou à constituer.

La veille sociale est donc d'abord le symptôme d'une préoccupation. Dans certains cas, il existe même un « homme veille sociale » dont le poste légitime cette préoccupation. Ailleurs on a pu créer une « direction de la planification sociale » dont le rôle clairement affiché est beaucoup plus de « déterminer les axes d'évolution que de faire de la planification ».

Il faut ajouter à cela que les entreprises ont le sentiment que la faiblesse croissante des syndicats (même s'ils sont les interlocuteurs privilégiés qu'il faut prendre en compte dans tout processus de veille sociale) interdit, plus encore que leurs positions « idéologiques », de se contenter de leurs discours pour connaître attentes, aspirations et opinions des personnels. Les groupes d'expression et autres cercles de qualité ne remplissent pas un rôle adéquat pour la veille sociale : l'information peine à remonter, et leurs implantations sont trop hétérogènes pour qu'on se satisfasse de leurs propos.

Il n'en reste pas moins que nous avons été surpris dans nos différents entretiens par le caractère flou des objectifs présentés : au-delà d'un discours très général (préparation de l'avenir ou prévention des mouvements sociaux), les objectifs ne sont pas clairement pensés. Certes il s'agit généralement de mesurer le « degré de satisfaction » ou « le degré d'implication », voire les « attentes ou aspirations », mais ces objets restent encore très vagues. Cette remarque est pour nous déterminante : en effet, dès le moment où les objectifs ne sont pas rigoureusement établis, l'évaluation des méthodologies est rendue très difficile.

En fait, la généralité des objectifs affichés est très décalée par rapport aux objectifs en termes de contenu recherché. Il semble que les opérations de veille sociale ne soient pas pensées de bout en bout : il y a bien le sentiment d'une nécessité de connaissance — même chez les entreprises qui n'ont aucune démarche systématique —, mais la connexion avec les usages possibles de cette connaissance une fois acquise n'est guère établie. Aucun dirigeant rencontré n'a pu nous dire clairement quelles avaient été les conclusions pratiques des procédures d'enquête systématique.

L'hypothèse que nous faisons est la suivante : la plupart des procédures d'enquête systématique sont fondées sur des méthodes quantitatives (*cf.* analyse infra), et les éléments apportés par ces enquêtes constituent une collection d'opinions qui ne sont pas mises en relation dans des logiques précises. De ce fait les entreprises ne parviennent pas à construire une politique de communication interne cohérente ou une politique de ressources humaines nouvelle à partir d'opinions simplement quantifiées en moyennes. Elles ont une certaine difficulté à savoir comment agir sur les données recueillies.

Le décalage entre la commande et l'usage

Ce décalage entre la commande et l'usage explique la persistance de méthodes plus anciennes et moins sensibles aux effets de mode. Dans beaucoup d'entreprises, on préférera des études très ponctuelles, voire monographiques, aux grandes enquêtes répétées à intervalles réguliers.

Il faut ajouter à cela que maintes entreprises ont le sentiment de n'avoir pas appris grand-chose dans la démarche quantitative : grosso-modo, plus l'enquête est de dimension importante, plus on considère que les résultats confirment des hypothèses déjà largement formulées. De ce fait, on considère alors que la veille sociale doit être continuée pour l'avenir, qu'elle est autant « veille » que « vigilance » : quelque chose pourrait apparaître qui n'aurait pas encore été perçu. Et si les premières enquêtes ont pu permettre de vérifier des idées courantes, les nouvelles exigences de l'entreprise d'aujourd'hui obligeront à réagir plus vite que par le passé ; ainsi se justifie une nouvelle approche de l'entreprise qui portera ses fruits plus tard.

Méthodes utilisées

Un accord unanime se fait sur la nécessité d'une implication de la hiérarchie au plus haut niveau : si le leader de l'entreprise ne croit pas et/ou ne fait pas savoir qu'il croit en la nécessité d'une veille sociale, l'opération est quasiment impossible car les hiérarchies intermédiaires, se sentant mises en cause par les enquêtes qui les contournent — alors qu'elles sont censées être les relais naturels pour la transmission de ces savoirs recueillis —, bloquent d'une manière ou d'une autre tous les processus mis en place.

Il n'y a donc pas de veille sociale possible sans un élan donné au sein d'une stratégie affichée et sans un accord subséquent des différents acteurs opérationnels et fonctionnels de l'entreprise.

La démarche systématique

Nous appellerons « démarche systématique » la veille sociale qui s'organise selon des procédures d'enquêtes massives sur des échantillons significatifs. Il est essentiel de remarquer en premier lieu que les préoccupations méthodologiques des donneurs d'ordre sont en fait assez limitées : dans tous les cas, la réflexion sur le choix des intervenants a été assez courte, et nous avons eu beaucoup de mal à obtenir de nos interlocuteurs quelques développements sur la pertinence des méthodes retenues par rapport aux objectifs affichés. Dans certains cas, on ne pouvait nous dire immédiatement si les enquêtes avaient été effectuées « en face », ni comment les questionnaires avaient été administrés. C'est donc une certaine légèreté dans les choix méthodologiques qui domine. Aucune entreprise ne semble avoir mis en œuvre une étude telle que celle-ci avant de prendre une décision concernant la mise en place de sa veille sociale.

Nous pouvons dresser une typologie sommaire des décisions prises :

— le choix effectué par relation (un directeur d'établissement connaît personnellement un consultant peu connu qui effectue ce travail à bas prix, ou un directeur du groupe est lui-même issu d'un cabinet de consultants ayant pratiqué ce type d'enquêtes) ;

— le choix effectué en fonction des coûts (c'est le cas de filiales qui ne suivent pas des préconisations du groupe pour des raisons strictement financières), les prestations semblant identiques ou similaires ;

— le choix effectué en vertu de la rumeur (on sait bien que tel cabinet s'est fait une spécialité de l'enquête d'entreprise).

Nous sommes tentés de dire que l'ordre de présentation de

ces choix correspond grossièrement aux tailles des entreprises. Mais l'élément le plus frappant dans nos entretiens reste une certaine négligence quant aux critères méthodologiques. Le modèle global retenu reste le sondage d'opinion. Plus l'entreprise est importante, plus elle privilégie les méthodes qui sont censées avoir fait leurs preuves en dehors de l'entité entreprise (Sofres, Ipsos, Cofremca), notamment dans l'étude de marché ou le macro-social.

Nous avons pu constater que les différents prestataires sont assez bien connus des entreprises rencontrées, car celles-ci ont été démarchées par les cabinets spécialisés dans les enquêtes d'entreprise ou sondages d'opinion. Mais les différences méthodologiques sont assez mal appréciées. L'essentiel semble être que l'entreprise puisse intervenir dans l'élaboration des questionnaires.

Ne sont pas posées les questions suivantes qui nous semblent pourtant essentielles :

1. Quelle est la pertinence de la demarche quantitative par rapport aux approches qualitatives ?

2. Quels sont les effets secondaires de chaque méthodologie sur les salariés et les hiérarchies intermédiaires ?

Les entreprises sont avant tout soucieuses :

1. De la réaction des syndicats ;

2. Des taux de retour des questionnaires ;

3. De la présentation formelle des résultats obtenus.

Les démarches systématiques se divisent en deux groupes assez distincts :

a) les enquêtes ou sondages d'opinion qui prennent pour unique objet l'entreprise elle-même.

Dans ce groupe, il faut distinguer :

les entreprises (a1) qui procèdent en interne à des analyses par vagues successives et régulières (rythmes variables, de six mois à cinq ans selon les cas) ;

les entreprises (a2) qui répètent à de longs intervalles de lourdes enquêtes ;

et les entreprises (a3) qui effectuent une fois un bilan et attendront d'en voir l'utilité pour envisager l'itération d'un processus.

b) les enquêtes dites « d'écart » qui sont censées distinguer les populations externes à l'entreprise et la population interne.

Dans ce groupe, il faut à nouveau distinguer :

les entreprises (b1) qui souhaitent une double, quelquefois une triple analyse (type enquête Ipsos : public, salariés, actionnaires) ;

les entreprises (b2) qui souhaitent une démarche de type homothétique (soit l'état de la population française et les caractéristiques socio-professionnelles de l'entreprise x, on peut en déduire l'identité de cette entreprise dans sa différence avec la population nationale).

Nous avons par ailleurs le sentiment que la valeur des prestations est d'autant plus soulignée que les résultats des enquêtes correspondent assez bien aux idées formulées *a priori* par les donneurs d'ordre. La démarche systématique est même quelquefois présentée comme une vérification « scientifique » de ce que l'on croyait savoir. Sans doute la participation de l'entreprise à l'élaboration des questionnaires n'est-elle pas étrangère à cette vérification réussie.

La boîte à outils

Beaucoup de grandes entreprises restent encore très réticentes vis-à-vis de la démarche systématique. Elles donnent en général les arguments suivants :

1. Le coût excessif de ces opérations d'enquêtes — mais il faut distinguer deux cas : les entreprises qui regrettent de ne pas pouvoir encore effectuer ce type de veille sociale et celles qui considèrent que les prestations offertes sont de l'ordre de « l'arnaque » (sic) ;
2. Les perturbations liées à l'observation ;
3. Les réticences de la hiérarchie et la volonté de ne pas court-circuiter celle-ci ;
4. Le secret et donc la volonté de ne pas laisser entrer dans l'entreprise un prestataire extérieur disposant d'un savoir qu'il pourra dévoiler ailleurs ;
5. « On fait lorsqu'on a besoin » : volonté de lier toute opération d'étude à un problème spécifique.

Il faut cependant insister sur le fait que la veille sociale n'est pas mise en cause en tant que telle. Elle est partout considérée comme une nécessité. De ce fait, les entreprises rencontrées procèdent à un « bricolage » effectué sur la base de « boîtes à outils » variables selon les entreprises, voire selon les entreprises d'un même groupe. Ainsi trouve-t-on dans la boîte les outils suivants :

a) analyses détaillées du bilan social (essentiellement absentéisme et accidents du travail) en interne ;

b) analyse systématique de tous les tracts syndicaux (en interne) ;

c) évaluation des supports de communication et notamment des journaux du groupe à l'aide de consultants extérieurs ;

d) analyse ou suivi de populations spécifiques (en général les cadres, quelquefois la force de vente) à l'aide de consultants extérieurs ;

e) enquêtes monographiques sur des établissements ayant connu des problèmes sociaux ;

f) « la porte ouverte » ou les entretiens annuels permettant de sauter quelques échelons hiérarchiques ;

g) l'électron libre interne chargé de circuler dans l'entreprise et d'être à l'écoute de ses hommes ;

h) « la table ouverte » : rencontre des salariés avec DG ou P-DG selon des procédures plus ou moins codifiées.

En général les différents outils utilisés sont capitalisés en un savoir cumulatif par une petite équipe placée auprès du directeur des ressources humaines.

Procédures mises en œuvre

Nous avons jugé utile de ne pas en rester aux points de vue purement méthodologiques concernant les veilles sociales mises en place dans les groupes. En effet, la meilleure méthode serait impuissante si elle ne prenait en compte les caractéristiques organisationnelles et culturelles d'un groupe donné. Par exemple, les groupes qui sont en forte croissance externe sont contraints de tenir compte des différences importantes qui existent entre des filiales historiquement marquées par l'appartenance au groupe et à ses procédures et des filiales récemment rachetées où les traditions de gestion des hommes et de communication peuvent être très décalées.

Chez BSN, il n'est pas possible de raisonner de la même façon avec Panzani, Évian, BSN-Emballage et la Générale Biscuit. Chez Saint-Gobain, la décentralisation très marquée des branches et des métiers implique l'absence d'un système d'enquêtes régulières sur un schéma identique et homogène.

Les caractéristiques du groupe Elf nécessiteront de même une réflexion spécifique, à la fois du fait des disparités entre branches et de l'organisation des directions chargées des ressources humaines et de la communication.

La situation des groupes et des filiales

Nous n'avons pas rencontré de groupe dans lequel il y ait une consolidation systématique des données de veille sociale recueillies au sein des filiales. Le groupe Accor semble être allé le plus loin dans cette direction : encore ne s'agit-il pas d'une véritable consolidation des résultats, mais plutôt de l'usage d'un outil commun. En général la consolidation s'arrête au niveau qui correspond à un certain temps d'intégration des différentes filiales existantes : par exemple, PSA n'a pas d'approche systématique, mais elle a été mise en place à l'échelle de Citroën.

Les groupes les plus soucieux de veille sociale se préoccupent d'abord de sensibiliser les dirigeants des filiales et, plus généralement, l'encadrement à la veille sociale elle-même : une insistance toute particulière est portée sur les directeurs d'usines. Le but recherché est de faire faire plus que de contraindre à faire. Tout se passe comme si on pouvait se valoriser auprès du groupe en mettant en place des outils de veille sociale.

La méthode BSN consiste de façon générale (direction du développement social) à informer régulièrement les directeurs de ressources humaines des filiales et des établissements des noms des cabinets de consultants qui travaillent avec le groupe en leur présentant les caractéristiques et les apports spécifiques. Ainsi, de fait, si BSN n'intervient en rien pour pousser une méthodologie plutôt qu'une autre, ce sont peu ou prou les mêmes cabinets qui interviennent en différents lieux du groupe. Il faut cependant remarquer que des méthodologies très différentes coexistent, non pas au sein d'une même filiale mais dans des filiales différentes : telle filiale préférera la Cofremca à la Sofres, telle autre SHS à la Cofremca, telle autre la Sofres à SHS. La seule contrainte qui pèse objectivement sur les filiales réside dans le fait que les réunions régulières des directions des ressources humaines obligent à une confrontation des méthodes, et donc que chacun s'expose à des critiques méthodologiques en rapportant les propres résultats de son entreprise ou de sa filiale.

Tous nos interlocuteurs ont insisté sur la quasi-impossibilité d'imposer à leurs filiales des outils communs de veille sociale, c'est-à-dire en pratique un cabinet qui serait globalement chargé d'effectuer des travaux qui permettraient d'obtenir des éléments comparatifs. Nous n'avons constaté aucun cas de présentation des méthodologies actuellement sur le marché, ni de débat général autour d'une éventuelle méthodologie unifiée. Cela n'a rien d'étonnant dans la mesure où la réflexion méthodologique est en général très légère comme nous le constations plus haut.

La conviction la plus répandue — et qui est aussi la nôtre — est qu'aucune démarche de veille sociale ne peut court-circuiter les hiérarchies sans courir à l'échec. Toute méthodologie doit tenir compte des protocoles existant dans l'entreprise et mesurer avec précision les effets de perturbation ou effets secondaires liés à toute observation de ce type. C'est pourquoi il faut être très réticent sur les offres de service qui n'intègrent pas les questions de procédures à la démarche méthodologique. Quel que soit le système de veille sociale choisi, il ne saurait s'appliquer mécaniquement à un sous-ensemble quelconque de l'entreprise sans s'adapter aux négociations nécessaires avec les responsables de ces sous-ensembles.

Le rôle des directions

Les méthodes utilisées dépendent considérablement de l'ancrage de la veille sociale : direction des ressources humaines ou direction de la communication. Ce problème se double du problème classique de la répartition des compétences concernant la communication interne. Dans les cas où la communication interne est clairement rattachée à la direction des ressources humaines, c'est toujours celle-ci qui est chargée de la veille sociale — qu'il s'agisse de « démarche systématique » ou de « boîte à outils ». Quand la communication interne est rattachée à la direction de la communication, en général c'est elle qui est chargée de la veille sociale.

Cette question n'est pas mineure car elle détermine pour

partie les choix méthodologiques, qu'ils soient réfléchis ou spontanés. Comme nous le disait le directeur de la communication d'un grand groupe de service, la veille sociale, c'est « une démarche parallèle à celle du marketing client avec un but intéressé » : de ce fait la veille sociale, lorsqu'elle est managée par un directeur de la communication, aura tendance à privilégier les études d'écart et à prendre pour modèles les méthodologies utilisées dans les études de marché ; au contraire, lorsqu'elle est managée par la direction des ressources humaines, la veille sociale aura tendance à être plus soucieuse des démarches qualitatives. Cette distinction est sans doute un peu caricaturale mais elle renvoie, selon nous, à une distinction fondamentale interne au concept même de la communication.

Il reste que, dans les groupes où coexistent direction des ressources humaines et direction de la communication, la place de la communication interne est un enjeu essentiel pour la conception et la mise en œuvre de la veille sociale. En cas d'imprécision sur les frontières, le débat sur les objectifs et les méthodes d'une éventuelle veille sociale peut être l'occasion d'une clarification de fait concernant ces frontières. Le pire des cas serait l'action en ordre dispersé, les salariés et la hiérarchie ne pouvant comprendre, donc supporter, des approches contradictoires donc différentes dans les méthodologies.

7. L'utilisation des sciences sociales par les entreprises américaines dans l'appréhension de leur environnement*

L'utilisation des sciences sociales par les entreprises privées aux États-Unis, tendances générales

L'étude du rôle des sciences humaines et sociales dans l'industrie et le secteur privé aux États-Unis doit être replacée dans le cadre plus vaste de quelques caractéristiques d'ensemble de l'évolution de la science et de la technologie dans ce pays.

La science et la technologie aux États-Unis entre 1976 et 1983 : un secteur en forte croissance

Si l'on considère l'ensemble des spécialités scientifiques et des technologies (tous domaines confondus), **l'emploi** pour les scientifiques et les ingénieurs a crû trois fois plus vite que l'emploi global, et trois fois plus rapidement que le PNB. Ce phénomène est surtout sensible pour les biotechnologies, l'engineering et l'informatique, mais si les sciences humaines et sociales ont connu une croissance moins rapide (en termes d'emploi) que les autres secteurs dans la période considérée, la tendance s'est inversée à partir de 1980 pour les sciences sociales (la psychologie gardant l'avantage sur les autres disciplines).

En matière **de financement**, si la recherche fondamentale continue de voir ses crédits en hausse par le biais des universités,

* Synthèse d'une étude réalisée avec Aude Debarle et Bernard Manin en 1987

la part du gouvernement fédéral dans le domaine de la recherche appliquée *non liée à la défense* est en diminution (−5,5 % par an de 1980 à 1984). Ce sont l'industrie et le secteur privé qui, prenant conscience du caractère fondamental pour eux des activités de recherche et développement, ont accru leurs financements dans ce domaine à un rythme de 6 % par an pour la même période. Fait notable, les petites entreprises de secteurs de pointe jouent un rôle important dans cet effort.

Dans le domaine particulier des sciences sociales, la discipline qui reçoit le plus du gouvernement fédéral est l'économie, en volume, mais le droit (+144 %), l'histoire et la philosophie des sciences (+47 %) voient leur financement augmenter très fortement entre 1980 et 1986, en comparaison avec les crédits accordés aux analyses régionales et aux analyses politiques publiques, en constante diminution.

Le rôle du secteur privé dans le financement des sciences sociales est difficile à évaluer : d'une part l'activité ou la recherche en sciences sociales dans les entreprises ne sont pas menées par des services distincts et isolables (à la différence des sciences physiques ou de la vie menées par des laboratoires aux budgets précis) mais sont plutôt le fait de services de marketing ou du personnel dont les spécialistes accomplissent par ailleurs des tâches administratives au sein des entreprises ; d'autre part l'utilisation des sciences sociales par ces services permet difficilement une distinction entre recherche et utilisation de techniques déjà connues (études de marché par exemple). Selon certains experts, cependant, la part du secteur privé serait en augmentation par rapport à celle du gouvernement, des universités et des fondations à but non lucratif qui restent toutefois les bailleurs de fonds essentiels.

Enfin, une **coopération entre industrie et universités** dans tous les domaines de recherche et développement est favorisée ces dernières années par les pouvoirs publics (États et gouvernement fédéral) à l'aide de structures particulières (« couveuses de recherche » et « parcs de recherche » installés dans des universités ou affiliés, et mis à la disposition des entreprises) et d'une politique d'incitation fiscale. Pour ce qui est des sciences sociales, si globalement les sciences de l'homme et de la société participent autant que les autres disciplines à ce mouvement, c'est surtout dans le domaine de la psychologie que les rapports sont les plus étroits (personnels d'entreprises enseignant à temps partiel dans des universités, flux de personnels entre entreprise et université, universitaires ayant des activités de conseil).

L'utilisation des sciences humaines et sociales par l'industrie et le monde des affaires : données d'ensemble.

L'importance de l'utilisation des sciences humaines et sociales dans l'activité des entreprises privées, difficilement appréciable en données budgétaires comme on l'a vu plus haut, peut se mesurer à l'aide des indicateurs d'emploi.

En 1976, l'industrie et les affaires utilisaient 42,5 % des spécialistes en sciences sociales ayant un emploi, chiffre qui passe à 43,8 % en 1983, dépassant ainsi largement l'université et les autres institutions d'enseignement (27,3 % pour cette même année). Celles-ci emploient cependant davantage de psychologues que l'industrie (37,7 % contre 32,7 %). De façon générale, il faut toutefois signaler que ces pourcentages sont inférieurs à ceux des autres disciplines : en 1983 l'industrie employait 78 % des spécialistes en informatique, 63 % des spécialistes des sciences de l'environnement et 61 % des physiciens. Enfin, les spécialités les plus employées par l'industrie sont l'économie et la psychologie du travail et des organisations (sur 100 scientifiques employés par l'industric cn 1983, 14 sont des spécialistes en sciences sociales et 6 des psychologues, ces derniers voyant croître leur emploi plus rapidement que les autres catégories entre 1976 et 1983).

Ces données doivent être nuancées par **l'examen du type d'activités** confiées à ces spécialistes : 28,5 % des psychologues et 38,4 % des *social scientists* affirment en effet que la part prépondérante de leur activité (*primary work activity*) consiste en des fonctions de gestion et d'administration générale, et qu'ils utilisent donc assez peu leurs compétences à des tâches proprement scientifiques. Ce pourcentage est plus élevé que dans les autres disciplines, à part les mathématiques (30 %). A l'intérieur des sciences sociales, le taux des personnes dans ce cas est de 39 % pour les économistes, 38 % pour les sociologues et anthropologues et 37 % pour les autres catégories. Cependant, les évolutions récentes montrent que les fonctions de recherche et développement progressent beaucoup, même si les masses en jeu demeurent peu considérables : les statistiques indiquent que, pour les sciences sociales, les fonctions de recherche fondamentale se sont multipliées par 7 entre 1976 et 1983, par 2,5 pour la recherche appliquée et par 6 pour les fonctions de développement, alors que dans la même période les fonctions de gestion s'accroissent seulement de 13 %. En vérité, on ne dispose pas de données chiffrées satisfaisantes pour évaluer de façon fine l'utilisation des sciences sociales par l'industrie. Les activités routinières de marketing et de ressources humaines y ont certainement une grande part.

Si l'on cherche à déterminer maintenant les **tendances présentes et futures** de l'utilisation des sciences sociales dans l'industrie, les secteurs porteurs semblent devoir être, au cours des prochaines années, l'étude de l'environnement social et politique de la firme, dans la mesure où celui-ci affecte l'activité de l'entreprise et ses plans pour le futur : réponses à donner aux décisions gouvernementales de réglementation et de déréglementation, contraintes et incitations imposées aux entreprises par le gouvernement fédéral.

D'autre part, les départements des ressources humaines ont largement recours aux sciences sociales et à la psychologie pour tout ce qui concerne les relations sociales dans l'entreprise, la motivation des employés, les systèmes de protection sociale, les services et avantages offerts aux salariés et l'étude de l'organisation interne. Mais, phénomène le plus remarquable, la sociologie et l'anthropologie sont utilisées dans le but de promouvoir ou de changer les cultures d'entreprise. Une rencontre s'effectue entre les spécialistes concernés, qui considèrent que les entreprises incarnent un mode de socialisation dans les sociétés industrialisées intéressant à étudier, au même titre que ceux observés dans des sociétés traditionnelles, et les industriels à qui cette approche, eu égard aux méthodes classiques des sociétés de conseil, paraît originale et très performante : peu de recours aux échantillons et questionnaires au profit de l'immersion dans l'entreprise pour l'observation des valeurs et des comportements. Selon l'American Anthropological Association, le nombre de jeunes diplômés titulaires d'un PHD se dirigeant vers l'industrie et le monde des affaires a quintuplé depuis 1972.

Les sciences sociales se heurtent toutefois au problème de marketing, car leur rentabilité n'est pas immédiatement perceptible et mesurable. Certes, elles aboutissent en général à faire éviter des erreurs coûteuses ou à faire découvrir des possibilités jusque là négligées, mais ces types de résultats sont difficiles à évaluer *a priori*. De même dans le domaine de la productivité et de la motivation au travail, les profits tirés de l'utilisation des sciences sociales sont difficilement quantifiables.

L'évolution de l'environnement des entreprises américaines justifie l'accroissement de la demande en sciences sociales

Du point de vue de **l'environnement économique**, les entreprises américaines ont subi, au niveau mondial, une remise en cause de leur suprématie : diminution de la part des USA dans la valeur des exportations mondiales de produits manufacturés (22 % en 1960, 15 % en 1982), alors que leurs importations augmentaient de 4 à 8 % entre 1970 et 1982, cette tendance se poursuivant de 1971 à 1984 en raison surtout de la pénétration du marché intérieur américain par les produits étrangers. La nécessité d'études économiques sur les pays étrangers et socioculturelles sur le comportement des consommateurs américains se font donc sentir avec plus d'acuité que par le passé.

Des **mutations nécessaires dans les entreprises** ont résulté de ces évolutions du commerce international. Leurs conséquences sur l'emploi et l'organisation du travail (pertes d'emploi, réorganisations horaires, réduction d'effectifs, introduction des *high-tech*) mais aussi la recherche d'une plus grande efficacité dans la gestion des ressources humaines (relations sociales, productivité au travail liées à la qualité des produits) ont favorisé une prise de conscience de l'utilité du recours à la recherche en sciences sociales, tant à l'intérieur qu'à l'extérieur de l'entreprise.

Les changements de **l'environnement socioculturel** sont également des facteurs non négligeables justifiant une demande accrue de sciences sociales : citons la forte pénétration des femmes sur le marché du travail (qui passent de 38 à 55 % de 1960 à 1984), mais aussi l'élévation du niveau d'éducation et l'évolution des valeurs. L'émergence de mouvements d'opinion (féminisme, associations de consommateurs, défense de l'environnement) réclame également de la part des entreprises une meilleure compréhension des aspirations et des comportements de leur clientèle potentielle, d'autant plus qu'ils débouchent parfois sur des législations émanant des États ou du gouvernement fédéral qui peuvent affecter leurs activités.

Car les recherches en sciences sociales aident enfin les entreprises à faire face aux **transformations du cadre de leurs activités** en cas d' interventions de la politique publique en matière de réglementation ou de déréglementation. Dans ce dialogue entre l'État et les entreprises, les sciences sociales apparaissent ainsi comme un élément d'expertise, voire une ressource à la disposition de ces dernières, soit pour prévenir d'éventuelles législations susceptibles de les pénaliser, soit pour y répondre.

Étude de cas.

L'étude de l'utilisation des sciences humaines et sociales par cinq grandes entreprises américaines, outre l'illustration des tendances indiquées ci-dessus, permet d'affirmer combien cette utilisation est fonction de l'originalité de chacune d'elles et des problèmes auxquels elle est confrontée.

GENERAL MOTORS

Des cinq entreprises étudiées, General Motors est la seule firme qui possède un *societal analysis department*, c'est à dire un service spécifique consacré aux recherches sociétales, situé dans les laboratoires de recherche de Warren, près de Detroit. L'ensemble des recherches effectuées par la firme, tant techniques que socioculturelles, sont concentrées sur un même lieu.

Le département, créé en 1972 et dirigé par un physicien, comporte aujourd'hui une équipe d'une trentaine de chercheurs dont 22 sont titulaires d'un PHD. La moitié vient des sciences sociales (6 économistes, 5 psychologues et 3 sociologues et anthropologues), l'autre moitié est issue des sciences dites « dures » (2 mathématiciens, 1 physicien, 1 biologiste, 4 ingénieurs « système » et 4 informaticiens). Deux secrétaires complètent cette équipe. L'interdisciplinarité correspond à la double volonté de faire travailler en liaison étroite les sciences sociales et la technologie, et de disposer d'un maximum de recherches quantitatives utilisables par leurs destinataires finaux qui sont en majorité des ingénieurs. Le budget total du département s'élève environ à 2 millions de dollars par an (chiffre avancé à titre indicatif), alors que l'ensemble des laboratoires de recherche de la firme, toutes disciplines confondues, disposent d'un milliard de dollars.

Le département comporte cinq services :

1. Le service d'études socio-économiques (Socio-economic studies)

Ce service se consacre essentiellement à l'appréhension des comportements de consommateurs, avec comme objectif d'isoler des variables sociales et économiques rendant compte des comportements d'achat et de construire des modèles explicatifs.

Parmi les activités de ce service figure d'abord le suivi des intentions d'achat : le **consumer sentiment index**, établi chaque trimestre depuis dix-sept ans par l'Université de Michigan à partir de sondages d'opinion, permet de mesurer les perspectives de débouchés sur le marché intérieur américain des produits de la firme. La méthode du **suivi de cohortes,** plus qualitative, appréhende les inflexions des comportements et des préférences d'un groupe, même si, en raison des différences géographiques régionales, il est difficile de généraliser les résultats à l'échelle du pays entier. Plus proches de la véritable recherche en sciences sociales, les **analyses de la famille** en tant qu'unité de décision font appel aux statistiques disponibles sur la famille américaine. Le mode de décision d'achat dépendant de la structure familiale, la montée des divorces, la croissance du nombre des familles monoparentales et le poids accru des femmes dans les décisions familiales ont modifié la nature de la demande à l'égard des voitures. Ces recherches impliquent une interaction avec le service du marketing au niveau de la détermination des sujets d'enquête, ouvrent sur des recommandations très concrètes pour la publicité et fournissent aux autres départements (y compris la production) des données quantifiées sur les comportements d'achat. Enfin, pour mieux cerner les attitudes du consommateur américain, le département subventionne une recherche à l'Université de Colorado ayant pour objet un **modèle de consommation des biens durables,** qui fait appel à la psychologie cognitive.

Le département effectue également des **études économiques** sur les pays où General Motors n'est pas encore présent, mais dont les perspectives sont bonnes en termes de débouchés, en liaison avec le département d'économie internationale regroupant soixante économistes, et qui suit les évolutions politiques des pays où la firme est déjà implantée.

2. Le service d'analyse des évolutions techniques (technical trend analysis)

Ce second service analyse les **évolutions techniques en fonction de la sécurité et du risque** selon trois axes principaux : perception publique du risque et de la sécurité nécessaire, évaluation des politiques publiques de sécurité en matières de coûts et de bénéfices pour la collectivité, enfin leur répartition : qui paie pour ces politiques et qui en bénéficie ? Les facteurs pris en compte sont autant les politiques publiques de transport que les améliorations techniques des laboratoires de G.M. et l'attitude des conducteurs-consommateurs. Les disciplines mises en jeu sont donc la technologie, l'économie, mais aussi la sociologie, voire l'anthropologie qui montrent que l'évaluation des risques et les aspirations à la sécurité varient selon différentes formes de culture ou d'éthique, que les politiques publiques ne peuvent satisfaire toutes. Enfin, des **recherches « cliniques »** dans des laboratoires de simulation (Human perception laboratory) testent les innovations technologiques sur des volontaires rémunérés dont on analyse les réactions du point de vue de la sécurité. On les soumet aussi à l'essai de consommateurs de différents publics pour en mesurer l'effet sur les intentions d'achat.

3. Le service d'analyse des problèmes sociaux (social trend analysis)

Il s'agit pour ce service d'analyser **les courants sociaux** dès qu'ils émergent selon une méthode de détection qu'il a mise au point. La technique privilégiée est la lecture des journaux de tous horizons et de nombreuses études réalisées à l'extérieur du service à l'aide d'un programme d'ordinateur. Cette méthode atteste la concordance entre l'émergence d'une question et le nombre d'articles qui lui est consacré et permet, à partir d'analyses approfondies (origine, facteurs explicatifs, effets sociaux, effets sur la General Motors) d'élaborer une typologie : la majorité des problèmes sociétaux connus aux États-Unis sont les problèmes évolutifs (exemple : l'entrée des femmes sur le marché du travail) ; certains deviennent des problèmes conflictuels, qui surgissent avec acuité puis s'institutionnalisent (la sécurité de la route, le tabac, la pollution) ; enfin les problèmes révolutionnaires qui prennent une grande ampleur puis disparaissent tout aussi rapidement sans provoquer d'explosion. Le but est de déceler ces problèmes mais aussi de prévoir leur évolution.

Le service analyse également les **phénomènes culturels internes** à l'entreprise par une approche anthropologique : influence des cultures d'entreprise (variables selon les unités de la firme) sur les processus de communication interne, existence et caractéristique d'une culture de cadres, impact des origines ethniques sur la perception du travail. L'objectif est d'améliorer le système de communication interne à l'entreprise en tenant compte des différentes implantations de la firme.

4. Le service d'analyse des comportements (behavioral analysis)

Ce service est le plus expérimental et, faisant appel à la psychologie cognitive, analyse dans des laboratoires de simulation le **comportement et l'attention** des conducteurs. Mais d'autres programmes de recherches ont été lancés : deux psychologues, un urbaniste, un physicien et un informaticien ont étudié ainsi la **pollution par le bruit** (problème « conflictuel ») dans le but de quantifier le degré supportable du trafic routier par l'individu. Une autre équipe pluridisciplinaire s'est penchée sur le problème de la **diminution du risque automobile** associée au port de la ceinture de sécurité. Ces deux enquêtes, outre l'amélioration de l'image de la marque, ont servi à orienter les politiques publiques sur ces questions.

5. Le système d'aide à la décision (decision support system)

Ce service a pour but d'intégrer toutes les données d'un problème pour en indiquer la solution optimale, dans un environnement où les incertitudes s'accroissent. Il peut être utilisé pour des décisions aussi importantes que des fermetures d'usines, par exemple.

Le département d'analyses sociétales, qui reçoit peu de commandes des autres départements de la firme et doit donc s'imposer par ses résultats, compte sur ce service pour renforcer sa position au milieu des autres départements qui, comme le marketing ou les équipes d'économistes ou le département des relations sociales, utilisent les sciences sociales dans une finalité immédiate. La question de la légitimité des sciences sociales restant toujours problématique, le service se renforce par des publications dans des revues universitaires et par la présentation de ses travaux aux cadres de la firme pour les sensibiliser à l'intérêt que peut offrir la recherche en sciences sociales.

A.T.T.

Entreprise à la fois exceptionnelle par sa taille (jusqu'en 1984 c'était la première du monde) et par son histoire récente (elle a été démantelée à la suite d'une plainte déposée par le ministère de la Justice en violation de la loi anti-trust), elle est exemplaire en ce qu'elle rend sensible l'ampleur et les conséquences possibles de l'actuel mouvement de déréglementation. Une division de recherches sur l'opinion publique et la politique publique existait avant le démantèlement, et elle a joué un rôle important au moment de la crise, pour voir son rôle croître en importance depuis lors. Elle a essentiellement trois domaines d'études et de recherches :

1. La communication interne de l'entreprise

Diverses **études d'opinions** portent sur les croyances et attitudes des employés, les changements de valeurs et de préférences qui peuvent affecter le travail et les relations sociales dans l'entreprise. Une enquête par sondage est menée chaque année auprès d'eux sur ces thèmes (satisfaction, efficacité, appréciation sur leur salaire et les prestations sociales, perception de l'entreprise) ainsi que d'autres études sur le « climat de communication » interne et la façon dont elle est vécue. La firme fait appel à de petites entreprises spécialisées dans ce domaine, la division d'opinion publique préparant les questionnaires et en interprétant les résultats de façon opérationnelle.

A.T.T. fait de plus partie d'un groupement de trente-six entreprises qui reçoivent des informations comparatives permettant de les situer les unes par rapport aux autres sur la façon dont réagit leur personnel. Les résultats en sont communiqués aux cadres et permettent d'infléchir la politique sociale et l'image de l'entreprise sur le marché du travail.

Autre préoccupation de la division Opinion publique dans le domaine des relations internes est la **culture d'entreprise,** concept auquel les entreprises américaines sont actuellement très sensibles et qui désigne les « traditions, coutumes et pratiques d'une organisation ». Or le démantèlement d'A.T.T. a profondément remis en cause ce qui constituait jusqu'alors sa culture de grand groupe détenteur de monopole à laquelle le personnel s'identifiait avec tout ce que cela impliquait dans le travail et la relation avec les clients.

Depuis le démantèlement qui a fragmenté le système Bell, et face au malaise du personnel, la division Opinion publique travaille sur la constitution d'une nouvelle culture : image du service universel appliquée non plus seulement au téléphone mais à la communication en général, et passage d'une culture de « service public » à une culture du dynamisme concurrentiel.

2. *La communication externe*

La culture d'entreprise est liée à l'image que la firme offre d'elle-même à l'extérieur : la division s'attache à suivre l'évolution des valeurs et opinions générales du public qui peuvent affecter l'entreprise et à étudier son image. Ainsi, grâce à une lecture de la presse et à l'utilisation des rapports d'un certain nombre d'instituts de sondage auxquels elle est abonnée, l'entreprise avait pu prévoir l'action intentée par le ministère de la Justice : sa taille et sa puissance étaient devenues des facteurs négatifs et un handicap dans ses rapports avec l'opinion américaine. Ces informations et d'autres, menées à la fois dans le grand public et parmi les leaders d'opinion, ont permis aux dirigeants de la firme de proposer eux-mêmes un plan plus radical que celui du ministère, divisant le secteur des communications locales en sept entreprises autonomes dans le but d'éviter tout retour possible au même problème si ces compagnies n'en faisaient qu'une. Les rapports de la firme avec le pouvoir politique étant médiatisés par l'opinion, l'étude de celle-ci est donc un de ses éléments stratégiques dans ses rapports avec les pouvoirs publics.

3. *L'étude de l'environnement social, culturel et politique*

Dans l'optique ainsi indiquée, le repérage des problèmes en train d'émerger constitue une des fonctions principales du service. Outre les abonnements aux rapports généraux étudiant l'environnement socioculturel, la division complète ces informations par deux autres procédés :

— **les entretiens en profondeur** exécutés par un institut spécialisé auprès d'un échantillon représentatif de responsables politiques et de leaders d'opinion sur les problèmes de l'heure et les priorités d'action, sans qu'apparaisse la mention du commanditaire.

— le **repérage des problèmes émergents** dans le public par l'utilisation de techniques de segmentation typologique de la population américaine en termes démographiques et socio-économiques permet la connaissance des préoccupations et des préférences de l'opinion.

L'entreprise peut ainsi formuler des propositions qui préservent ses intérêts et soient en accord avec la demande sociale lorsqu'une intervention des pouvoirs publics se prépare (problèmes de pollution par le silicium, réglementation tarifaire, etc.). Lorsqu'un thème apparaît sous des formes diverses dans plusieurs enquêtes, ou qu'apparaît un élément commun parmi les sondages, la division le hiérarchise selon l'urgence avec laquelle il peut affecter A.T.T. puis le transmet à la direction. Les problèmes reconnus pertinents débouchent sur la nomination par la direction de responsables chargés de suivre la question. *A priori* étrangers aux recherches socioculturelles, ces cadres peuvent être responsables de deux ou trois problèmes. Le directeur de la division Opinion publique s'adresse à eux pour leur demander quels sont, selon eux, ceux qu'il convient de suivre et de traiter.

Ces études d'opinion ne se limitent pas au seul territoire des USA mais s'étendent aussi aux pays où la firme est installée ou a des intérêts : ainsi à Taïwan, pour les problèmes d'embauche, l'étude d'une législation préservant ses intérêts était nécessaire. La division Opinion publique commandite alors des recherches pouvant servir à des négociations avec les pouvoirs publics des pays concernés (système politique, forces en présence, institutions, etc.).

EXXON

Le mode de management d'Exxon est très décentralisé (300 entreprises dans 80 pays, 126 000 personnes dont 47 000 aux USA), mais la coordination des politiques des différentes unités de la firme et l'élaboration de réflexion à long terme sont menées au siège central où sont concentrés la planification, les relations sociales, le service du marketing, d'informatique, un département « science et technologie » et le service des Affaires publiques qui suit les questions d'environnement socioculturel. L'ensemble de ces activités réclament un budget de 5 milliards de dollars par an.

Le service des Affaires publiques comprend, outre le directeur qui s'occupe à la fois d'opinion et des politiques publiques, deux personnes chargées, l'une de la communication de la firme, l'autre des questions d'opinion publique. Il a reçu globalement 285 000 dollars en 1986.

1. Analyse des attitudes du public à l'égard des compagnies pétrolières, et d'Exxon en particulier

Cette activité date de la première crise pétrolière. Si techniquement cette crise n'a eu aucun effet sur la firme, elle a provoqué un mouvement d'opinion défavorable aux multinationales et aux entreprises pétrolières soupçonnées de réaliser des bénéfices démesurés, ce qui renforçait les risques de taxation pénalisant la firme. C'est dans ce contexte que les compagnies pétrolières se sont associées pour commander des **études d'opinion publique** annuelles à différents instituts de sondage. Le service des Affaires publiques traite les résultats par ordinateur et actualise une banque de données sur l'opinion publique. Un résumé trimestriel est également fourni à une centaine de cadres dirigeants dans l'idée qu'une culture sociétale est utile aux décisions qu'ils ont à prendre. Le département commandite ensuite des **études intéressant la politique d'Exxon** (enquête par exemple auprès de leaders d'opinion sur un élargissement de ses affaires avec l'Afrique du Sud). Enfin, la **diffusion régulière d'informations** aux cadres et aux différentes divisions de la firme par des rapports et des conférences de toutes provenances sur les opinions américaines à l'égard des problèmes économiques et industriels cherche à sensibiliser les différentes entreprises d' Exxon à ces questions.

2. Élaboration d'une politique de communication

Le service est également en charge de la politique de communication de l'entreprise, de manière totalement indépendante des services de marketing, s'intéressant non au contenu des messages publicitaires mais, faisant pour cela appel aux sciences sociales, au **choix des supports optimaux** pour l'image de marque d'Exxon. Des méthodes classiques sont utilisées tels les sondages ou les groupes de discussion auxquels on présente les messages.

Tout aussi importante est la **politique de mécénat** de la firme. En 1985 y a été consacré un budget de 73 millions de dollars (dont 61 dépensés sur le territoire des USA et 13 distribués à l'étranger par les filiales). 53 % de ce budget a été destiné à l'éducation, et 29 des 32 millions de dollars ainsi versés au système éducatif l'ont été par la fondation Exxon de l'éducation. Suivent des dons aux services de santé (12,3 millions), à la préservation de l'environnement, à la recherche sur les politiques publiques et privées (5,6 millions). L'aide aux arts est aussi une partie intégrante de la culture d'entreprise d'Exxon et une tradition (5,5 millions), et la promotion des activités culturelles n'est pas toujours l'objet de publicité. Enfin, la firme participe au financement de programmes de télévision publique

(4,9 millions de dollars) pour des créations artistiques. Cette politique, très valorisante vis à vis de l'extérieur, est également appréciée par le personnel qui en tire une certaine fierté.

3. La planification d'entreprise

Le « Corporate Planning Department » est, en dehors du service des Affaires sociales, un autre commanditaire d'études. Dans ces deux départements on insiste sur le **statut encore précaire des sciences sociales** chez Exxon.

D'un côté le niveau culturel des dirigeants est élevé et Exxon reçoit des études économiques de nombreux pays, d'autre part la légitimité des sciences sociales n'est pas totalement acquise. Une recherche doit répondre à un besoin perçu et amener des recommandations concrètes. Les économistes du service de planification se déplacent dans des pays où sont perçus des risques (Afrique du Sud, Arabie saoudite) et enquêtent auprès du plus grand nombre d'interlocuteurs possible (gouvernements, banquiers, syndicats, etc.) La direction majeure de l'utilisation des sciences sociales est donc **l'évaluation des incertitudes de l'environnement politicoéconomique,** l'économie internationale et les questions de fiscalité. Les investissements étant très lourds, les cadres de la firme se projettent sur le futur immédiat. Enfin, dans le département « employee relations », le recours aux sciences sociales est limité dans la mesure où la firme est une entreprise décentralisée où les cadres sont mobiles.

Comme scientifiques en sciences sociales, on trouve chez Exxon des économistes (service de planification), 3 psychologues pour le recrutement du personnel (service des Affaires sociales) et 2 spécialistes de sciences politiques ainsi qu'un sociologue.

AMERICAN EXPRESS

L'entreprise se compose de cinq branches d'inégale importance : la division TRS (Travel Related Services), liée au voyage (carte, chèques de voyage, agences de voyages) qui représente de 60 à 65 % des revenus ; une compagnie d'agents de change

(Shearson and Lehman Brokers) ; une firme spécialisée dans la planification des investissements (Investors Diversified Services) ; une banque (American Express Bank) qui opère à l'extérieur des USA ; enfin, American Express est l'actionnaire principal de la compagnie d'assurances des pompiers (Firemen Fund Insurance Company).

Seule la division TRS utilise les sciences sociales et recrute du personnel spécialisé en ce domaine dans trois secteurs : le service de prévision économique, le service du personnel et de l'organisation, le service d'études de marché. Mais c'est seulement dans les deux derniers services qu'une recherche sur l'environnement social, culturel et politique de la firme est conduite.

1. Le service du personnel et de l'organisation

Il utilise d'abord les sciences sociales dans les **relations sociales**. Des spécialistes en psychologie sociale et du travail étudient les opinions et les valeurs des employés de l'entreprise à l'aide d'enquêtes par sondages dont ils élaborent les questionnaires en fonction des problèmes sur lesquels la firme veut connaître leurs attitudes. Ils en interprètent ensuite les résultats. Les enquêtes sont généralement sous-traitées à de petites entreprises spécialisées. D'autre part, l'entreprise fait procéder à des études approfondies pour choisir la **localisation des nouvelles agences**. Elle utilise pour cela des psychologues sociaux, mais aussi des économistes et des démographes. Il s'agit ici d'études d'environnement social et non de courants socioculturels, et ces études sont réalisées par le personnel.

2. Le service des études de marché (Worldwide Marketing Research)

L'importance de l'étude de l'environnement social et culturel chez Amex tient pour une large part à la nature de son produit principal : la carte, qui repose sur une image très fortement marquée. Il s'agit non seulement d'un service, mais aussi d'un signe de distinction et de prestige social. Pour cette raison, et à la différence d'autres entreprises, l'étude de l'environnement socioculturel n'est pas fondamentalement distincte des études de marché.

Le service est dirigé par un spécialiste de psychologie sociale et commande des études socioculturelles visant le **comportement de la clientèle** (actuelle ou potentielle) à de petites firmes qui emploient des universitaires. Le service conçoit le questionnaire et interprète les résultats rassemblés par l'entreprise extérieure qui détermine l'échantillon. Les décisions visent trois objectifs : accroître le nombre de titulaires de carte, inciter les titulaires à l'utiliser le plus possible et à la renouveler, enfin accroître le nombre d'établissements commerciaux acceptant la carte. On utilise des typologies socioculturelles, des segmentations par niveau de revenu et la technique du panel (les mêmes individus sélectionnés sur l'ensemble de la population sont interviewés sur plusieurs enquêtes, à la différence du sondage). Cette dernière technique permet de déterminer la part de marché et surtout les types de dépenses pour lesquelles la carte est utilisée. Considérée comme une étude des plus importantes, elle utilise 800 000 dollars sur les 6 millions du budget d'études de marché.

Le service commande également des **études culturelles et anthropologiques** concernant les attitudes par rapport au prestige et aux signes de distinction sociale, non seulement aux États-Unis mais dans des pays de culture différente. Des anthropologues sont placés en divers points de vente pour étudier la dynamique sociale favorable à l'utilisation de la carte. Des activités plus intuitives portent sur l'étude prévisionnelle des courants culturels qui a permis, par exemple, l'avance sur les concurrents dans l'appel à la clientèle féminine.

D'autres activités du service concernent des tests de publicité par groupes de discussion (focus groups) et le suivi de l'image de marque de la firme, en particulier pour ses rapports avec les pouvoirs publics (forte de ses sondages, la firme a pu, par exemple, montrer aux pouvoirs publics que le non-renouvellement de la loi interdisant aux commerçants de taxer leurs clients porteurs de carte de crédit serait très impopulaire).

PHILIP MORRIS

Toute petite entreprise dans les années 30 sur le marché de la fabrication de cigarettes, la firme est devenue en 1983 la première des six entreprises américaines dans ce secteur avec 34,4 % du marché, grâce à une diversification de ses activités, en particulier dans le secteur de la brasserie (en 1969, rachat de la brasserie Miller, devenue depuis la seconde brasserie du monde) et des boissons non-alcoolisées (avec Seven-up, numéro 1 mondial de boissons citronnées et décaféinées en 1978). Cette image de David vainqueur de plusieurs Goliath est au cœur de sa culture d'entreprise, qui constitue un de ses atouts spécifiques, facteur d'amélioration de la qualité de ses relations sociales. L'utilisation des sciences sociales s'y explique pour des raisons spécifiques à son métier et qui valent pour l'ensemble de l'industrie du tabac : la nécessaire attention que l'entreprise doit porter à l'évolution de la société américaine, sa culture et ses valeurs, et à son environnement politique.

1. Une stratégie de marché particulière

La stratégie de marché de Philip Morris repose sur la **découverte de « niches » de marché** spécialisées avec des produits à image fortement marquée, au lieu de chercher le produit ou l'image s'adressant d'emblée à la clientèle la plus vaste : cigarette de luxe, attention à la clientèle féminine, lancement de la première bière à faible teneur calorique, de la première boisson sans caféine, etc. La firme est également connue pour le caractère inventif et le succès de ses campagnes publicitaires. Une telle stratégie suppose une attention soutenue à l'évolution de l'environnement social et culturel et donc une étude de l'opinion étroitement associée aux études de marché qui en constituent la base.

2. Une image de la firme accentuant son insertion sociale

La firme développe d'autre part une politique de **promotion globale** de son image, distincte de celle de ses produits : responsabilité sociale, agent social doté de sens civique (« corporate citizenship ») et partageant les préoccupations de la société. Cela fait partie de sa culture spécifique. Ce souci se traduit par le choix de **localisation de la firme** visant, lorsque c'est possible, la rénovation de ses locaux au centre des villes plutôt que leur déplacement dans les périphéries (maintien à

Manhattan du siège dont le rez de chaussée est prêté au Whitney Museum). Cela manifeste son attachement aux villes où elle a prospéré, son opposition au déclin de leur centre, tout en gardant le soutien des salariés habitués à leur lieu de travail et des clients attachés à la consommation d'un produit local.

Le **mécénat d'entreprise** est également un souci de la firme, qui finance des activités culturelles et artistiques : durant les vingt dernières années, plus de cent expositions d'art aux USA en collaboration avec la National Endowment for the Arts, exposition des collections du Vatican à New York, Chicago et Los Angeles en 1984 saluée par la critique et les médias. Cela manifeste aux yeux du public un engagement pour les valeurs les plus hautes et améliore l'image de marque ainsi que le sentiment d'appartenance des salariés.

Enfin, l'entreprise soutient l'**action en faveur des minorités** par des aides financières à un certain nombre d'associations de formation, d'entraide parmi les populations noires et hispaniques, ainsi que par l'établissement de relations commerciales avec des entreprises (banques, fournisseurs) appartenant à des minorités. Ces secteurs sont consommateurs des biens à faible coût produits par la firme. Le même type de démarche est effectué auprès de la clientèle féminine, qui tend à devenir grande consommatrice de cigarettes, et elle repose sur une connaissance précise de l'environnement social et culturel. Activités sociales ayant un intérêt économique et activités économiques ayant une dimension sociale, telles sont les démarches dont se flattent les dirigeants de Philip Morris.

3. Faire face à la lutte contre l'usage du tabac et de l'alcool

Un dernier facteur, sans doute le plus important, explique l'intérêt de Philip Morris, comme de l'ensemble de l'industrie du tabac, pour son environnement socioculturel et politique : les campagnes d'opinion publique contre l'usage du tabac menées par beaucoup d'associations et les réglementations publiques qui en découlent. De façon générale, la consommation du tabac diminue aux USA, ce qui n'a pas empêché la firme d'accroître sa part de ce marché en rétrécissement. L'objectif de l'utilisation des sciences sociales vise donc à agir sur le processus de décision politique et administratif pour éviter des réglementations plus contraignantes et, dans ce but, à participer au débat d'opinion sur les problèmes de santé. La firme est donc amenée, tout en montrant sa préoccupation pour la santé publique, à s'opposer à des mesures autoritaires et à favoriser une politique d'éducation et d'information scientifique pour lutter contre l'abus du tabac et de l'alcool. Elle se félicite ainsi de ce que l'industrie du tabac ait donné dix fois plus d'argent pour la recherche sur le cancer que les associations de lutte contre cette maladie. Trois objectifs sont donc fixés : analyser les évolutions culturelles pour concevoir des produits qui y répondent, forger une image d'entreprise en accord avec son environnement social et répondre aux menaces que les interventions publiques font peser sur la firme.

4. L'organisation des études sociales chez Philip Morris

Ces études se situent à la charnière des études de marché et de la politique publique de l'entreprise. Elles sont principalement concentrées dans les services de « communication » dont chaque branche de la firme est dotée et dans celui de la communication de la direction générale. Le secteur dans lequel elle utilise le plus les sciences sociales est celui de ses relations avec les pouvoirs publics.

Les enquêtes sont donc utilisées face à ces derniers lorsqu'elles montrent que les positions de la firme sont plutôt en accord avec l'opinion publique, ou pour élaborer une présentation des positions de la firme comme en accord avec des thèmes ou des valeurs acceptées par elle. Cela implique également des campagnes d'explication sur les problèmes qui se posent, par l'édition de brochures dont les titres parlent d'eux-mêmes : *Les entreprises et la liberté d'expression* (à propos de la réglementation de la publicité), *Pour une fiscalité équitable* (défendant une fiscalité directe contre les impôts indirects pesant sur l'alcool et le tabac), *Les droits des fumeurs et non fumeurs dans une société ouverte*, *Promouvoir des comportements responsables à l'égard de l'alcool.*

Tout cela explique que l'entreprise soit grande utilisatrice de rapports généraux sur l'évolution culturelle. Elle procède également à des études et enquêtes d'opinion par l'intermédiaire d'instituts de sondage dont les questionnaires sont élaborés par la firme. Les services du personnel et des relations humaines utilisent également ce type de service pour connaître l'image de la firme dans les représentations de ses salariés.

CONCLUSION

1. Les entreprises privées, quoique dépendant largement du gouvernement fédéral pour les retombées de la recherche liée à la défense, sont devenues en 1980 la première source de financement des activités de recherche et développement aux USA ;
2. Les entreprises privées sont le plus gros employeur de spécialistes en sciences sociales ;
3. Elles les recrutent souvent pour leur confier des tâches d'administration et de direction ;
4. Les contacts entre les entreprises et les universités sont assez étroits, y compris dans le secteur des sciences humaines et sociales.

Conclusions des études détaillées

1. Les services utilisant les sciences sociales se situent, selon les entreprises, à des points différents de l'organigramme. Toutefois les liens avec les services de communication et ceux de la politique publique sont fréquents ;
2. Du point de vue des méthodes et instruments, l'interdisciplinarité apparaît comme une règle générale, et les méthodes d'investigation font une large place aux sondages et aux analyses de contenu de la presse ;
3. Les raisons de l'utilisation des sciences sociales tiennent aux incertitudes sur l'environnement des firmes (national et étranger), aux nécessités d'innovation face à la concurrence étrangère (et à ses modes d'organisation du travail), à la nécessité de traiter davantage avec les pouvoirs publics (aux USA comme à l'étranger) et à une plus grande ouverture sur le monde extérieur ;
4. Les entreprises utilisent massivement les sciences sociales pour élaborer leur stratégie face aux pouvoirs publics et portent donc une attention soutenue à l'opinion publique et ses évolutions. dans la mesure ou celle-ci est une ressource essentielle

dans la négociation avec les autorités politiques. Cette situation s'explique par trois facteurs qu'il importe de souligner :

— la dispersion des pouvoirs dans le système politique américain fait qu'aucune instance politique n'est en mesure d'imposer sa volonté si elle n'a pas derrière elle un consensus de l'opinion ;

— les entreprises apparaissent de plus en plus comme des acteurs sociaux et attirent plus qu'autrefois l'attention du public ;

— les USA, enfin, sont entrés dans une phase de redéfinition des frontières entre privé et public et de redéfinition des règles du jeu pour les entreprises.

Epilogue

La pensée philosophique est aujourd'hui trop prudente. L'enthousiasme s'est éteint dans la monomanie critique, et le prosélytisme s'épuise dans la formation des professeurs. Une sorte d'idéal ascétique la ronge : elle semble préférer le néant d'une obscurité confidentielle et prudente à l'agressivité d'une pensée vivante qui prendrait le risque de la confrontation avec les choses. La philosophie craint toujours d'être récupérée. Dès qu'elle sort de ses gonds et qu'elle ouvre un espace de jeu, elle court le risque de n'être plus philosophie aux yeux des philosophes. Il faut s'appeler Gilles Deleuze ou Michel Serres pour n'hésiter pas à transgresser les frontières et s'esbaudir dans l'écriture littéraire et les images-mouvement. L'identité de l'obscur et du profond pèse encore sur ses phrases. Même la littérature lui fait peur — depuis que l'inspection générale de philosophie a réussi à l'évincer de la classe terminale pour supprimer toute concurrence.

Là encore, nous payons un lourd tribut à Heidegger qui écrivait profondément que la philosophie ne sert pas à faire du vélo. Il en déduit que la notion d'utilité n'a pas sa place en philosophie, qu'elle est impropre à qualifier la philosophie. L'idée que la philosophie soit utile inspire encore du dégoût à quelques grands philosophes de ce temps.

Je suggère avec effronterie que la philosophie doit être pensée en termes d'investissement — aller and « return of » compris — de capital fixe, de rentabilité, d'efficacité, de productivité, de solution, de technique, d'outil, d'instrument, de dividende, d'entreprise, de risque, de responsabilité, d'initiative, de décision, de stratégie, de tactique, d'affrontement, de lutte, de guerre économique, de gestion, de marketing. La philosophie est une contribution directe et une contribution indirecte. L'utilisation de la philosophie doit être sur les philosophes une taxe professionnelle.

Faut-il invoquer Platon ? les philosophes qui restent dans le monde Idées seront punis, contraints d'affronter le monde et le retour dans l'obscurité, les railleries de la caverne et le risque de la doxa.

Faut-il évoquer Socrate ? refuser le monologue et son avatar, traquer le discours réduit à un public de philosophes.

Faut-il en appeler à Montesquieu ? j'écris pour les gouvernants qui croient que la connaissance peut être chose utile.

Faut-il répéter Spinoza ? la philosophie est une méditation sur la Vie.

Faut-il citer Nietzsche qui pourrait s'adresser à la philosophie : ose devenir ce que tu es.

La philosophie n'est pas faite pour les philosophes ; d'ailleurs, en fait, y a-t-il conception plus utilitariste de la philosophie que l'enseignement réservé pour la carrière et la reconnaissance au sein d'une « communauté » qui se déchire sur quelques postes du CNRS ou une chaire du Collège de France.

En effet, je tiens, personnellement, que la philosophie est la discipline la plus utile qui soit car c'est la plus utilisable. La philosophie prépare à l'abstraction et produit un véritable apprentissage de la relation entre l'abstraction et la réalité concrète. Ces opérations essentielles que sont l'analyse conceptuelle, la lutte contre les prénotions, le doute salvateur, le raisonnement logique sont d'un usage constant dans l'existence, et notamment dans les opérations pratiques.

On ne perd pas son temps à étudier le système kantien, on investit car on apprend à habiter une logique, comme il faudra souvent le faire pour pénétrer des logiques de comportements et de représentations étrangères dans chaque entreprise singulière. Il est rentable de travailler Habermas car on y apprend les rouages d'une communication qui, pour être croissante, n'en est pas moins dénuée de concepts fondateurs. Je pourrais multiplier les exemples de ces opérations qui mettent en jeu des pratiques discursives appréhendées dans la philosophie. Mais l'on dilapide son capital à penser que la connaissance de Habermas sert à enseigner Habermas ou que l'enseignement de la philsophie sert à rendre hégéliens, heideggeriens ou husserliens des auditeurs qui vivent et auront à vivre.

L'utilité de la philosophie peut difficilement être distinguée des sciences humaines. La seule démarcation que je peux indiquer ici est d'ordre pratique. En effet, j'ai souvent constaté que la réflexion conceptuelle, la formulation des problèmes ou la critique des prénotions pouvaient être efficaces sans connaissances préalables de l'entreprise. J'ai essayé d'en donner un exemple à propos de la notion d'indicateur, à propos de l'analyse conceptuelle de la notion de communication et de l'éthique dans l'entreprise.

Mais la plupart du temps, la méthodologie des sciences humaines apporte les connaissances nécessaires sur lesquelles il est possible de spéculer. C'est le cas de la reconstruction des paradigmes du recrutement chez Michelin et plus généralement de la réflexion sur les données fournies par la démarche ethnologique. Ces éléments de connaissances sont très divers, très touffus, et il s'agit de les ordonner, de les clarifier en fonction d'objectifs déterminés.

Je pense en effet que l'âme de l'entreprise peut être la plupart du temps décrite logiquement, mais qu'il faut procéder à un doute systématique suivi d'une reconstruction logique. La philosophie aide à retrouver ce point d'Archimède dont parle Descartes et dont il faut partir pour comprendre la totalité d'une entreprise. Mais cette démarche ne peut être uniquement rationnelle : elle doit s'articuler sur la connaissance du terrain. En effet, il faut sans cesse confronter les discours pour les soupçonner le plus souvent ou les valider quelquefois.

Cela ne signifie pas que la démarche philosophique reste purement analytique. Elle est également stratégique. Sur le cas de Louis Vuitton ou de Géo Martel par exemple, il faut d'abord penser ce qui fait le cœur ou l'âme de l'entreprise pour bâtir une stratégie d'image et de positionnement. Certes, la connaissance du marché n'est guère philosophique en elle-même, mais il ne s'agit pas non plus de substituer le philosophe au chef d'entreprise pour voir s'instituer un nouvel avatar du philosophe-roi platonicien. Le philosophe aide à penser les cohérences, à forger des images et à concevoir des opérations qui soient compatibles avec la connaissance du marché et des clients.

Il faut certainement que cesse l'investissement dans la philosophie conçu comme préparation au seul enseignement de la philosophie. A trop s'adresser à leurs pairs, les philosophes contemporains ont perdu le sens du prosélytisme philosophique, ils oublient d'être sans cesse les VRP de la philosophie. Je suis intimement convaincu que la philosophie est essentiellement formatrice, et l'on dit assez que la formation est la clef de l'avenir.

Dans les discussions qui ont lieu au sein des entreprises, il faut sans cesse débusquer les paralogismes, les sophismes, les erreurs conceptuelles. Il faut remettre sur pied un problème mal posé parce que formulé de façon indéterminée. C'est une contribution directe de la philosophie.

La philosophie est un atout alors même qu'il ne faut pas se positionner en philosophe. Car le problème n'est pas là : le commerce des idées, la gestion de la pensée peuvent se passer, comme le disait Fernand Raynaud, du « ici on vend de belles oranges pas chères ». Il faut en tenir compte, car ces dernières années de production philosophique n'ont pas arrangé l'image du philosophe devenu progressivement incapable d'entendre les questions simples, ni même seulement de les accepter.

Je crois que, dès maintenant et plus encore dans un avenir proche, les cadres des entreprises devront accroître leur faculté d'abstraction ; non pas de cette abstraction qui fuit les questions et problèmes, mais de ce placement, de cette abstraction qui donne les moyens de les résoudre et plus encore de s'abstraire des idées immédiates et couramment reçues. La philosophie devrait déborder au-delà ses cénacles, pénétrer les écoles de commerce et d'ingénieurs, envahir la formation permanente, se mettre sur le marché des formations concurrentes. Personnellement, je continuerai à embaucher des femmes ou des hommes qui auront investi dans la philosophie, pour cyniquement extorquer leur plus-value.

En effet, il faut bien réaliser qu'il existe finalement un nombre limité de raisonnements sur un nombre limité de questions. Très souvent la philosophie s'est agitée, dans son histoire, sur des débats qui produisent des paradigmes logiques. A l'occasion d'une discussion stratégique on reconnaît un raisonnement de

Rousseau, comme à l'occasion d'un journal d'entreprise, on retrouve un antagonisme socratique en matière de communication. C'est une contribution indirecte de la philosophie.

La philosophie est fondamentalement une valeur ajoutée, même si elle ne l'est pas immédiatement. Une formation, des lectures, des argumentations philosophiques structurent la pensée, et cette pensée est l'outil le plus performant du cadre dirigeant.

Ajoutons enfin que la philosophie n'est jamais un savoir mort ou définitif, elle est exigence de savoir et doute sur la connaissance que nous avons ici et maintenant. Or dans l'entreprise, on aurait terriblement besoin de douter un peu : douter des images, des représentations, des flagorneries, des évidences. L'entreprise manque parfois d'esprits subversifs et inquiétants qui engendrent des innovations techniques, sociales ou managériales. La mimésis, le psittacisme sont trop souvent la règle, on peine à inventer : si, comme je le crois, les modèles et recettes sont morts, la philosophie est bien un nouveau capital-risque.

Je voudrais qu'à vingt ans l'on cessât de s'interroger sur une éventuelle carrière d'enseignant avant d'entamer un cursus de philosophie.

« C'est bouché » dit-on de la carrière en philosophie. Tant mieux. Faisons un rêve : un ministre de l'Éducation nationale courageux simulerait une gigantesque promotion à l'agrégation de philosophie, tellement longue que la société des agrégés protesterait contre la dévaluation du diplôme et que les autres corporations enseignantes fulmineraient contre ce privilège insupportable. Et puis, juste après les écrits, un contrôleur financier, une Cour les comptes, un Conseil d'État, peu importe, annulerait le décret. Les philosophes seraient à la rue, au milieu des hommes-de-la-rue, sans ANPE, sans élèves en difficulté, sans public complaisant. Contraints de déserter l'idée de Bien, d'abandonner l'estrade, de s'établir en dehors de la philosophie. L'Imprécateur leur soufflerait alors qu'entreprise est un mot de Descartes, que *cash-flow* n'est pas un jeu pour enfant, qu'actif et passif se disent d'un bilan. Ils seraient forcés d'entrer en entreprise pour une saison en enfer et de jouer du concept quand d'autres jouent des mécaniques. Ils devraient produire ou communiquer, cesser de prendre Elf pour un diablotin scandinave, ou Ariel pour un personnage de la Tempête.

Ils devraient négocier ou ordonner, expliciter sans citer, démontrer sans disserter. Ils apprendraient le sens de mots comme « licencier », « engagement », « catégorie », « spéculation ». Ils souffriraient un peu au milieu de sigles étranges. Puis ils comprendraient leur chance d'avoir fait de la philosophie, de manier des concepts, de savoir formuler des problèmes, structurer un raisonnement, innover contre les idées reçues. Ils penseraient à la fin que la philosophie est utile à condition d'en sortir, qu'elle est nécessaire à condition de la pratiquer toujours. Ils compareraient leur conseil à leur conseil de classes, leur jetor aux rejetons des autres. Leur réflexion, loin d'être handicapée par la gestion des choses, leur fera mesurer que l'action n'est pas seulement un concept de la Raison pratique et qu'elle peut se penser ailleurs que dans la généralité de l'individu ou dans l'engagement militant.

Les philosophes ne sont pas assez convaincus de leur utilité. Ils ne croient pas assez en la philosophie. Ils la prennent pour eux, déjà satisfaits que l'enseignement permette de vivre un peu et que quelques élèves suivent avec attention. L'usage actuel de la philosophie est un grand gâchis social, un véritable manque-à-gagner.

Je crois que la philosophie a de beaux jours devant elle si elle veut être utile ; si elle accepte l'ambiguïté d'un de ses concepts essentiels, si elle s'offre ouvertement comme « spéculation », si elle se donne, si elle se vend. Pire, ou mieux encore, ne devrait-on pas donner comme définition de la philosophie cette accusation que j'entends déjà, cette provocation de Baudelaire, cette réponse qu'il donnait à une question sur la nature de l'Art : « Qu'est-ce que la philosophie ? PROSTITUTION. » La philosophie sera péripatéticienne ou ne sera plus.

TABLE

TROISIÈME PARTIE

MANAGEMENT, PHILOSOPHIE ET SCIENCES HUMAINES

Cet ouvrage a été composé
par Eurocomposition à Sèvres
et achevé d'imprimer
en mai 1991
sur presse Cameron
dans les ateliers de la S.E.P.C.
à Saint-Amand-Montrond (Cher)
pour le compte des Editions François Bourin

N° d'Edition : 151. – N° d'Impression : 1242.
Dépôt légal : mai 1991.
ISBN 2-87686-045-7

Imprimé en France